Günther Bauer

Architekturen für Web-Anwendungen

Günther Bauer

Architekturen für Web-Anwendungen

Eine praxisbezogene Konstruktions-Systematik

Mit 119 Abbildungen

STUDIUM

VIEWEG+
TEUBNER

Bibliografische Information der Deutschen Nationalbibliothek
Die Deutsche Nationalbibliothek verzeichnet diese Publikation in der Deutschen Nationalbibliografie; detaillierte bibliografische Daten sind im Internet über <http://dnb.d-nb.de> abrufbar.

1. Auflage 2009

Lektorat: Sybille Thelen | Andrea Broßler

Vieweg+Teubner ist Teil der Fachverlagsgruppe Springer Science+Business Media.
www.viewegteubner.de

Umschlaggestaltung: KünkelLopka Medienentwicklung, Heidelberg
Druck und buchbinderische Verarbeitung: MercedesDruck, Berlin
Gedruckt auf säurefreiem und chlorfrei gebleichtem Papier.
Printed in Germany

ISBN 978-3-8348-0515-7

Vorwort

Die Beobachtung des Internet und des Verhaltens der Benutzer belegt weiterhin: Die Zahl der mittels World Wide Web bearbeiteten Aufgaben steigt, der Umfang der einzelnen Aufgaben nimmt zu. Die Voraussetzung dafür wird gegeben durch adäquate Steigerung der Komplexität von Web-Anwendungen; für die Entwickler eine in etwa synchron wachsende Herausforderung. Technologisches Umsetzen solcherart Herausforderung macht akribische Entwicklungsarbeit erforderlich, die zu Recht durch eine große Menge faktenreicher Publikationen flankiert wird. Erinnert man sich der wohl nach wie vor geltenden 60:40 Regel – bezüglich der Verteilung von Fehlern in der Entwicklungsarbeit auf die Abschnitte Entwurf und Implementierung – dann wird rasch klar, dass zusätzliche Unterstützung benötigt wird, denn auch angepasste Tools z.B. haben offenbar keine signifikante Verbesserung gebracht.
Bewusstheit um das Gestalten einer Web-Anwendung fördert den Sinn für Architektur, ja bringt das Concept (im engl. Wortsinn) erst ins Blickfeld des Entwicklers.
Der hier vorgelegte Ansatz ist neu: Die Aufgabe, die eine Web-Applikation erfüllen soll, wird Ausgangs- aber auch zentraler Dreh- und Angelpunkt der Entwicklung. Ein Gegenstück zum Bottom-up-Ansatz, der bestimmt ist durch detaillierte Beschreibungen von Technologien zur Implementierung von Web-basierten Anwendungen. Das bedeutet, dieses Vorgehen wird nunmehr um den Top-Down-Aspekt ergänzt. Wir liegen damit zwar im Bereich des Model Driven Development, die Achse Web-Applikationen ist darin jedoch stark förderungsbedürftig.
Natürlich benötigen wir möglichst präzise und bis ins Einzelne gehende Erläuterungen spezifischer Technologien. Ausarbeitungen solcher Art machen allerdings einen Zugang zum Feld 'Web-Applikationen' recht schwer. Sie erfordern stets schon ein gewisses Maß an Kenntnis, um die jeweils diskutierte Thematik einordnen und verstehen zu können. Sie sind in aller Regel spezialisert auf einen recht engen Ausschnitt des Feldes. Und sie verstellen durch die Vielzahl an Details doch zu häufig den Blick aufs Ganze, wir erfahren also hier wie es ist, den Wald vor lauter Bäumen nicht zu sehen.
Zentrales Konzept unseres Ansatzes ist die Architektur von Web-Applikationen. Sie wird als direkte Ableitung aus der Gesamtaufgabe einer Anwendung angesehen. Die Gestaltung einer Applikation auf diese Art folgt dem Muster, dass primär eine Funktion zu realisieren ist und sekundär dazu eine adäquate Form entwickelt wird. Damit befinden wir uns auf einem Weg mit langer Tradition. Die Herausbildung des Begriffes Form erfolgt in der Antike. Aristoteles hat dabei von Beginn eine Dualität im Sinn: Form und Materie. Seither sind verschiedene Adaptionen in unterschiedlichen Bereichen entwickelt worden:

- Sinn und Form (Literatur)
- Form und Inhalt (Ästhetik)
- Form und Funktion (Technik, Architektur).

Und immer wieder werden Paradigmen für die jeweilige Doppelheit erarbeitet, mitunter heftigst diskutiert, zu gegebener Zeit erneuert.

Ein Paradigma der modernen Architektur lautet: Die Form folgt der Funktion. Sieht man die Funktion begründet in der zu erfüllenden Aufgabe, so entspricht unser Ansatz dieser Intention. Die Form soll – ihrem Begründer zufolge –

- ein immanentes Gestaltungsprinzip
- wiss. feststellbare formale Gesetzlichkeit

aufweisen. Somit fordert die Informatik zu Recht: "Gute Architektur ist konsistent – sie wird nach allgemeinen Grundsätzen und festgelegten Vorschriften gestaltet, ... " [Zemanek 1992, S.161]. Und in der Konsistenz findet sich auch die angesprochene Dualität wieder, hier als System und Funktion.
Derartige Überlegungen werden nun zum Anlass genommen, Aufgaben-orientierte Architektur-Typen zu entwickeln und in ihren charakteristischen Merkmalen zu reflektieren. Und im vorliegenden Fall sind genau diese Merkmale nicht a priori bestimmt durch die Technologie der Implementierung, sondern werden aus den Anforderungen an die Anwendung hergeleitet. Das ist auch eine Konsequenz der Überlegung, dass dem zu unterstützenden Geschäftsprozess das Primat zukommt und das unterstützende IT-System ihm zu entsprechen hat. Schwerpunkt jedoch ist, einen Weg vom Gesamten zum Detaillierten zu entwickeln. So soll für den Studierenden und auch für den Entwickler die Möglichkeit verbessert werden, stets im Blick zu haben, WAS getan wird bzw. zu tun ist und damit zu entscheiden, WIE es ausgeführt werden soll. Und dazu wird die Palette der Architektur-Stile um die Aufgaben-orientierte Facette erweitert. So soll betont werden, dass wir das Anwenden – über das unsere Produkte sowohl Zweckmäßig- als auch Sinnfälligkeit erhalten – als Motivation dafür nehmen, neben rein Ingenieur-gemäßen Aspekten auch Aufgaben-bedingte Merkmale in Betracht zu ziehen.
Architekturen sind Modelle antizipierter oder auch bereits vorhandener IT-Systeme. Und im Rahmen der Exzellenzinitiative sind 2007 gleich mehrere Excellence Clusters bzw. Graduiertenschulen gebildet worden, die Software-Modellierung zum Thema haben.
Die in unserem Text zahlreichen Technologien zur Implementierung von Web-Komponenten werden hier nicht um ihrer selbst willen, sondern lediglich soweit wie der Erläuterung und Veranschaulichung der Architektur-Überlegungen dienlich, diskutiert. Weitere Unterstützung zum Buch findet der Leser über den Service OnlinePlus des Verlages (www.viewegteubner.de).
Techniken und Werkzeuge zur Implementierung ändern sich relativ häufig. Das erklärt u.a. die große Vielzahl und rasche Abfolge von Arbeiten auf dieser Ebene. Und so kann die Betrachtung von einem etwas 'höheren Punkt' aus doch sehr vorteilhaft sein, wenn es gilt, den Überblick zu gewinnen bzw. zu behalten.

Panketal, im Januar 2008
Günther Bauer

Inhaltsverzeichnis

Kapitel 1 Einführung

Kapitel 2 Präsentation

Kapitel 3 Software-Architektur

Kapitel 4 Crossover Präsentation

Kapitel 5 Präsentation plus Interaktion

Kapitel 6 Präsentation plus Applikation

Kapitel 7 Präsentation plus Integration

Kapitel 8 Qualität und Sicherheit

Kapitel 1

Einführung

1.1 Das Internet

Unsere Erfahrung im beruflichen und auch privaten Alltag belegt, dass Rechner miteinander verbunden sind bzw. werden können. Wir schicken oder bekommen e-mails, planen Fahrten mit dem Auto, buchen Reisen und nutzen somit das Internet für viele verschiedenartige Zwecke. Deshalb sollten wir uns vergegenwärtigen:

> **Internet**
> Ist die technisch-organisatorische Verknüpfung von Rechnern – weltweit.

Wir geben hier eine kurze Zusammenstellung wieder, die an Eckpunkte der Entwicklung des Internet erinnert.

Internet-Chronik

1961	Leonhard Kleinrock (MIT) veröffentlicht: „Information Flow in Large Communication Nets“ erste Publikation zur Theorie der Datenpaketvermittlung		
1967	1. Diskussion zur Struktur des geplanten Arpanet (April)		
1969	September	1. Rechner im Netz	University of California LA
	Oktober	2. Rechner im Netz	Stanford Research Institute
	Jahresende	4. Rechner im Netz	
1970	1. Version des Arpanet-Host-to-Host-Protocol 1. Verbindung quer durch die USA		
1972	1. E-Mail-Protocol für das Arpanet (Ray Tomlinson)		
1973	1. Internationale Anschlüsse ans Arpanet - University College of London - Seismografieobservatorium in Norwegen		
1974	1. Entwurf des TCP (Cerf & Kahn)		
1978	TCP wird in TCP und IP aufgeteilt IP übernimmt das Routing für Datenpakete ⇒ sucht den besten Weg		
1980	Arpanet-Stillstand durch einen Virus (der versehentlich entstand)		
1983	1. Software für Name-Server		
1984	Einführung des DNS - Domain Name System		
1988	10% der 60 000 Web-Seiten sind von einem Virus befallen ⇒ Gründung des CERT - Computer Emergency Response Team		
1991	WWW entwickelt (Berners-Lee am CERN) ⇒ - Internet-Dokument wird als Web-Page definiert - Verknüpfung von Internet-Seiten möglich		

Die Nutzung des Internet bedarf eines Zugangs. Hauptwege eines solchen Zugangs sind:

Telefonnetz
Der gegenwärtig sicherlich bevorzugte Weg, Rechner miteinander zu verbinden.

(Kabel-)Fernsehnetz
Eine zunehmend verfügbare Möglichkeit, Datenaustausch zwischen Rechnern zu realisieren.

Stromnetz
Auch dafür bestehen bereits Lösungen, um über unsere Stromleitungen Rechnerverknüpfungen herzustellen.

Funknetze
WLAN (Wireless Local Area Network) oder Bluetooth sind die wohl bekanntesten Techniken, auf unterschiedlichen Frequenzen Daten zu übertragen.
Bluetooth ist eine drahtlose Funkverbindung zwischen Geräten über kurze Distanzen. Hier werden Mobiltelefone, PDAs (Personal Digital Assistants) oder Rechner miteinander verbunden. Mitunter wird ein solches Mininetz als WPAN (Wireless Personal Area Network) bezeichnet.

1.2 Das World Wide Web

Individuelle Homepages, Verkaufs-, Tausch- und Auktionsbörsen, Wissens- und Kommunikationsplattformen, Präsentationen und Anwendungssysteme von Unternehmen sind die Inhalte im Internet. Wie z.B. ein Fernsehsender auf der einen Seite über ein technisches Equipment verfügt und auf der anderen Seite inhaltlich für sein Programm sorgen muss, so gilt vergleichbar für das Internet eine Zweiteilung von technischer Basis und sogenanntem Content.

WWW (World Wide Web)
Ist die Ansammlung von Dokumenten und Rechner-Anwendungen im Internet.

Die Grundlagen des WWW gehen zurück auf Berners-Lee. Dieser verfolgte Anfang der 90er Jahre die Idee, ein Hypertext-System zu entwickeln. Kern dieser Idee war es, Dokumente ins Internet bringen, sie miteinander verknüpfen und auch wieder auffinden zu können. Erreichter Stand dieser Entwicklung sind unsere Web-Publishing-Tools auf der einen und die Browser auf der anderen Seite. Den Weg zum bisher Erreichten soll wiederum die Zusammenstellung wichtiger Eckdaten in Erinnerung bringen.

WWW-Chronik

1980	Berners-Lee schreibt 'RPC' und 'Enquire' RPC (Remote Procedure Call) ermöglicht den Aufruf von Programmen auf verbundenen Rechnern Enquire dient der Suche und Bereitstellung von Informationen, die inhaltlich miteinander verknüpft sind
1990	Berners-Lee - prägt den Terminus WorldWideWeb - entwickelt HTML - entwickelt einen Web-Client (Browser + Editor) - entwickelt einen Server
1993	Mosaic (Browser) wird verfügbar
1994	Mozilla (Browser von Netscape) wird verfügbar
1995	Internet Explorer wird verfügbar WikiWikiWeb (erstes Wiki)
1996	Navigator 2 (Netscape) wird verfügbar - E-Mail-Funktion - Java-Anwendungen
1997	XML-Spezifikation
1999	Berners-Lee entwickelt Vorstellung zum 'Semantic Web'
2001	Wikipedia
...	
2006	Suchmaschinen, Wikis (http://c2.com/cgi/wiki?WikiEngines), Internet-Shops, Auktionen, Wissens- und Unternehmens-Portale bestimmen die Nutzung des WWW

Web-basierte Lehre ist als ein Prototyp für das Ausarbeiten und Bereitstellen von adäquaten Dokumenten und Anwendungen im Internet anzusehen. Hier werden Fach-spezifische Inhalte sowohl didaktisch als auch Präsentations-technisch aufbereitet und im Internet verfügbar gemacht. So wird ein großer Vorteil des Internet, auf Inhalte unabhängig von Ort und Zeit zugreifen zu können, in einem solchen Bereich nutzbar.

Die Zahl der Dokumente des WWW ist sehr groß (Milliardenbereich) und rasch wachsend. Die Ordnung dieser Ansammlungen von Dokumenten ist überwiegend chaotisch, in einigen Inseln gut strukturiert. Das schafft uns ein weites Feld an Komplexitätsproblemen, denen wir z.B. mit effektiven Suchmaschinen begegnen wollen. Semantische Netze gelten derzeit als der aktuelle Ansatz, über die Symptome Besserung im Gebrauch des WWW zu erreichen. Bei den Rechner-Anwendungen im Internet sind vergleichbare Komplexitätsprobleme Unternehmens-kritisch und damit nicht einfach hinnehmbar.

Somit soll auch in unserem Context die Devise lauten, die Ursachen der Probleme aufzufinden und durch konstruktive Ansätze nicht entstehen zu lassen oder wenigstens reduzieren zu können. Und der General-Ansatz lautet hier:

Architektur im WWW!

Die Vorstellungen von Berners-Lee waren insofern solide, als sie auf grundlegenden Prinzipien wie Einfachheit, Allgemeingültigkeit und Trennung von Aspekten basierten. Jedoch dachte er an eine, u.U. auch große, Menge von informalen Hyper- text-Knoten; eine aus heutiger Sicht relativ anspruchslose Architektur im Internet.
Hypermedia-Anwendungen hingegen haben sich mittlerweile zu durchaus komplexen, in Vielzahl und Vielfalt der beteiligten Komponenten als große Systeme zu betrachtende, sowohl passive als auch aktive Elemente enthaltende, Konstruktionen entwickelt. Da muss die ursprüngliche Vorstellung weiterentwickelt und den fortgeschrittenen Anforderungen angepasst werden.

1.3 Das Problemfeld

Um einen ersten Eindruck vermitteln zu können, welcher Thematik sich unsere Diskussion widmet, schauen wir zunächst auf die Abbildung 1.1. Entwicklung und Einsatz von Web-Anwendungen wird, beginnend bei der Erteilung von Aufträgen, in Form des Wasserfall-Modells dargestellt. Folgende Notationselemente finden dabei Verwendung:

- Rechtecke	bezeichnen Arbeitsergebnisse
- Pfeile	kennzeichnen den Prozess-Fortschritt (als Teilprozesse der Gesamtheit)
- Linien	gestrichelt – kennzeichnen Prozess-Rückkopplung (d.h. ein mögliches Zurückgehen im Gesamtprozess).

Die Ableitung von Aufträgen aus Problemen der relevanten Realität wird als Ausgangspunkt für die Gestaltung von Software im Allgemeinen und WWW-Anwendungen und deren Architektur im Besonderen angenommen. Anwendung im Web ist also Software, die jedoch spezifischen Bedingungen genügt. Dies sind vor allem die Implementierung von Internet-Technologien und -Protokollen (TCP/IP, HTTP, ...).

Web-Anwendung
Software, die auf der Basis von Internet-Technologien und -Protokollen arbeitet.

Die Anforderungs-Spezifikation hält fest, welche funktionalen und nicht-funktionalen Eigenschaften das zu erarbeitende Produkt haben soll.
Software-Produkt ist in unserer Darstellung ein Platzhalter für eine ganze Reihe von Zwischen- und Endprodukten. Wir beschäftigen uns mit Architektur, und die ist verbunden vor allem mit dem Entwurf. Dieser ist bekanntermaßen ein Teilprozess der Entwicklung. Damit wird deutlich, dass auch der in der Abbildung verwandte Prozess 'Entwicklung' eine starke Abstraktion ist und in unterschiedlichen Prozess-Modellen konkretisiert wird.

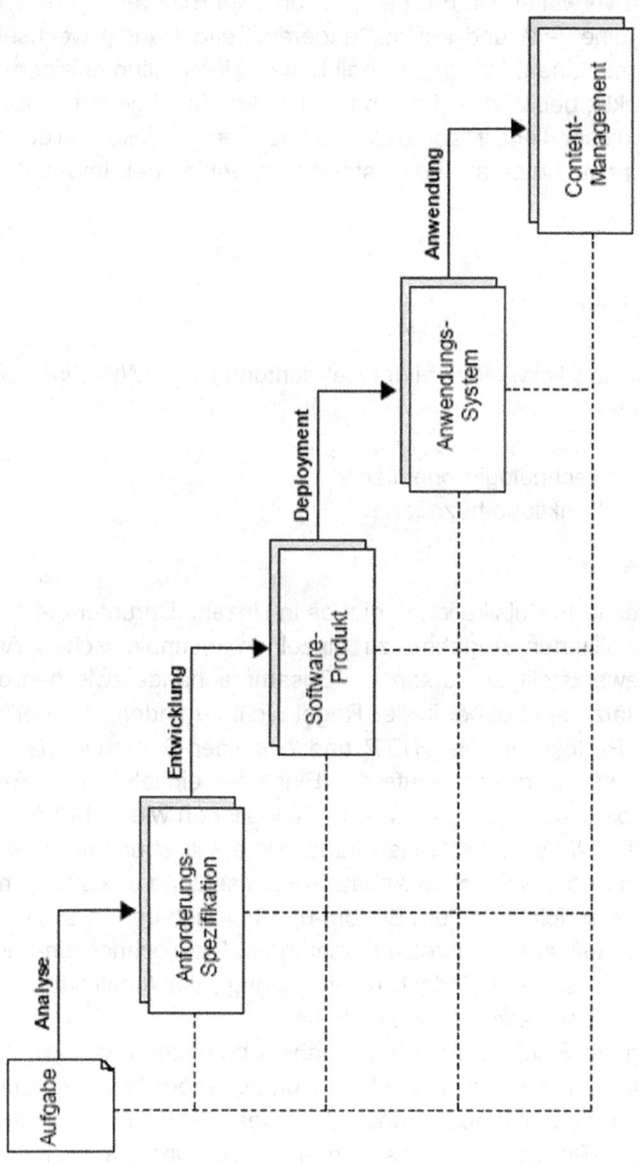

Abb.1.1 Arbeitsprozess - Gesamt

Web-Anwendungen müssen auf (mindestens) einem Server installiert werden. Dieser Vorgang wird als Deployment bezeichnet.
Der Einsatz einer Web-Anwendung erfordert Content, d.h. den Inhalt, der zu präsentieren und zu verwalten ist. Hierbei tauchen zwei Extreme auf: Inhalt, der unveränderlich bleibt einerseits und auf der anderen Seite ständig wechselnde Fakten, Daten oder Informationen. Der zweite Fall bedarf eines mitunter eigenständigen zusätzlichen Produkts, bedarf des (Enterprise) Content Managements. Ein Zeichen für die Komplexität dieser Teilaufgabe bzw. entsprechender Teilprodukte ist, dass Content Management mitunter als selbstständiges Gebiet der Informatik angesehen wird.

1.4 Das Herangehen

Zwei grundsätzliche Blickwinkel bei der Betrachtung des WWW-Einsatzes sind (mindestens) gegeben:

- Technologie-orientierte
- Funktions-bezogene

Sicht.
Technologie-orientierte Publikationen gibt es in Unzahl. Darunter befinden sich viele Arbeiten mit detaillierten Angaben zu einzelnen technologischen Ansätzen, um Funktionalität bewerkstelligen zu können. Zusammenhänge zwischen oder Brücken über solche Ansätze sind dabei in der Regel nicht zu finden. Wir befinden uns auf der Ebene von Protokollen wie HTTP und einzelner Sprachen wie HTML, PHP, PEARL, JavaScript, ... ; auf der Stufe des Einsatzes einzelner vorgefertigter Systeme wie MySQL bzw. auf dem Level von Kombinationen wie LAMP (Linux + Apache + MySQL + PHP), die sich als Quasi-Standards etabliert haben. Eine Suche nach einem geeigneten technologischen Ansatz zur Umsetzung eines bestimmten Vorhabens im WWW entspricht so einem Bottom-up Approach und lässt sich in der Breite nur mit enormem Aufwand erfolgreich durchführen. Die Technologie-orientierte Sicht ist die bislang übliche, sie ist jedoch nicht geeignet, die Architekturproblematik adäquat untersuchen und beschreiben zu können.
Funktions-bezogene Sicht als Ansatz zu wählen bedeutet Top-down Approach. Ins Zentrum gestellt wird das Anliegen eines Auftraggebers bzw. Entwicklers, der im WWW eine bestimmte Aufgabe verfolgt. Der wesentliche Inhalt einer Anwendung wird mit einer Kurz-Bezeichnung versehen, deren Auswahl natürlich einer gewissen Willkür unterliegt. Damit wird klar, dass ein eindeutiges System der Kategorisierung schwer möglich ist. Dennoch ergibt sich der Vorteil, dass bei einer gut gewählten Mnemonik deutlich wird, was als Schwerpunkt einer Kategorie gemeint ist. Und somit wird eine Orientierung möglich, ohne gleich auf Aspekte und Details der Implementierung eingehen zu müssen. Als Beispiel geben wir hier folgende Zusammenstellung.

Absicht, Aufgabe	**Erfolgs-kritische Faktoren**
Information, Präsentation	Häufiger Aufruf, Kontaktaufnahme
Promotion, Aktion	Häufiger Aufruf, Download, Aktionsteilnahme
Frage-Antwort-System (mit Avatar)	Führungsregime, Erklärungsfähigkeit
Online-Shop	Bestellzahlen, Kundenzahlen
Markplatz	Besucherzahlen, Abschlüsse
eGovernment	Nutzungs-Intensität, Bürgerzuspruch
Concurrent Engineering	Teamwork, Collaboration

Geht man nun in Richtung praktische Umsetzung, so ist es auch bei diesem Schritt zweckmäßig, sich zunächst an der zu lösenden Aufgabe und nicht an technologischen Entscheidungen zu orientieren. (Gemäß der Maxime der Software-Entwicklung, Entscheidungen dann zu treffen, wenn es der Arbeitsfortschritt erforderlich macht.) Für eine entsprechende Methoden-unabhängige Systematisierung der Arbeitsaufgaben auch beim Entwurf von Architektur hat sich die Abstraktion der Tätigkeitsfelder wie in Abb.1.2 bewährt [vgl. Bauer].

Gegenstand	Betrachtungs-Aspekt		Ergebnis
Programm-Aufbau-Organisation	WAS	gehört zum System	Dekomposition einer Gesamtheit
	WIE	gehören die Komponenten zusammen	Relative Lage der Komponenten
Programm-Ablauf-Organisation	WIE	wirken die Komponenten	Zeitliche Position der Komponenten

Abb.1.2 Systematik Arbeitsaufgaben

Diese so vorgenommene Abstraktion des Gegenstandes (Spalte 1 der Systematik) stellt auch bezüglich Architektur bereits grundsätzlich Weichen. Die Aufbau-Organisation einer Anwendung, also die Dekomposition in einbezogene Komponenten und deren relative Lage, werden letztlich dargestellt als Architektur. Wir finden hier gewissermaßen deren 'Normalform' vor. Die Ablauf-Organisation berücksichtigt einen anderen Beziehungstyp zwischen den Komponenten. Hier wird deutlich gemacht,

WELCHE	Komponente wird
WANN	aufgerufen.

Die Notation der damit verbundenen Aspekte ergibt eine andere Architektur, nämlich die des Ablaufs. Daraus ergibt sich u.a. die Verpflichtung, sowohl bei der Entwicklung als auch bei der Betrachtung einer Architektur Bewusstheit darüber herzustellen, um welchen grundsätzlichen Typ von Architektur es sich gerade handelt.
Wir entwicklen hier, wie o.a. die Funktions-bezogene Sicht als neuartigen Ansatz für Architekturen im WWW. Systematisches Beschreiten eines solcherart skizzierten Weges kann zu adäquater Strukturierung der Aufgaben und Teil-Aufgaben führen, aus der eine Architektur für die Software-Lösung abgeleitet werden kann.

1.5 Der Buchaufbau

Als Zugang zur Thematik ist im Kap.1 abgesteckt, WAS den Diskurs-Bereich des Buches ausmachen soll. Dazu gehört die kurze Erinnerung an die vorwiegend zeitliche Entwicklung sowohl des Internet als auch des World Wide Web. Für das WWW entfaltet sich dabei der Eindruck und bestätigt unsere Erfahrung, dass die ansteigende Komplexität der Anwendungen und der Laufzeit-Umgebungen die Herausforderungen für Entwickler gleichfalls wachsen lassen. Die Skizzierung des Herangehens signalisiert, dass Abstraktion von den Implementierungs-Details hier als grundlegender Ansatz gesehen wird.
Mit dem Kap.2 beginnt die Diskussion um Architektur, die durchgehend als aus den Anforderungen des Anwenders abgeleitet gesehen wird. Demzufolge ist gewissermaßen ein Stufen-Modell unterlegt, in dem benötigte Funktionalität Schritt für Schritt ausgebaut wird. Damit verbunden werden Architektur-Typen hergeleitet, die als Vorlagen für die Entwicklung entsprechender Anwendungen dienen können.
Angaben zu den vom Autor verwendeten Tools sind als Orientierungshilfe gedacht. Dies gilt speziell für Versionsnummern, um bei evtl. Tool-spezifischen Elementen in den Beispielen beim Leser einen 'Ach-so-Effekt' möglich werden zu lassen.
Kap.3 bringt eine Vertiefung zum Terminus Architektur. Im günstigsten Fall entwickeln Leser und Autor ein gleichwertiges Verständnis dazu; ansonsten sollte wenigsten argumentativ unterlegt werden, welche Differenzen auftreten.
Die Kap.4 bis 7 zeigen dann Stufe für Stufe – von der Crossover Präsentation bis zur komplexen Integration – die auf unterschiedlichen Niveaus angelegten Anforderungen sowie – synchron dazu und somit ebenfalls step-by-step – adäquate Architektur-Typen. In diesen Zusammenhang wird eine Beispiel-Anwendung eingebaut und immer wieder aufgegriffen. Sie setzt bei einer eher simplen Präsentation ein und wird dann stufenweise, der jeweils diskutierten Anforderungsart gemäß, zu einer Unternehmens-weiten Web Application ausgebaut.
Grundzüge von Qualität und Sicherheit für Web-Anwendungen werden im Kap.8 betrachtet. Auch hier wird mehr Wert auf systematischen (abstrakten) Zugang als auf Tipps und Tricks gelegt. So lässt sich längerfristig sicherlich ein größerer Vorteil erreichen.

Kapitel 2

Präsentation

2.1 Anzeigen im World Wide Web

Um eine einfache Anzeige im WWW zu präsentieren, bedarf es keines großen Aufwandes. Der Entwickler hat folgende Schritte auszuführen:

- Entwurf des Layouts (Handskizze)
- Erstellen der Anzeige
- Platzieren dieser Anzeige auf einem HTTP-Server (Hochladen)
- Aufruf der Anzeige mittels eines Browsers.

Erstellen heißt im sicherlich einfachsten Fall, es wird ein Text geschrieben und dieser den eigenen Vorstellungen entsprechend formatiert. U.U. werden Bilder eingefügt und das Ergebnis wird im HTML-Format abgespeichert. Dies lässt sich mit einem gängigen Programm zur Textverarbeitung wie OpenOffice bewerkstelligen.
Das Wesen von HTML (HyperText Markup Language) besteht darin, mittels Kennzeichnung (Markup) dem Browser zu signalisieren, wie die einzelnen Elemente auf dem Bildschirm zu präsentieren sind. Die einzelnen Kennzeichnungen werden Tags genannt. Die Syntax für eine Formatierung mittels Tag folgt dem nachstehenden Prinzip:

<***tag*** Präsentations-Element ***/tag***>

Für tag ist je nach gewünschter Formatierung das entsprechende Schlüsselwort in HTML einzusetzen. Ein Tag triit in aller Regel paarweise auf, um Anfang und Ende der Formatierung zu kennzeichnen. Für Flexibilität bei der Gestaltung der Präsentation stehen für Tags zusätzlich Attribute zur Verfügung. Hier ein kurzes Beispiel für den Einsatz von Tags.

```
<BODY LANG="de-DE" DIR="LTR">
   <P ALIGN=CENTER><B>WELCOME to MyHOMEPAGE</B></P>
   <P><FONT SIZE=2 STYLE="font-size: 11pt">We are enjoyed</FONT></P>
</BODY>
```

Ein HTTP-Server ist ein Programm, das auf einem Server (Rechner) läuft und auf Anforderung den Inhalt von Dateien im HTML-Format einem Browser übermittelt. Platzieren einer Anzeige bedeutet somit den Transport unserer Anzeige auf den als Server arbeitenden Rechner in das entsprechende Verzeichnis des Server-Programms.
Ein Aufruf der Anzeige erfolgt dann, wenn im Browser die Adresse der zugehörigen HTML-Datei auf dem Server-Rechner angegeben wird.

In der Entwicklungsphase können die o.a. Schritte iterativ ausgeführt und das Platzieren auf dem Server dabei ausgelassen werden.
Eine schlichte Anzeige, beschränkt auf eine einzelne HTML-Seite, genügt ziemlich rasch auch den eigenen Ansprüchen nicht mehr. Wir werden verschiedene HTML-Seiten zu einer Gesamtheit kombinieren, um Aussagekraft und Anschauung zu erhöhen. Eine deratige Gesamtheit wird dann Site genannt. Mit der Entwicklung einer Site ist eine nächste Stufe der Anforderungen verbunden:

- Strukturelle Gestaltung einer Start-Seite
- Strukturierung der Site als Gesamtheit.

Ergonomisch aufbereitet besteht eine Start-Seite aus mehreren Sektionen:

- Titel-Bereich
- Navigations-Bereich
- Inhalts-Bereich.

Der Navigations-Bereich enthält die Verweise (Links) von der Start-Seite zu anderen Seiten unserer Site. Durch solcherart Verküpfungen entsteht ein Netz von Texten (Bildern, ...), der sogenannte Hypertext.
Für die hier verfolgte Linie wird folgendes Grundschema der Aufteilung einer Web-Seite benutzt:

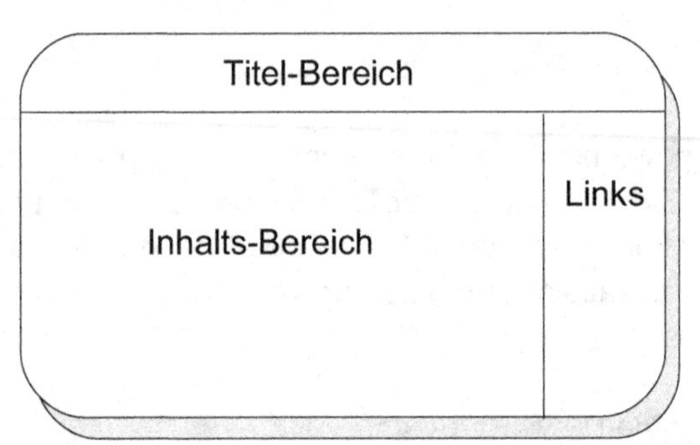

Abb.2.1 Schematische Aufteilung Start-Seite

Für die Anordnung des Navigations-Bereiches ergibt sich folgendes Problem: Bei der überwiegenden Mehrzahl von HTML-Seiten findet man diesen Bereich am linken Rand. Ergonomisch gesehen gehört er jedoch auf die rechte Seite. Hintergrund dafür ist die Verteilung der Aufmerksamkeit des Betrachters eines Bildschirms, die Arbeit der mehrheitlich vertretenen Rechtshänder (Auffinden eines Bildschirm-Objekts mit der Maus) sowie unsere Erfahrung, dass ein Buch stets mit einer rechten Seite beginnt und steuernde Ergänzungen am rechten Rand auftauchen. Dieser Widerspruch löst sich dann auf, wenn entschieden wird, welche Information – Link oder Werbung – als wichtiger angesehen und somit rechts angeordnet wird. (Die o.a. Aspekte wiegen hier sicherlich schwerer als eine u.U. entstandene gewisse Erwartungskonformität.) Natürlich lässt sich die Navigation auch über die Mitte einer Seite realisieren. In diesem Falle werden die vom Desktop bekannten Menüleisten oder auch tabulator panes bzw. sogar eine Kombination dieser beiden Gestaltungselemente bevorzugt.

Strukturierung der Site als Gesamtheit ist zu differenzieren in

- Inhalts-Struktur
- Navigations-Struktur.

Die Inhalts-Struktur stellt zusammen, welche Bausteine einer Site (Seiten, Texte, Bilder, Audios, Videos, ...) zu welchem thematischen Komplex gehören. Mit der Navigations-Struktur wird dann modelliert, welche Verbindungen (Links) zwischen den Seiten oder auch innerhalb dieser einzurichten sind und vom Betrachter benutzt werden können.
Ein Blick auf die o.a. Definition lässt leicht erkennen, dass wir damit die konstituierenden Elemente einer Architektur komplettiert haben:

- Inhalts- bzw. Themen-Bausteine
- Navigations- und Inhalts-Struktur.

Zwecks Veranschaulichung wird nun eine Skizze für eine mögliche Inhalts-Struktur einer imaginären Site gezeigt.

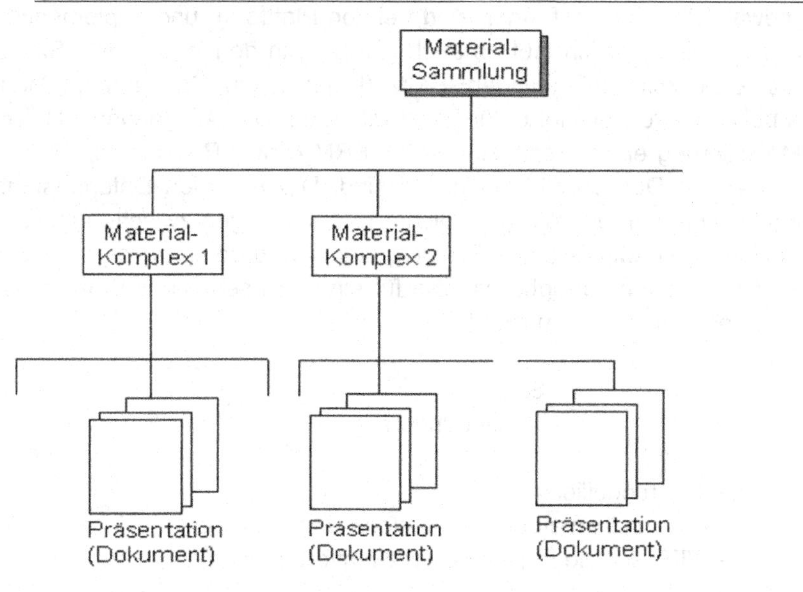

Abb.2.2 Skizze Inhalts-Struktur

Eine zugehörige Navigations-Struktur könnte wie in der Abbildung 2.3 gezeigt angelegt sein.

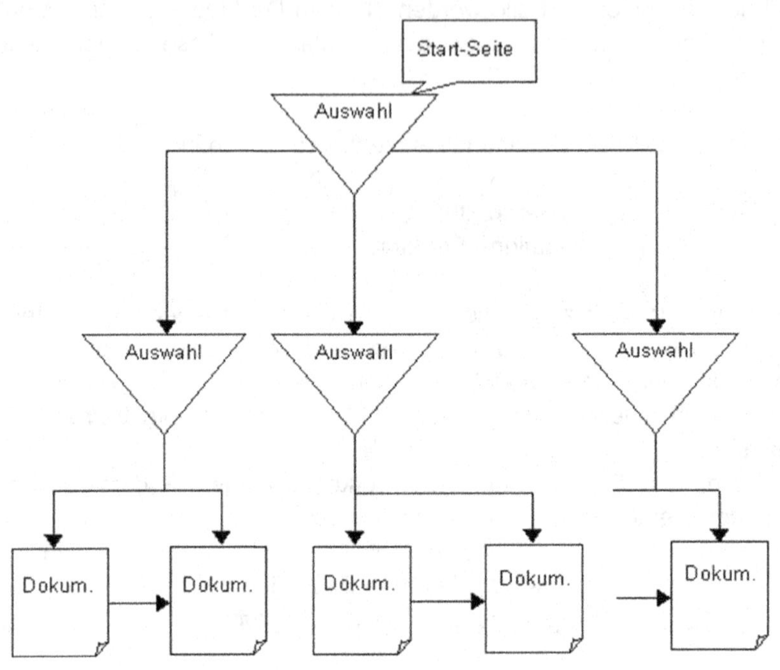

Abb.2.3 Beispiel Navigations-Struktur

Die hier gewählten Notationsformen sind frei von Plattform- und Implementierungs-Spezifika. Selbstverständlich gibt es auch Ansätze, in denen spezielle Sichten der Informatiker Berücksichtigung finden. RMM (Relationship Management Model) ist wohl das bekannteste Beispiel dafür [Isakowitz u.a.]. Der Ausgangspunkt für diese Art der Modellierung einer Architektur ist ein ERM (Entity Relationship Model), das beschreibt, welche Datenquellen involviert sind. Dazu werden Datenbestände als Entity Sets beschrieben und die (inhaltlichen) Verbindungen zwischen ihnen aufgezeigt (Relationships). Mittels eines ER-Diagramms wird somit gezeigt, WAS inhaltlich für die Präsentation verfügbar ist. Die für einen Präsentations-Entwurf konstituierenden Komponenten sind im RMM

- Slice
- Verbindungen.

Mit einem Slice wird modelliert

- WAS soll an einem Navigations-Punkt gezeigt
- WIE soll die Information präsentiert (Layout)

werden.

Die Verbindungen geben an, wie man zu einem Navigations-Punkt gelangen kann.

Für die grafische Notation bedient sich der Entwickler folgender Symbole:

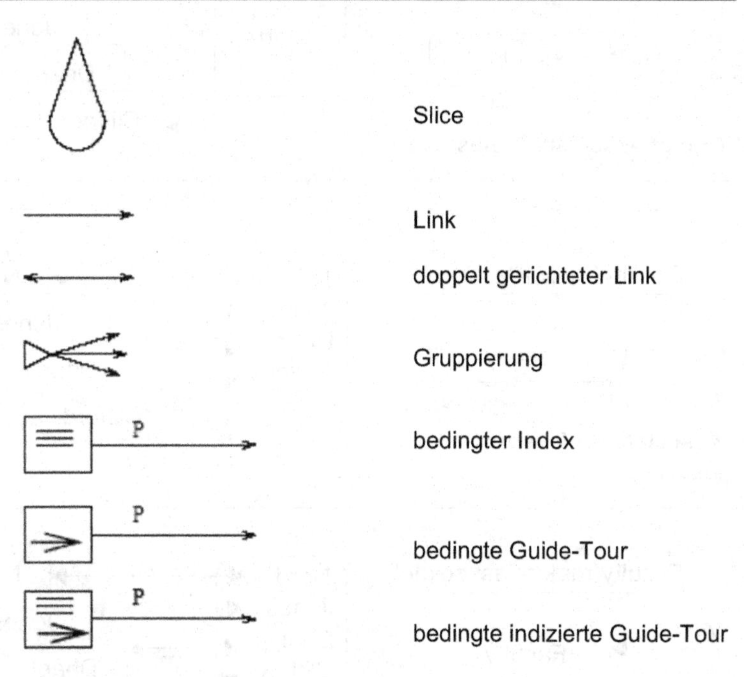

Abb.2.4 Grafische Symbole RMM

Für die bedingten Navigations-Elemente geben Isakowitz und seine Kollegen das Beispiel von 'Associate Professors' an einer Fakultät an (Abb.2.5). In der linken Hälfte wird die Modellierung einschließlich Prädikat, d.h. der Bedingung, die erfüllt sein soll, angegeben und rechts wird die Implementierung der erforderlichen Navigations-Pfade gezeigt.

In einem (kleinen) Beispiel für den Entwurf einer Navigations-Struktur soll die Anwendung der grafischen Symbole in RMM weiter veranschaulicht werden (Abb.2.6). An der Spitze des Diagramms befindet sich eine Gruppierung von Links, z.B. als Menü implementiert. Von dieser Stelle aus kann der Benutzer zu einer der drei Entity Sets gehen und sich den entsprechenden Inhalt, modelliert durch eine Slice, präsentieren lassen. Weiter werden für die Navigation bedingte Indizes modelliert. Dazu gehören dann folgende Werte der Prädikate p_i:

p1 = Professor X	⇒ Zugriff von Veröffentlichung auf den publizierenden Professor
p2 = Kurs Y	⇒ Zugriff von Professor auf den Kurs, den er hält
p3 = Professor X	⇒ Zugriff auf Professor, von dem der Kurs gehalten wird
p4 = Publikation Z	⇒ Zugriff von Professor auf Publikation, die er veröffentlicht hat.

Faculty(rank = 'associate')
Faculty
start
Nord
Jones
Dhar
Clifford
Guided Tour of Associate Professors

Faculty(rank = 'associate')
Faculty
Nord
Jones
Dhar
Clifford
Nord
Jones
Dhar
Clifford
Index of Associate Professors

Faculty(rank = 'associate')
Faculty
Nord
Jones
Dhar
Clifford
Nord
Jones
Dhar
Clifford
Indexed Guided Tour of ...

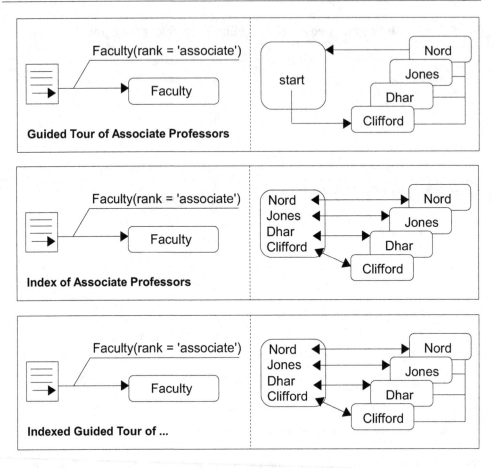

Abb.2.5 Bedingte Navigation nach Isakowitz

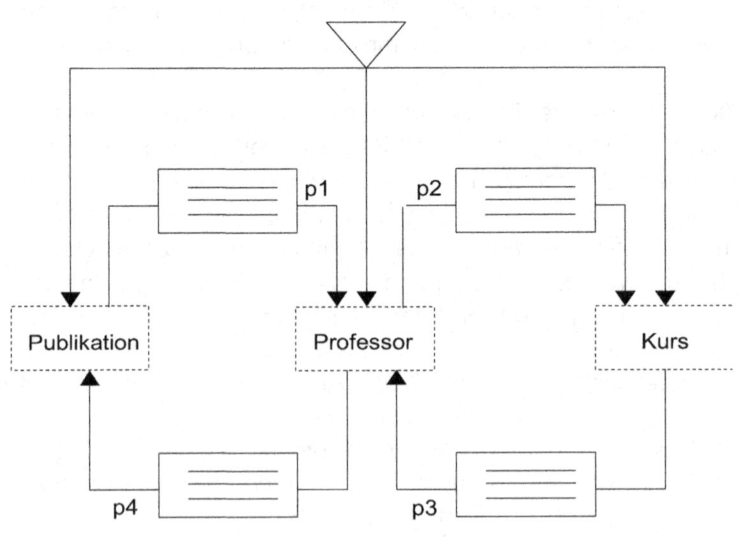

Abb.2.6 Beispiel-Entwurf

2.2 Frame-Assistent in Quanta Plus

Ein Bereich der soeben diskutierten Art wird im HTML-Kontext Frame und ein Ensemble zusammengehörender Frames dabei Frameset genannt. Ein Frameset lässt sich natürlich direkt in HTML spezifizieren. Eleganter hingegen ist sicherlich die Verwendung eines Frame-Assistenten, der in der Regel in ein Web-Tool integriert ist. Hier hat der Entwickler die Möglichkeit, auf der Ebene 'visuelle Programmierung' zu arbeiten. Wir erläutern hier das Prinzip am Beispiel Quanta Plus.

- Einrichten einer leeren HTML-Seite (neues Dokument, Typ HTML)
- Aufruf Frame-Assistent
- Markieren des zu gliedernden Bereiches (zunächst gesamte Fläche, dann u.U. Teilfläche)
- automatisches Platzieren der Frames in wählbarer Anzahl
- Anpassung der Flächenaufteilung für die einzelnen Frames.

Das Ergebnis ist dann eine grafische Darstellung der Anordnung der einzelnen Frames (sprich Bereiche) in der Gesamtfläche der zukünftigen Start-Seite.

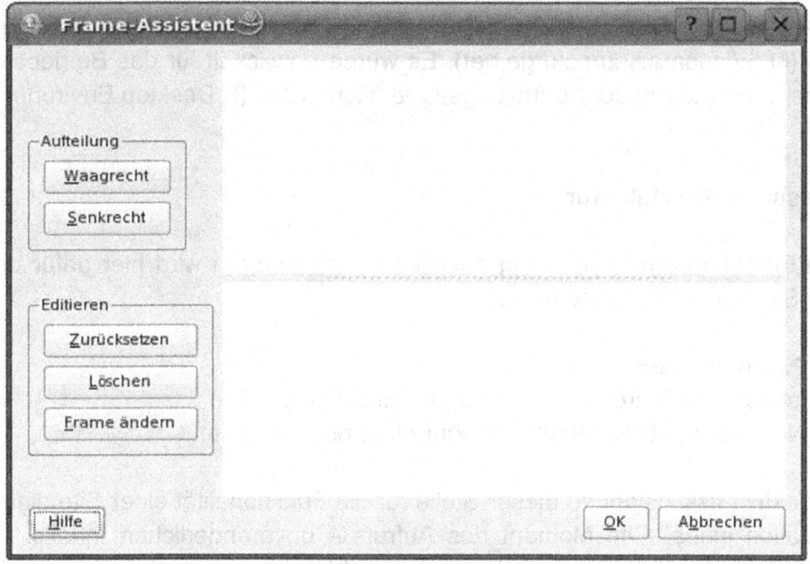

Abb.2.7 Wizard Frame-Assistent in Quanta Plus

Für jedes Frame wird dann eine gesonderte HTML-Datei erzeugt und mit dem gewünschten Inhalt ausgestattet. Danach ist in der Spezifikation des Frameset für jedes Frame mittels Parameter *src = URL* die Kopplung zur zugehörigen Datei einzurichten. URL (Uniform Resource Locator) verweist in einer standardisierten Form auf die Stelle, an der unsere HTML-Datei gespeichert ist.

Das vom Web-Tool generierte Ergebnis auf der HTML-Ebene ist dann vergleichbar mit unserem nachstehenden Beispiel.

```
<!DOCTYPE HTML PUBLIC "-//W3C//DTD HTML 4.01 Frameset//EN"
 "http://www.w3.org/TR/html4/frameset.dtd">
<html>
<head>
  <title>Home</title>
  <meta http-equiv="Content-Type" content="text/html; charset=iso- 8859-1">
</head>

<frameset rows="80,*" frameborder="NO" border="0" framespacing="0">
  <frameset cols="*,80" frameborder="NO" border="0" framespacing="0">
       <frame src="HomeOben.htm" name="topFrame" scrolling="NO" noresize>
       <frame src="HomeORechts.htm" name="rightFrame1" scrolling="NO" noresize>
  </frameset>
  <frameset rows="*" cols="*,126" framespacing="0" frameborder="NO" border="0">
       <frame src="HomeLinks.htm" name="mainFrame">
       <frame src="HomeRechts.htm" name="rightFrame" scrolling="NO" noresize>
  </frameset>
</frameset>

<noframes><body></body></noframes>
</html>
```

Quanta Plus (oder Quanta+) ist ein Entwicklungs-Werkzeug aus dem Bereich Open Source (http://quanta.sourceforge.net). Es wurde entwickelt für das Betriebssystem Linux bei Verwendung der Benutzungs-Oberfläche KDE (K Desktop Environment).

2.3 Passiv-Site-Architektur

In dem Bemühen um Typisierung abstrakter Architekturen wird hier dafür der Typ 'Passiv-Site-Architektur' eingeführt.

> **Passiv-Site-Architektur**
> ist bestimmt durch die inhaltlichen Bausteine und die
> Navigations- bzw. Inhalts-Struktur einer passiven Site.

Das Adjektiv passiv steht an dieser Stelle für die Funktionalität einer Site dieser Art: Präsentation eines – im Moment des Aufrufs – unveränderlichen Inhalts. Diesen kann ein Betrachter rezipieren, er kann aber nicht, mit Ausnahme der Links, über ihn agieren.
Im Normalfall bleibt eine Site über längere Zeit nicht unverändert. Die Vorstellungen des Entwicklers verändern sich, Schwerpunkte der Präsentation verschieben sich, es kommen neue Aspekte hinzu. Somit ist es erforderlich, eine Site und damit ihre Architektur zu verwalten. Ausgereifte Web-Tools bieten dazu unterschiedliche Funktionen an.
Die Inhalts-Struktur wird zweckmäßigerweise mittels eines integrierten Explorers, d.h. der Anzeige des aktuellen Baums der bereitgestellten Elemente wie Dokumente, Bilder und evtl. weiterer Komponenten aufgebaut, verfolgt und möglicherweise geändert.

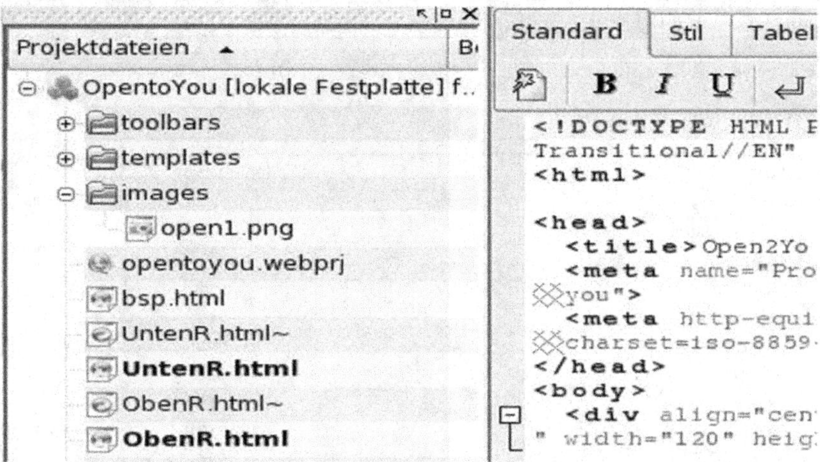

Abb.2.8 Inhalts-Struktur in Quanta Plus

Die Navigations-Struktur, wird wie o.a. realisiert durch den Einbau von Links in die Dokumente. Auf- und Abbau der Navigations-Struktur liegt natürlich beim Entwickler der Site. Da sich jedoch dabei leicht Fehler einstellen können, wird Unterstützung in Form von Kontroll-Mechanismen zur Überprüfung der Gültigkeit aller vorkommenden Links gegeben.

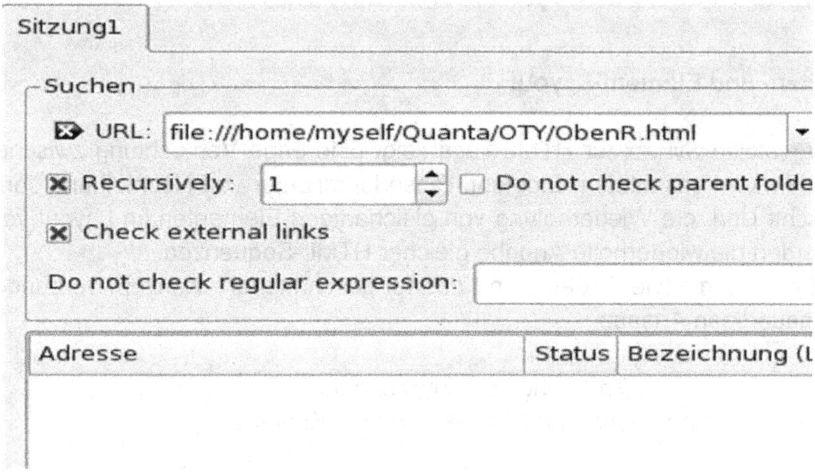

Abb.2.9 Link-Kontrolle in Quanta Plus

Eine weitere Funktionsgruppe in den Web-Tools hilft dann, eine fertiggestellte Site auf den Server hochzuladen. Mit verschiedenen Wizards werden wie üblich zunächst die erforderlichen Parameter erfasst und dann lässt sich die Site komplett oder auch nur in veränderten Komponenten übertragen.

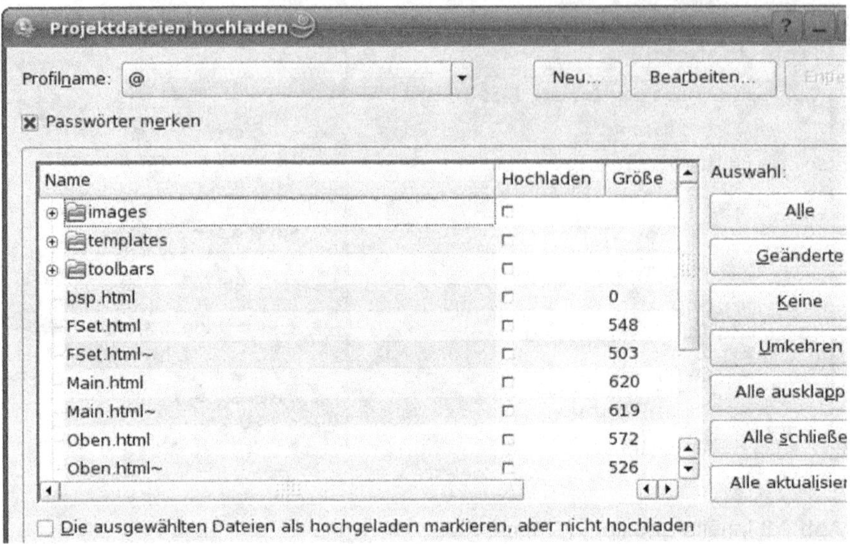

Abb.2.10 Hochladen in Quanta Plus

Die Diskussion zu Frames zeigt eine Möglichkeit, ein Ensemble von (Teil-)Seiten zu bilden und dieses als Einheit (Seite) zu präsentieren. Frames sind dabei ein gutes Mittel, in der Wechselwirkung mit Browsern und Suchmaschinen haben sie aber einige Nachteile.

2.4 Seiten- und Element-Layout

Die vorgestellte Syntax für HTML-Tags zeigt eine enge Verflechtung zwischen gestaltendem und gestaltetem Element. Diese ist mitunter von Nachteil und somit unerwünscht. Und, die Wiederholung von gleichartigen Elementen im Layout von Seiten erfordert die wiederholte Angabe gleicher HTML-Sequenzen.
CSS (Cascading Style Sheets) sind das fortgeschrittenere Konzept verbunden mit einem neuartigen Ansatz:

Trennung von Form und Inhalt!

Dies entspricht einem Grundprinzip des Software Engineering:

Separation of Concerns!

Grundlegende Vorteile sind neben anderen:

- Fokussierung der Aufmerksamkeit auf jeweils eine Teil-Aufgabe.
- Verteilung von Teil-Aufgaben innerhalb von Teams bzw. auf Spezialisten für einzelne Aspekte.

Wenn diese Trennung des WAS vom WIE als Vorteil angesehen wird, so ist dieser abzuwägen gegen etwas höheren Aufwand. Denn es wird zur Formulierung von CSS-Definitionen eine weitere Spezifikations-Sprache benötigt, für die es gegenwärtig noch wesentlich weniger visuelle Editoren als für HTML gibt. Wie aber stets im Software Engineering, führt wiederholte Anwendung dann zur Verbesserung des Aufwand-Nutzen-Verhältnisses.

Definitionen in CSS sind nach folgender Syntax aufgebaut:

```
css-definition  = selektor deklaration.
selektor        = HTML-Tag | class | ID-selektor.
deklaration     = {wp1; ... wpm;}.      wpi - Wertepaar
wpi             = eigenschaft: wertefolge.
wertefolge      = wert1 wert2 ... wertn.
class           = .name {wp1 ... wpk}.
ID-selektor     = #name {wp1 ... wpl}.
```

Das Prinzip der Anwendung von CSS wird in der nachstehenden Skizze (Abb.2.11) bildhaft. Wir gehen dabei von der Überlegung aus, dass HTML-Statements und

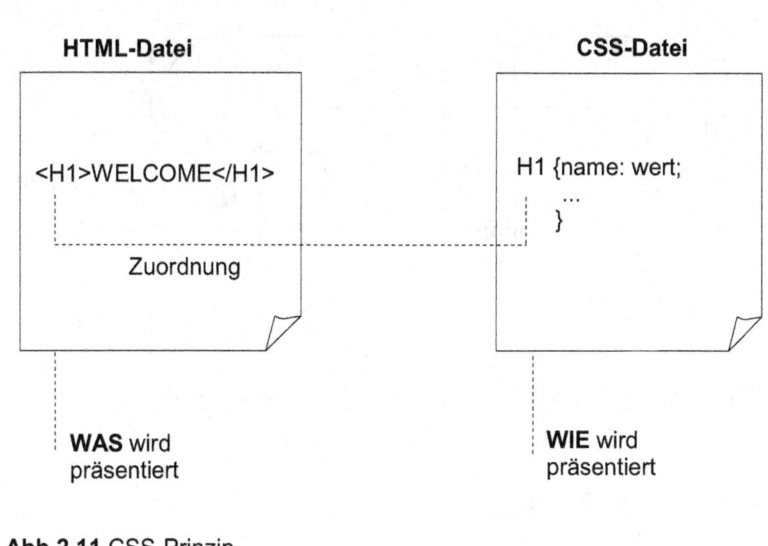

Abb.2.11 CSS-Prinzip

CSS-Definitionen auch in getrennten Dateien abgelegt werden. Natürlich muss in diesem Fall für eine Kopplung zwischen HTML-Seite und CSS-Datei herbei geführt werden. Dies erfolgt unter Verwendung des LINK-Tags im HEAD-Bereich unserer HTML-Seite und ist wie folgt angelegt:

```
<LINK href="datei.css" rel="stylesheet" type="text/css">
```

Mit einem Beispiel wird nun versucht, die Verwendung von CSS weiter zu erhellen.

Wir nehmen folgende Aufgabe an:

Aufgabe
Es ist eine Web Site zu entwickeln, deren Inhalt mehrere Seiten umfasst. Diese Seiten sollen einen gleichartigen Aufbau haben. Der Zweck der Site ist die Präsentation von Informationen.

Lösungs-Ansatz
Für die einzelnen Seiten wird ein Layout wie in Abb.2.11 gegeben entworfen. Gleichartiges Aussehen soll dadurch erreicht werden, dass dieses Layout auf alle Seiten angewandt werden wird. Dazu wird ein Rahmen (Kopf + Navigationsbereich) entwickelt. Dieser feststehende Rahmen soll dann mit variablen Inhaltsbereichen kombiniert werden.

Realisierung
Für den Rahmen werden ein HTML- und ein zugehöriges CSS-Template ausgearbeitet. Die jeweiligen Inhaltsbereiche werden als gesonderte HTML-Seiten dargestellt. Deren Einbindung erfolgt über das Object-Tag im Rahmen-HTML.

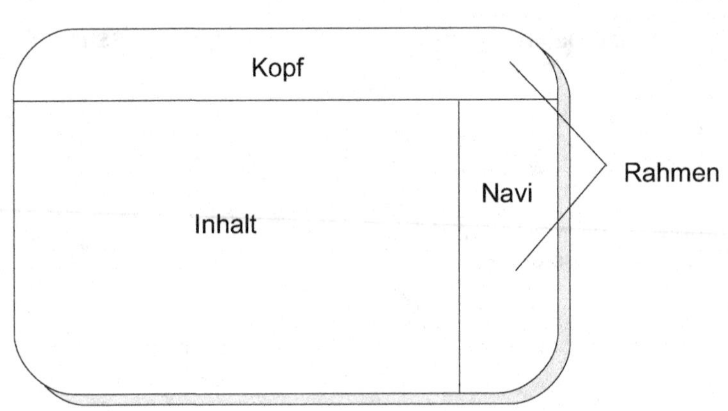

Abb.2.12 Layout-Entwurf

Beispiel-Texte zur CSS-Anwendung

HTML-Datei (Rahmen)

```
<!-- Standard-Rahmen fuer die Site Open2You -->
<HTML>
<HEAD>
 <TITLE>Open2Yo - Opening</></TITLE>
 <META name="ProfBauer" content="Start of open to you">
 <META name="keywords" content="architecture, web pages, web application, site
        construction, Java, J2EE, content management">
```

- Fortsetzung HTML-Rahmen -

```
 <META name="robots" CONTENT="index,follow">
 <META http-equiv="Content-Type" content="text/html; charset=iso-8859-1">
 <LINK href="templates/Rahmen.css" rel="stylesheet" type="text/css">
</HEAD>
<BODY>
<H1>
  <IMG src="images/open1.png"  align="right"   height="120px">
  <BR>OPEN 2 YOU
</H1>

<!-- Hier ist bei data die variable HTML-Seite einzufuegen -->
<OBJECT codetype="text/html"  data="/home/myself/Quanta/OTY/Main.html"
           align="middle">
</OBJECT>
<A  type="text/html" target="_blank"></A><BR>
<A  type="text/html" target="_blank">LINKS</A><BR><BR>
<A  href="Seite1.html" type="text/html" target="_parent">LINK1</A><BR>
<A  href="Seite2.html" type="text/html" target="_parent">LINK2</A><BR>
<A  href="Seite3.html" type="text/html" target="_parent">LINK3</A>
</BODY>
</HTML>
```

CSS-Datei (Rahmen)

```
H1 { color: yellow;
    font-family: verdana;
    font-size: large;
    text-align:center;
    margin: 0px;
    position:relative;
    width:100%;
    height:16%;
    background-color:gray;
  }
H2 { color:yellow;
    font-family:verdana;
    font-size:large;

  }
A  { color: yellow;
    font-family: verdana;
    font-size: large;
    text-align:left;
    background-color:gray;
    margin:0px;
    position:fixed;
    left:84%;
    height:84%;
    width:16%;
    text-align:center;
  }
```

- Fortsetzung CSS-Datei (Rahmen) -

```
OBJECT
  { background-color:silver;
    border:none;
    margin:0px;
    position:fixed;
    width:84%;
    height:84%;
  }
SPAN
  { color:white;
    font-family:verdana;
    font-size:medium;
  }
.indent
  { text.indent:15%; }
```

HTML-Datei (Main)

```
<HTML>
<HEAD>
<TITLE>Open2You - Main</TITLE>
 <META name="ProfBauer" content="Main of open to you">
 <META http-equiv="Content-Type" content="text/html; charset=iso-8859-1">
 <LINK href="templates/Rahmen.css" rel="stylesheet" type="text/css">
</HEAD>

<BODY>
 <BR>
 <H2>Was duerfen Sie erwarten</H2>
 <BR>
 <SPAN>
  <P class="indent">Entwicklung von Web Sites</P>
  <P class="indent">Schulung zum World Wide Web</P>
  <P class="indent">Service fuer Web Praesentation</P>
 </SPAN>
</BODY>
<HTML>
```

Mit der Ausführung der Schritte

- Seite für Inhaltsbereich erstellen
  (Link zum CSS-Template einfügen)
- Gesamt-Seite erzeugen
  (Rahmen-HTML kopieren)
- Adresse der Inhalts-Seite eintragen
  (bei OBJECT)

erhalten wir dann jeweils eine Seite der zu entwickelnden Web Site.

2.5 RSS – Really Simple Syndication

Eine besondere Ausprägung der Passive-Site-Architektur ist die in jüngster Zeit entstandene Really Simple Syndication. Hier werden Daten nach spezifischen Regeln in XML-Strukturen beschrieben. Diese werden aufbereitet und die Inhalte auf der Client-Seite präsentiert.

Die spezifischen Regeln werden gruppiert und die einzelnen Gruppen mit RSS 0.9, RSS 1.0, RSS 2.0 oder Atom bezeichnet (s.d. RSS Tutorial for Content Publishers and Webmasters). Die RSS-Formate sind Ergebnisse einzelner Entwickler, während mit dem Atom-Format durch die IETF Workgroup des W3-Konsortiums versucht wird, zu einer Standardisierung zu kommen. Noch ist die Unterstützung der einzelnen Formate recht unterschiedlich, was bei der Entwicklung einer eigenen Seite zu berücksichtigen ist. Zukünftig sollte sich aber auch hier ein weit akzeptierter Standard herausbilden.

Ein Beispiel aus dem o.a. Tutorial soll das Prinzip des Atom-Formats veranschaulichen:

```
<?xml version="1.0" encoding="utf-8"?>
<feed xmlns="http://www.w3.org/2005/Atom">
 <title>Example Feed</title>
 <link href="http://example.org/"/>
 <updated>2003-12-13T18:30:02Z</updated>
 <author>
  <name>John Doe</name>
 </author>
 <id>urn:uuid:60a76c80-d399-11d9-b93C-0003939e0af6</id>

 <entry>
  <title>Atom-Powered Robots Run Amok</title>
  <link href="http://example.org/2003/12/13/atom03"/>
  <id>urn:uuid:1225c695-cfb8-4ebb-aaaa-80da344efa6a</id>
  <updated>2003-12-13T18:30:02Z</updated>
  <summary>Some text.</summary>
 </entry>
</feed>
```

Ein sogenannter Feed beschreibt eine zusammengehörende Menge von Daten, deren Elemente als Entries in der Struktur verankert werden.

Syndication verweist darauf, dass Feeds von unterschiedlichen Servern in einer Präsentation zusammengeführt werden können.

Für die Erläuterung der Anwendung von RSS greifen wir auf ein Beispiel von Carl [2006] zurück. Eine Analyse führt hier zu drei funktionalen Bereichen, denen entsprechende Implementierungs-Komponenten zugeordnet sind (s.Abb.2.12).

Im Bereich der Datenstrukturen finden wir eine 2-stufige Lösung: Das OPML-Format ist ein Verzeichnis von Feed-Adressen. Diese weisen auf die auf Servern platzierten XML-Strukturen, deren Inhalte angezeigt werden sollen.

Die Präsentation wird, dem state-of-the-art entsprechend, im Wesentlichen mittels Cascading Stylesheet (CCS) formatiert.

Die JavaScript-Datei rssreader bildet die Steuerzentrale für die Aufbereitung. Sie greift zurück auf Prototype, eine Klassenbibliothek für JavaScript, um die Programmierung zu rationalisieren. Magpierss ist ein vorgefertigter Parser für XML-Strukturen, um Feed-Inhalte auslesen und bereitstellen zu können. Die PHP-Komponenten übernehmen zusätzliche Hilfsfunktionen.

Durch die Vielfalt der einbezogenen Komponenten – HTML, CSS, JS, PHP, XML – ergibt sich dann doch eine gewisse Komplexität dieser Lösung. Vielleicht aber wird der Leser dadurch angeregt, selbst eine andere Variante zu entwickeln.

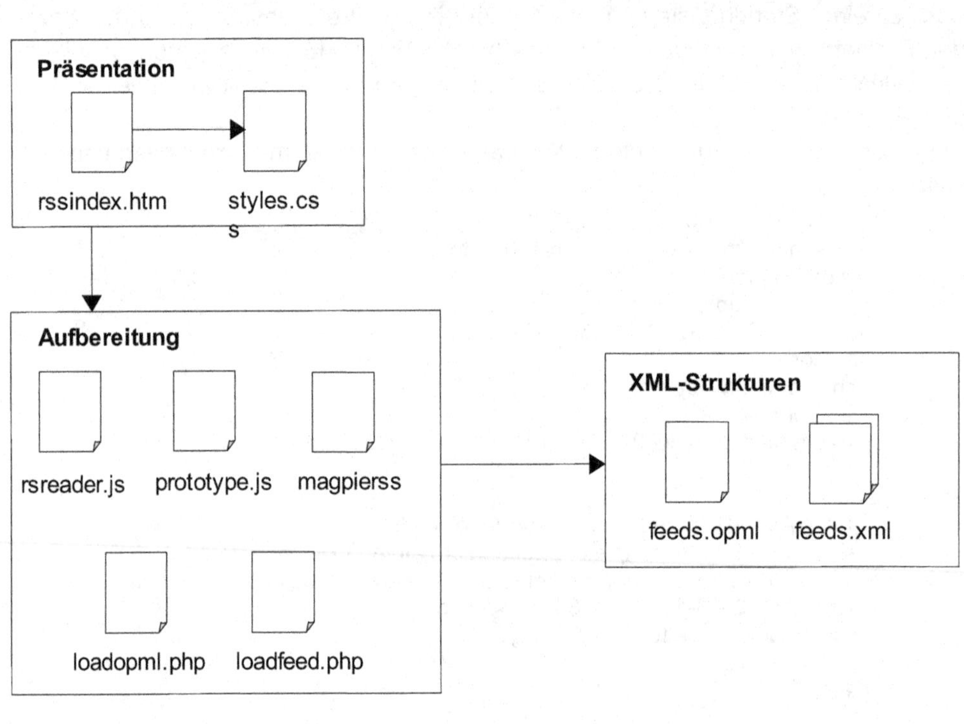

Abb.2.13 RSS-Anwendung – Funktionale Bereiche

Kapitel 3

Software-Architektur

3.1 Wesen des Begriffs

Wir wissen, Architektur gibt es mindestens seit der Antike – griechische Tempel sind uns wohlvertraute Zeugnisse aus dieser Zeit. Und an dieser Stelle dürfen wir zu Recht formulieren: Wie man leicht sieht,

> **Architektur**
> ist bestimmt über die konstituierenden 'Bausteine'
> und deren Beziehungen zueinander.

Architektur erfordert Aufwand, und dieser ist in Relation zum Nutzen zu setzen. So wird ein Holzhaus für den Garten wohl schlichter ausfallen als ein Gebäude mit mehreren Hundert Stockwerken, eine Brücke über einen Bach ist einfach auslegbar im Vergleich z.B. mit der Brooklyn Bridge. Aufwand ist auch in der Architektur ganz klar abhängig vom zu entwerfenden Produkt und geeignete Werkzeuge können dabei helfen, effektiv zu Lösungen zu kommen. Nicht zu übersehen ist im Allgemeinen die ästhetische Seite der Architektur.

In unserem Kontext sind vor allem die 'konstruktiven' Beziehungen zwischen den konstituierenden 'Bausteinen' näher zu betrachten. Bei diesen Beziehungen sind Proportionen von besonderer Bedeutung. Und daraus wiederum ragt die Verhältniszahl

$$\Phi = 1{,}618034$$

als beinahe universelles Strukturmaß auch in der Natur deutlich heraus. Bekannt ist diese Zahl als der Goldene Schnitt und verweist auf die Unterteilung einer Linie in zwei ungleiche Abschnitte in der Weise, dass sich die Gesamtheit zum größeren Abschnitt genauso verhält wie der größere Abschnitt zum kleineren. Dieses Verhältnis ist exakt $(1+\sqrt{5})/2$ oder angenähert 1,618034. Kunst und Architektur sehen den Goldenen Schnitt als besonders gelungene Proportion.

Der Goldene Schnitt ist auch verbunden mit dem Pflanzenreich. Diese Verbindung involviert die Fibonacci-Zahlen, bei denen jede Zahl der Reihe, beginnend mit 2, die Summe der beiden vorhergehenden Zahlen ist (1, 1, 2, 3, 5, 8, 13, 21, ...). Diese Zahlen wurden 1202 erstmals von dem italienischen Mathematiker Leonardo Pisano (mit dem späteren Spitznamen Fibonacci) diskutiert. Das Verhältnis aufeinander folgender Fibonacci-Zahlen nähert sich mehr und mehr Φ an, je größer die Zahlen werden. Somit stehen die Fibonacci-Zahlen und Φ in mathematisch enger Beziehung. An vielen Pflanzen lassen sich nun Anordnung von Blättern rund um den Stiel oder Anzahl der Blütenblätter mittels Fibonacci-Zahlen konstruktiv ermitteln. Damit darf man sagen, auch hier gibt es Architektur. Und auch für die unbelebte Natur lassen sich vergleichbare 'Baupläne' finden. [vgl. Encyclopedia Britannica Online, Nature's numbers].

Für Software-Entwickler könnte solches Wissen um Architektur und grundlegende Regeln Ansporn sein, ebenfalls reguläre Strukturen und damit gelungene Modelle herauszuarbeiten. Wohl-proportionierte Entwürfe z.B. als

- Funktions-Hierarchie
  Zerlegung einer Gesamtaufgabe in Teilaufgaben
- Navigations-Struktur
  Zurodnung von Interaktionspunkten zur Funktionalität der Anwendung

sind dabei sicherlich eher als gelungen anzusehen als stark asymmetrische Strukturen.

Für Fachleute des Software Engineering gibt es seit etwa Mitte der 90er Jahre Konsens darüber, was unter Software-Architektur verstanden werden soll. Diese Gedanken werden nun aufgegriffen, diskutiert und weitergeführt, um Schlussfolgerungen für Architekturen im WWW ableiten zu können.
Eine Randbedingung, die uns in der Beschreibung von Grundlagen und Prinzipien des Software Engineering immer wieder begleitet, ist auch in diesem Fall zu beachten: Begriffsbestimmungen sind in der Regel nicht verifizierbar. Eine Prüfung führt also nicht zu einem Ergebnis wahr oder falsch. Vielmehr kommt es darauf an, eine Definition für die jeweilige Diskussion zweckmäßig oder weniger geeignet anzulegen.

Software-Architektur
ist gegeben durch die Funktions-tragenden Komponenten
und die Struktur-bestimmenden Beziehungen des Systems.

Software-Architektur wird stets erkennbar durch ein Modell, das wir als Referenz- oder als Beschreibungs-Modell verwenden. Ästhetische Aspekte haben dabei sicherlich nicht die Bedeutung wie in der 'normalen Architektur'.
Die o.a. Definition lässt sich natürlich auch formelhaft komprimiert angeben:

$A = (C_F, R_S)$. mit C_F - Funktions-tragende Komponenten
(also nicht unbedingt alle Komponenten)
R_S - Struktur-bestimmende Beziehungen
(also nicht unbedingt jede Beziehung)

Damit ließe sich stärker formalisiert weiterarbeiten.

Die Vielfalt der mit Software-Architektur verbundenen Faktoren wird in der nachfolgenden konzeptuellen Karte zur Modellierung gezeigt (Abb.3.1) [Hasselbring, S.50]. Mit dem #-Zeichen markierte Faktoren sind direkt mit Software-Architektur verknüpft.

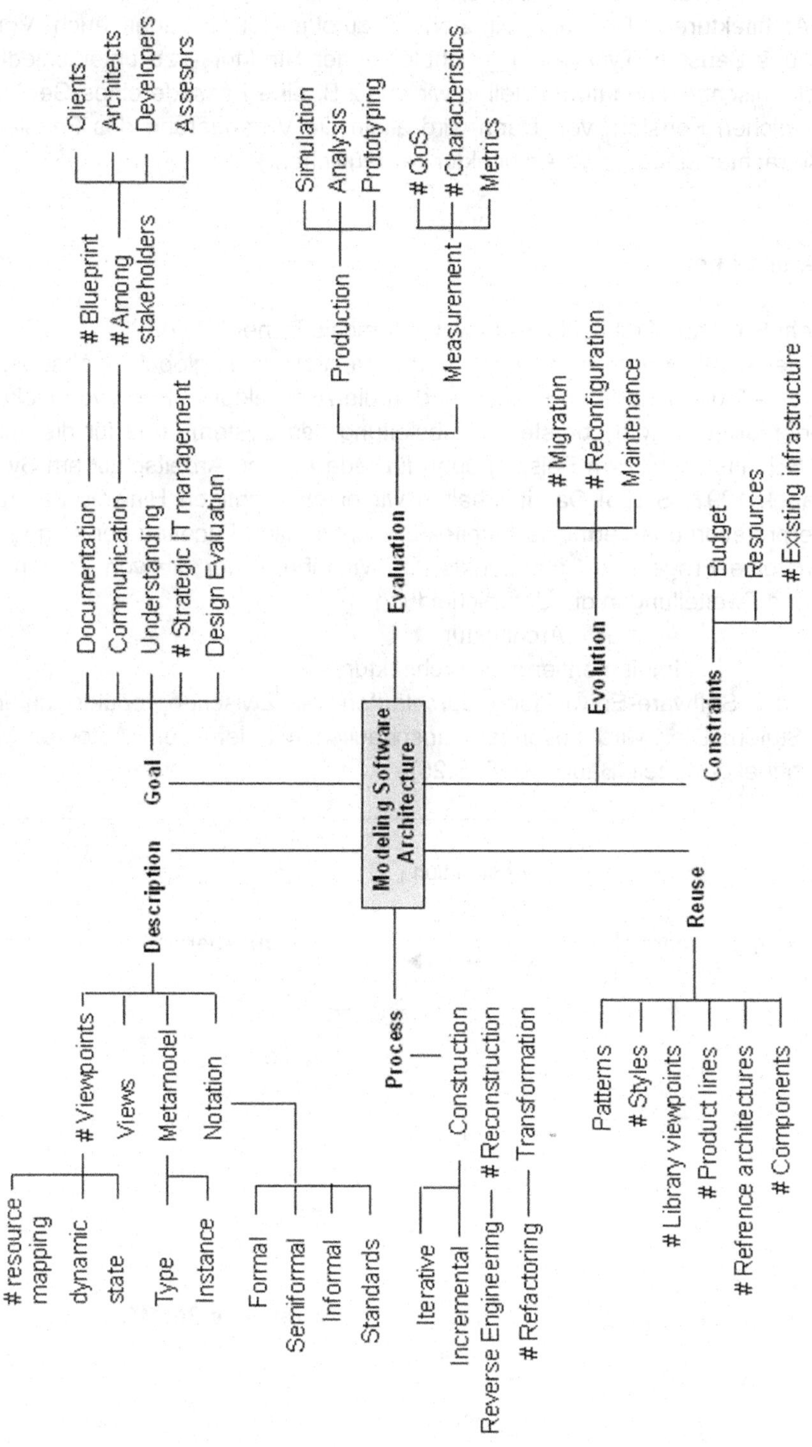

Abb.3.1 Konzeptuelle Karte zur Modellierung (nach Hasselbring)

Variationen in der Struktur erschließen sich uns in der Regel unmittelbar als verschiedene Architekturen. Der o.a. Kurzformel zufolge führen aber auch Veränderungen des Baustein-Typs – bei gleichbleibender Struktur – zu unterschiedlichen architektonischen Varianten. (Stellen wir uns z.B. eine Fassade eines Gebäudes mit zahlreichen Fenstern vor. Dann wird allein die Veränderung des Fenster-Typs dem Betrachter eine andere Architektur verdeutlichen.)

3.2 Architektur-Stufen

Zemanek sieht Software-Architektur auf zwei unterschiedlichen Stufen:
"Der Begriff der Architektur zerteilt sich ... in die Architektur als globale – abstrakte und reduzierte – Eigenschaft der Struktur und in die Architektur in Form von Dokumenten, Portefeuilles für die oberste Betriebsleitung des Systems und für die verschiedenen Schnittstellen, zum Beispiel eben für jede Art von Arbeitsplatz am System." [Zemanek 1992, S.135] Damit erhalten wir einen wichtigen Hinweis darauf, dass die Interpretation des Terminus Architektur nicht in allen Facetten per se gegeben, sondern eine Frage des Standpunkts ist. Wir führen hier die von Zemanek vorgenommene Zweiteilung in die Unterscheidung

- Abstrakte Architektur
- Implementierungs-Architektur.

Im Verlaufe der Software-Entwicklung durchlaufen die Zwischenprodukte unterschiedliche Stufen. Dies wird besonders anschaulich mit dem vom Autor entwickelten Ontogenese-Modell [Bauer 1995, S.25].

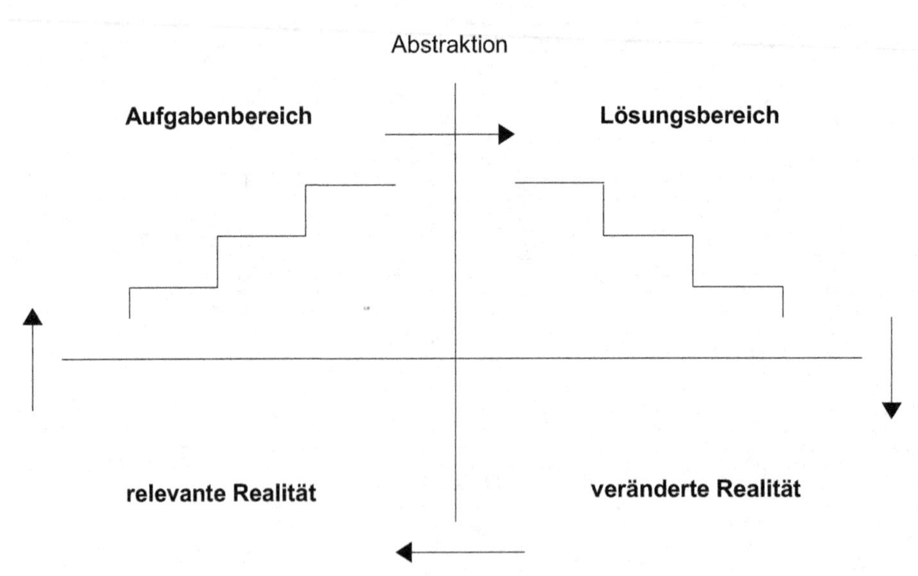

Abb.3.2 Ontogenese-Modell

Unterhalb der Horizontalen beziehen wir uns auf die Realität, die sowohl physischer als auch ideeller Art sein kann. In der oberen Hälfte befinden wir uns im Reich der Modelle (zu dieser Realität).
Für ein Modell muss der Entwickler folgende Entscheidungen treffen:

- Welche Objekte und Beziehungen gehören ins Modell.
- Welche Aspekte der Realität werden modelliert.
- Wie werden die Elemente arrangiert.
- Wie wird das Modell notiert.

Vorbereiten und Vornehmen dieser Entscheidungen sind hoch-kreative Prozesse und somit eben stark von der ausführenden Person bestimmt, also sehr subjektiv. Diese Einflüsse spiegeln sich wider in der sogenannten 'Modeller View'. Und sie erklären auch, weshalb sich für gleichartige Sachverhalte mitunter so verschiedenartige Modelle entwickeln lassen.
Jede der durch die Horizontale gegebenen 'Welten' wird durch die Senkrechte wiederum in zwei Hälften unterteilt. Damit ergibt sich eine gute Möglichkeit, Modelle unterschiedlichen Zwecken zuordnen und damit die Systematik weiter erhöhen zu können.
Die relevante Realität ist der Auschnitt der (gesamten) Wirklichkeit, in welchem ein konkretes Problem entsteht. Dieser wird sehr oft auch als Domäne bezeichnet. Im Aufgabenbereich wird das Problem analysiert und es wird eine Aufgabe zu seiner Lösung abgeleitet. Dabei wird – im Allgemeinen in mehreren Schritten – von der Realität abstrahiert. Somit liegen dann unterschiedliche Abstraktionsstufen vor. Die nun als Anforderung an ein zukünftiges System vorliegende Aufgabe ist im weiteren Prozess in eine Lösung zu überführen. Dabei wird die Abstraktion – im Allgemeinen in mehreren Schritten – in Richtung Rechner-interne Darstellung wieder abgebaut. Mit dem Einsatz des neuen Softwareprodukts wird dann die ursprüngliche Realität verändert. Wird dieses Ontogenese-Modell nun als Ordnungshilfe 'in Sachen Architektur' eingesetzt, lässt sich die Systematik deutlich erhöhen.
Wir befinden uns damit, wenn auch nicht in jedem Fall bewusst erkannt oder gar explizit erörtert, auf einem Gebiet, wo Software Engineering von der Erkenntnistheorie und auch philosophischen Grundpositionen – die seit Aristoteles Gegenstand von vielen, vielen Erörterungen sind – zumindest tangiert werden. Für die Entwicklung von Informations-Systemen sind diesbezügliche Überlegungen im FRISCO Report [Falkenberg u.a. 1998] aufbereitet worden. Sie werden hier aufgegriffen und in der Abb.3.3 skizziert.
Betrachtet wird das Tripel 'Domäne (also relevante Realität), Modell und Präsentation'. Das Modell wird vom beteiligten Akteur (als sein Abbild der Realität) konstruiert und in einer bestimmen Form präsentiert. Präsentation bedeutet sicherlich Darstellung zwecks Kommunikation zwischen (mindestens) zwei involvierten Akteuren. Dabei sehen die Autoren von FRISCO die Zusammenhänge wie in Abb.3.4.

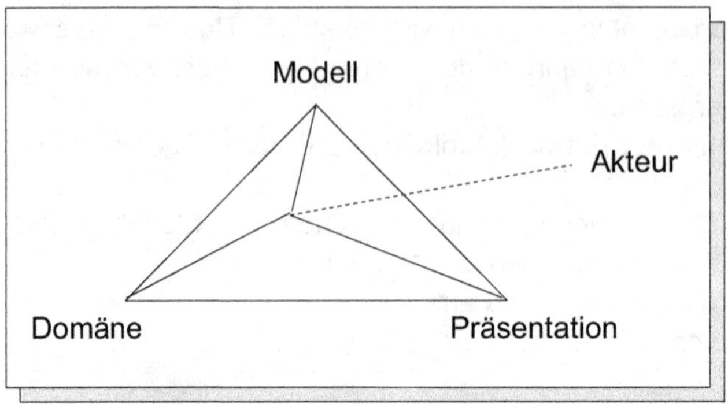

Abb.3.3 Realität und Modellierung

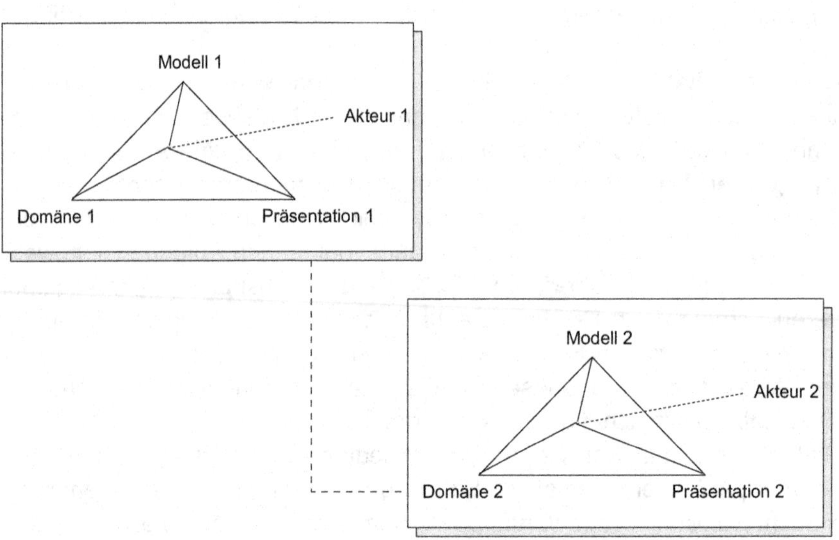

Abb.3.4 Modellierung und Kommunikation

Der als Akteur 1 bezeichnete Beteiligte konstruiert mit der Präsentation 1 seines Modells 1 eine – wenn auch ideelle – relevante Realität, die der Akteur 2 als Domäne 2 wahrnimmt. Daraus wiederum erschafft sich Akteur 2 sein eigenes Modell mit einer geeigneten Darstellung. So wird, wenn auch recht schematisch, u.a. erkennbar, wieviel geistige Arbeit in solchen Prozessen erforderlich und auch, wieviel Raum für Varianten oder sogar Missverständnisse gegeben ist.

3.3 Architektur-Typen

Abstrakte Software-Architekturen wiederholen sich. Es gibt Orientierungspunkte, die in ihrer Kombination eine Architektur bestimmen. Diese Kombination macht es möglich, zu vergleichen, zu analysieren und so zu typisieren. Damit können wir zum einen über den Gegenstand Architektur systematisch arbeiten und zum anderen Eigenschaften wie Wiederverwendbarkeit und damit verbundene Vorteile wie Aufwandsersparnis, Qualitätserhöhung, ... nutzen. An anderen Stellen wird in diesem Zusammenhang auch vom Architektur-Stil gesprochen, wir bevorzugen hier den Terminus Typ.

Architektur-Typ (Architektur-Stil)
ist bestimmt durch eine wiedererkennbare Organisation
der konstituierenden Bausteine.

Eine Typisierung wird geprägt durch die Perspektive, welche zur Betrachtung der Architektur gewählt wird.
Die Anwendungs-Perspektive ist fokussiert auf die Kombination der Hauptfunktionen zur Lösung der Aufgabe des Benutzers (Aufgaben-Sicht). Die weithin akzeptierten Typen sind hier:

- Datenverarbeitungs-Anwendung
- Transaktionsverarbeitungs-Anwendung
- Ereignisverarbeitungs-Anwendung
- Sprachverarbeitungs-Anwendung.

Datenverarbeitungs-Anwendungen sind dominiert von der Bearbeitung größerer Dateien ohne weitere Eingaben des Benutzers während des Prozesses. Man spricht deshalb auch von Stapelverarbeitung (batch processing). Ein Beispiel ist die Lohn- und Gehaltsrechnung.
Transaktionsverarbeitung ist gekennzeichnet durch Anforderungen eines Benutzers an eine Datenbank. Transaktion bedeutet dabei die Zusammenfassung einer Menge von Operationen derart, dass die Integrität der Daten kontrolliert und nicht durch evtl. fehlerhafte Ausführung zerstört wird. Beispiele sind Bank- und Buchungssysteme.
Ereignisverarbeitung wird gesteuert durch Eingaben vorrangig des Benutzers. Editiersysteme, Präsentationen oder auch Computerspiele sind Vertreter dieses Typs.
Sprachverarbeitung hat die Aufgabe, Anforderungen eines Benutzers in formaler Sprache zu akzeptieren und zu bearbeiten. Compiler und Interpreter sind sicherlich die bekanntesten Beispiele. [vgl. Sommerville S.294]
Die Lösungs-Sicht ist bestimmt durch die Betonung der Realisierung der konstituierenden Komponenten und der verbindenden Beziehungen. Hier finden wir die Typen:

- Pipes and Filters
- Layers
- Blackboard
- Implicit Invocation.

In Abb.3.5 wird nun eine Einordnung der Architektur-Stufen in das Ontogenese-Modell vorgenommen.

Auf der Stufe Implementierungs-Architektur wird die Organisation des zu realisierenden Systems modelliert. Startpunkt der Überlegungen zur Implementierung ist zweckmäßigerweise die Festlegung der 'Grundform' der Lösung. Hier ordnen wir Modelle ein wie:

- Repository-Architektur
- Client-Server-Architektur
- Verteilte Architektur
- Service-orientierte Architektur.

Insgesamt ist dann jeweils noch, wie bereits angedeutet, nach Referenz- und Beschreibungsmodell zu unterscheiden.

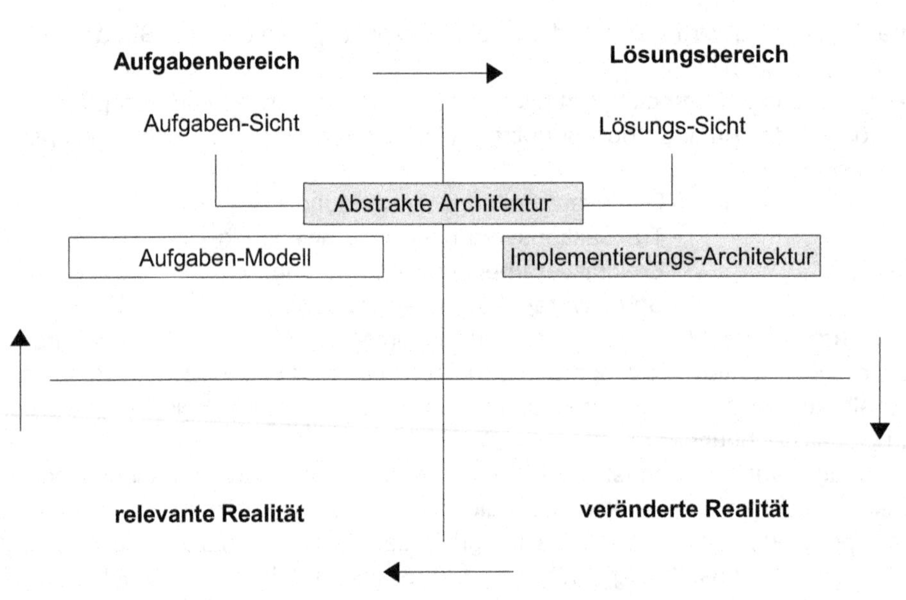

Abb.3.5 Architektur-Stufen

Ein Aufgaben-Modell beschreibt (auf abstraktem Niveau), welche Operationen mit welchen Ressourcen von welchen Akteuren auszuführen sind, um die geforderten Ergebnisse zu erreichen. Am Beispiel der Einrichtung einer Plattform zum E-Learning wird dies demonstriert (Abb.3.6). Es zeigt:

- Organisations-Einheit 1 ist verantwortlich für die Kurs- und Material-Organisation und die Verwaltung der zugehörigen Ressourcen.
  Verwendung finden soll dafür das System XY und die Datenbank-Verwaltung DB.
  Die Präsentation soll mittels 'Web-Server' auf der Basis von HTML erfolgen.

- Organisations-Einheit 2 ist verantwortlich für das Content Management und die Verwaltung der verfügbaren Inhalte. Verwendung finden soll dafür das CMS XZ. Materialien, Skripte etc. sind als Asset-Basis zu organisieren.

Ein systematisch geführter Prozess der Software-Entwicklung ist somit auch vorwiegend durch Modellierung gekennzeicht. Und auch dadurch, dass Architektur – als besondere Form des Modells – über die verschiedenen Perspektiven und Stufen hergeleitet wird.
Eine weiterführende Perspektive ist der 'Blick durch das Browserfenster'. Dabei rücken die Komponenten und Beziehungen ins Zentrum der Betrachtung, die in ihrer Gesamtheit als Architektur im WWW zu sehen sind.

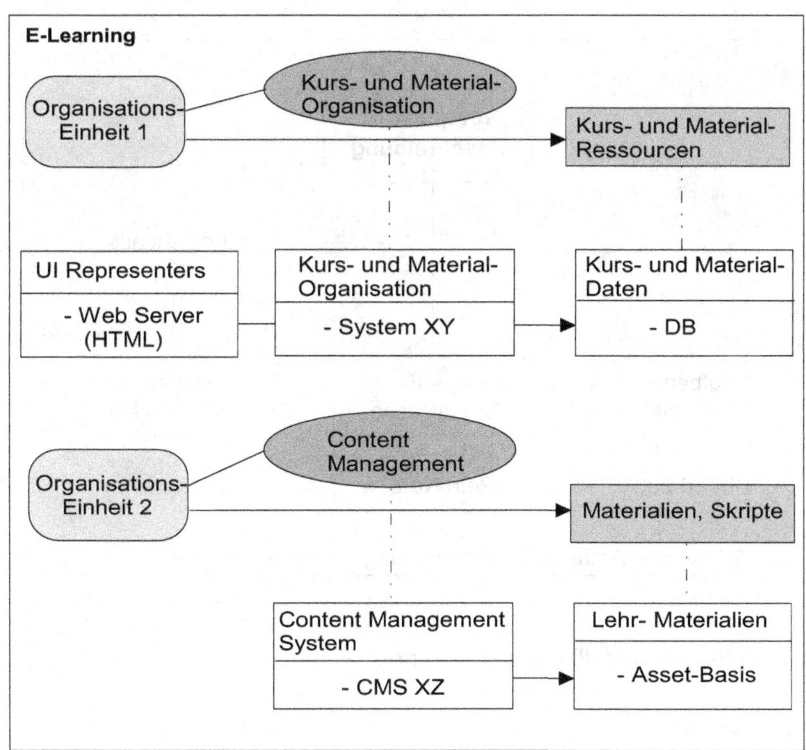

Abb.3.6 Beispiel Aufgaben-Modell

3.4 Architektur-Beschreibung

Software-Architektur ist vor allem ein Mittel der Kommunikation, innerhalb von Entwicklerteams und zwischen Entwickler und Auftraggeber sowie Entscheidungsträgern, die z.B. Projekte zu bewilligen haben. So wird die Beschreibung der Architektur zu einem grundlegenden Element bei der Software-Entwicklung.

Für Software-Entwickler ist gegenwärtig die Unified Modeling Language (UML) das bevorzugte Mittel zur Modellierung. Die Darstellung auf der Ebene von Klassen und Objekten auf der Stufe der Pakete und Komponenten kann für größere Systeme außerordentlich komplex werden. Somit sind für die Beschreibung abstrakter Architekturen zusätzliche Notationsformen auf höherer Abstraktionsebene erforderlich. Diese finden wir in dem Ansatz 'Fundamental Modeling Concepts' (FMC) [Knöpfel, Gröne & Tabeling].

In FMC wird die Architektur-Beschreibung aus drei Teilen zusammengesetzt (Abb.3.7).

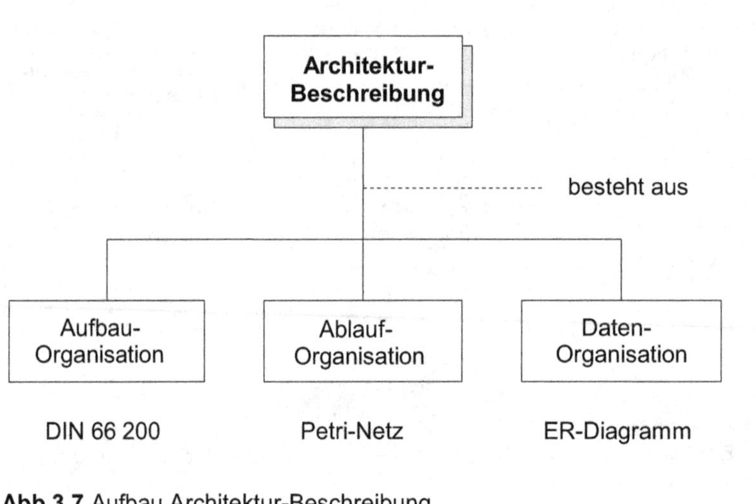

Abb.3.7 Aufbau Architektur-Beschreibung

Die Leitlinien für die Modellierung sind dabei:

Abstraktion

Die Möglichkeit, Architektur auf unterschiedlichen Abstraktionsebenen beschreiben zu können, hat besonderes Gewicht.

Einfachheit

Eine Notationsform ist auf wenige elementare Konzepte und Notationselemente zu beschränken.

Universalität
Trotz der Einfachheit sollte die Notationsform genügend Ausdrucksmittel für eine große Palette von Systemtypen haben, ohne an ein bestimmtes Paradigma gebunden zu sein.

Separierung von Aspekten
Eine Beschreibung komplexer Systeme muss unterschiedliche Aspekte einschließen. Eine Notationsform für Software-Architektur muss die Trennung dieser Aspekte durch geeignete Mittel der Veranschaulichung unterstützen.

Ästhetik und sekundäre Notation
Die Elemente zur Architektur-Beschreibung sollen ein ansprechendes Layout und einen leichten Aufbau grafischer Darstellung unterstützen.

Gröne u.a [Gröne, Knöpfel, Kugel & Schmidt] haben FMC benutzt, um die Architektur eines bereits entwickelten Systems – Apache HTTP Server – zu beschreiben. Wir greifen hier darauf zurück und zeigen Beispiele der erarbeiteten Teilbeschreibungen. Die Aufbau-Organisation zeigen die Autoren wie in Abb.3.8, die Ablauf-Organisation ist in Abb.3.9 wiedergegeben.

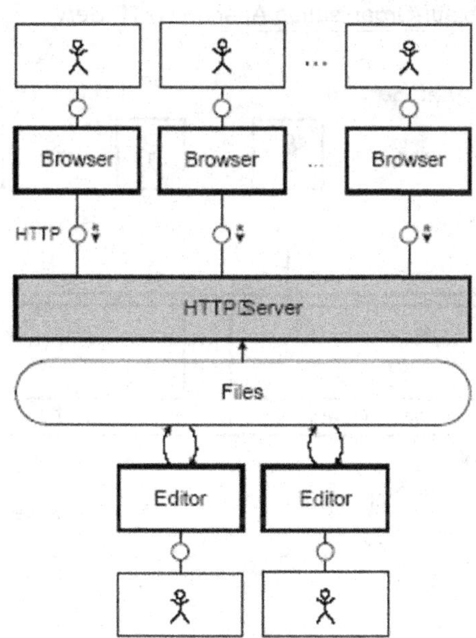

Abb.3.8 Aufbau-Organisation Apache HTTP Server

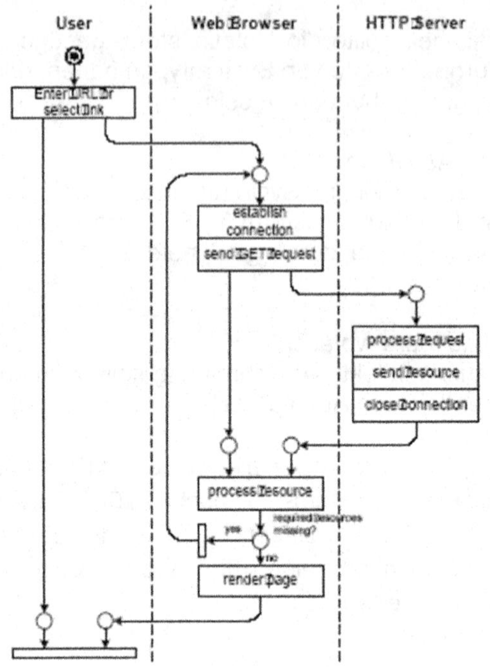

Abb.3.9 Ablauf-Organisation Apache HTTP Server

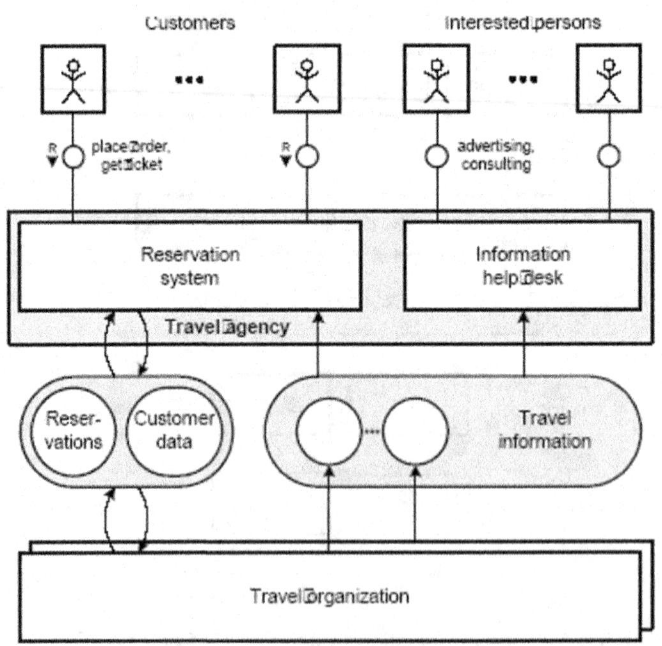

Abb.3.10 Beispiel-System

Die Daten-Organisation (Data/value structure) beschreibt, welche Daten in den verwendeten Speichern gefunden und über sogenannte Kanäle ausgetauscht werden können sowie die Beziehungen zwischen den einzelnen Speichern mit Hilfe von Entity Relationship Diagrams.
Stark diskutiert wird noch die Frage, ob derartige Architektur-Beschreibungen bis zur Implementierung verfeinert werden können oder der Kommunikation vorbehalten sein werden. Ein Beispiel einer Verfeinerung wird in den Abbildungen 3.10 und 3.11 wiedergegeben. [a.a.O. S.132 ff] In der Dekomposition wird hier nur der (verfeinerte) rechte Teil des oben gezeigten gesamten Systems (Reise-System) dargestellt.

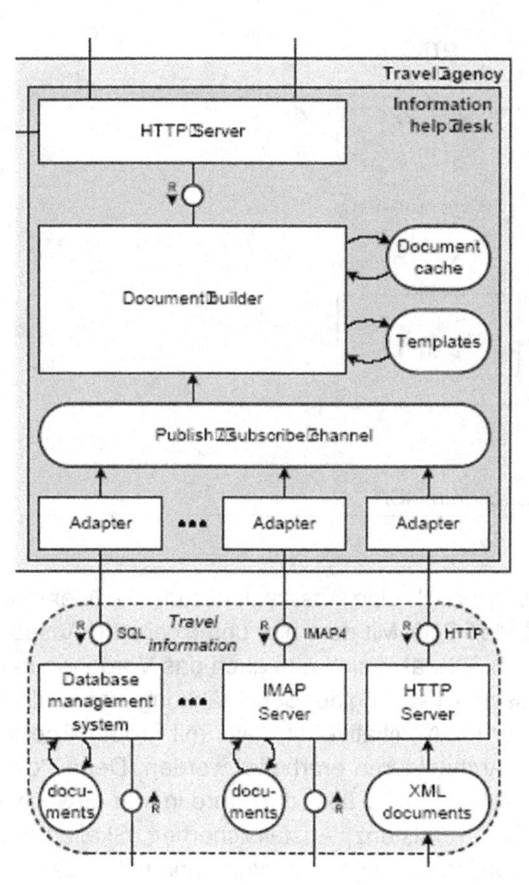

Abb.3.11 Verfeinerung des Beispiel-Systems

3.5 Model-Driven Architecture

Model-Driven Architecture (MDA) ist ein Ansatz, in dem die Idee der Transformation von Architekturmodellen konzentriert ist. In einem 2-schrittigen Verfahren wird zunächst eine Plattform-neutrale Architektur spezifiziert (Platform-Independent Model – PIM), die dann – mit Hilfe von Tools weitgehend automatisiert – in eine Plattform-bezogene (Platform-Specific Model – PSM) umgewandelt wird. Beide Modelle liegen im Allgemeinen auf der Stufe der Implementierungs-Architektur, die somit in sich weiter differenziert wird. Die grundlegende Idee in MDA wird in Abb.3.12 skizziert.

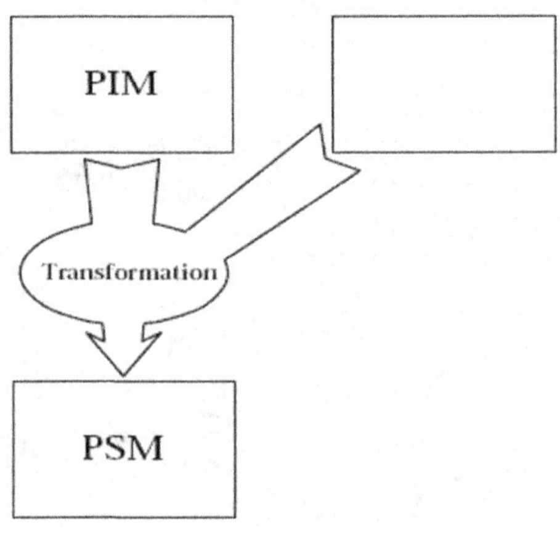

Abb.3.12 Grundschema MDA

Letztlich wird In MDA dann noch eine Abstraktionsstufe darüber gelegt, das Berechnungs-unabhängige Modell CIM. Mit dem hier unterbreiteten Ansatz der Architektur-Stufen und -Sichten (Abb.3.2) lässt sich nun auch das Vorgehen in MDA konstruktiv interpretieren und dessen relativ rigide Beschränkung verdeutlichen. Beachtenswerter Fortschritt mit der MDA-Initiative ist, dass mit großer Energie Standards für die Arbeit mit Software-Architekturen erarbeitet werden. Denn, "die Anforderungen, die wir an Architekturen stellen, sind über die Jahre immer gewachsen. Aspekte wie Verteilung, transaktionale Persistenz, Ausfallsicherheit, Skalierbarkeit, Zugriffskontrolle, Web- und Web-Service-Enablement, Integration mit anderen Systemen in heterogenen Umgebungen, Unterstützung für verschiedene Client-Technologien vom Smart-Phone bis zum Fat-Client, Internationalisierung sowie "Logging" und "Monitoring" setzen wir in heutigen Architekturen für Geschäftsanwendungen als geradezu selbstverständlich voraus. Gleichzeitig wünschen wir uns, dass trotz dieser Vielfalt architektonischer Anforderungen die Komplexität bei der Spezifikation der eigentlichen Abläufe – oft als "Geschäftslogik" bezeichnet – nicht nennenswert ansteigt. Die Verwendung höherwertiger Sprachabstraktionen zusammen mit Transformations

technologien zur Abbildung in die jeweilige Architektur machen das möglich." [Uhl in Reussner & Hasselbring, S.112]
Ziele und Ansätze des Model-Driven Design (MDD), der Basis für MDA, haben eine lange Tradition. Primär wird versucht, das Niveau der Abstraktion zu erhöhen und auf diesem Wege sowohl die Komplexität von Zwischenprodukten als auch den Entwicklungsaufwand zu reduzieren.
Damit verbunden sind jedoch einige Probleme. Je mehr Modelle verwendet werden, desto höher ist die Redundanz und damit die Zahl an Verbindungen zwischen ihnen. Das macht z.B. die Aktualisierung komplexer. Jede Art von Modell erfordert bestimmte Kenntnisse. Somit sind Experten vonnöten, um effektiv modellieren zu können. Damit kann der Effekt eintreten, dass nicht jeder in einem Entwicklungsteam Entscheidungen bzw. auch Veränderungen an Modellen in ihrer Wirkung gänzlich versteht. Neue Herausforderungen also, die auch bei MDA mit zu berücksichtigen sind.

3.6 Frameworks und Design Patterns

Für Architekten ist ganz selbstverständlich, dass es bei Entwurf und Ausführung Wiederholungen gibt. So war es bekanntermaßen einige Zeit lang üblich, mit typisierten, vorgefertigten Bauelementen Wohnungen in großer Zahl zu errichten. Um solcherart Vorgehen im Sinne einer effektiven Arbeitsweise zu fördern, wurden schon relativ früh Musterbücher ausgearbeitet, in denen sich anfänglich z.B. Sammlungen von Ornamenten finden und so in das 'Tagesgeschäft' einfließen lassen zu können.
Für Software-Entwickler ist Wiederverwendung eine stets vorhandene Forderung im Rahmen einer rationellen Arbeitsgestaltung. In diesem Kontext enthalten die Musterbücher Frameworks oder Design Patterns.

> **Framework**
> ist eine Teil- bzw. Sub-Architektur, gegeben als Sammlung vorgefertigter Bausteine und mit diesen verbundener Infrastruktur, also den invarianten Beziehungen zwischen ihnen.

Charakteristisch für Frameworks ist, dass mit ihnen Lösungen für Aufgaben-relvante oder auch Technologie-bezogene Bereiche bereit gestellt werden. So gibt es Frameworks als Basis für komplette Anwendungen, zur Gestaltung von Benutzungsoberflächen, für die Aspekt-orientierte Programmierung oder zur Entwicklung von Datenbanken. Cocoon, Spring, Struts, JavaServer Faces sind prominente Vertreter dieses Ansatzes.

> **Design Pattern**
> ist eine Musterlösung für häufig wiederkehrende Teil-Aufgaben bei der Entwicklung von Software.

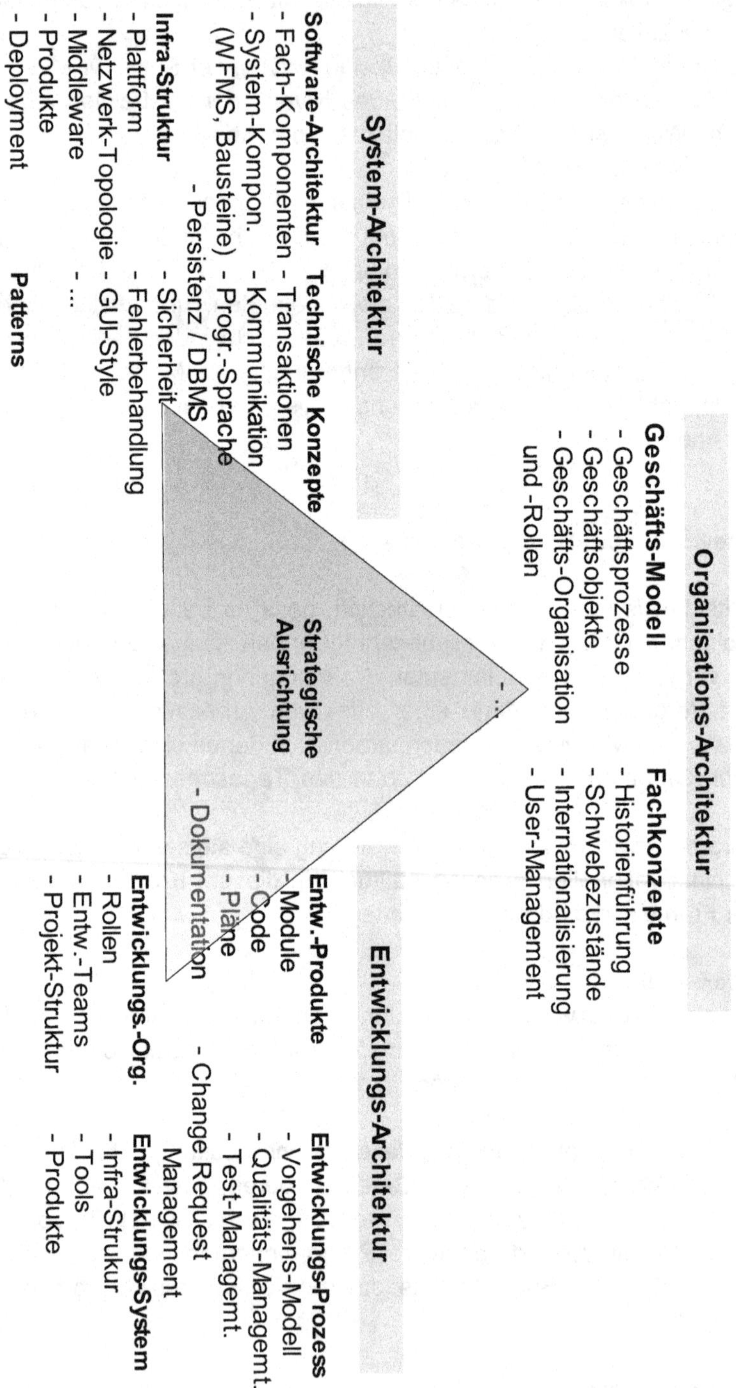

Organisations-Architektur

Geschäfts-Modell
- Geschäftsprozesse
- Geschäftsobjekte
- Geschäfts-Organisation und -Rollen
- ...

Fachkonzepte
- Historienführung
- Schwebezustände
- Internationalisierung
- User-Management

Strategische Ausrichtung

System-Architektur

Software-Architektur
- Fach-Komponenten
- System-Kompon. (WFMS, Bausteine)

Technische Konzepte
- Transaktionen
- Kommunikation
- Progr.-Sprache
- Persistenz / DBMS
- Sicherheit
- Fehlerbehandlung
- GUI-Style
- ...

Infra-Struktur
- Plattform
- Netzwerk-Topologie
- Middleware
- Produkte
- Deployment

Patterns

Entwicklungs-Architektur

Entw.-Produkte
- Module
- Code
- Pläne
- Dokumentation

Entwicklungs-Prozess
- Vorgehens-Modell
- Qualitäts-Managemt.
- Test-Managemt.
- Change Request Management

Entwicklungs.-Org.
- Rollen
- Entw.-Teams
- Projekt-Struktur

Entwicklungs-System
- Infra-Strukur
- Tools
- Produkte

Abb.3.13 Entwicklungs- und Anwendungs-Umgebung

Die Ursprünge gehen zurück in die 1970er Jahre, in denen Christopher Alexander (als Professor in Berkeley) wiederholt über Design Patterns publizierte. Die bekannteste Ausarbeitung ist sicherlich "Design Patterns: Elements of Reusable Object-Oriented Software" aus dem Jahre 1995 und verbunden mit der Bezeichnung 'Gang of Four' für die Autoren Gamma, Helm, Johnson und Vlissides.
Eine zentrale Idee zur Verbreitung von Patterns ist die Standardisierung ihrer Beschreibung, um Verständnis und damit Verbreitung zu fördern. Denn auch hier steht vor der Wiederverwendung Kenntnis über und Einsicht in verfügbare Patterns. Das bedeutet, Patterns werden selbst nach bestimmtem Muster beschrieben.
Klassifizierungen von Design Patterns variieren bei einzelnen Autoren ein wenig, im Kern sind sie aber dann doch sehr ähnlich. Um einen Eindruck zur Breite verfügbarer Entwurfsmuster zu vermitteln, legen wir in der nachstehenden Skizze eine Zusammenstellung, als Beispiel verstanden, vor.

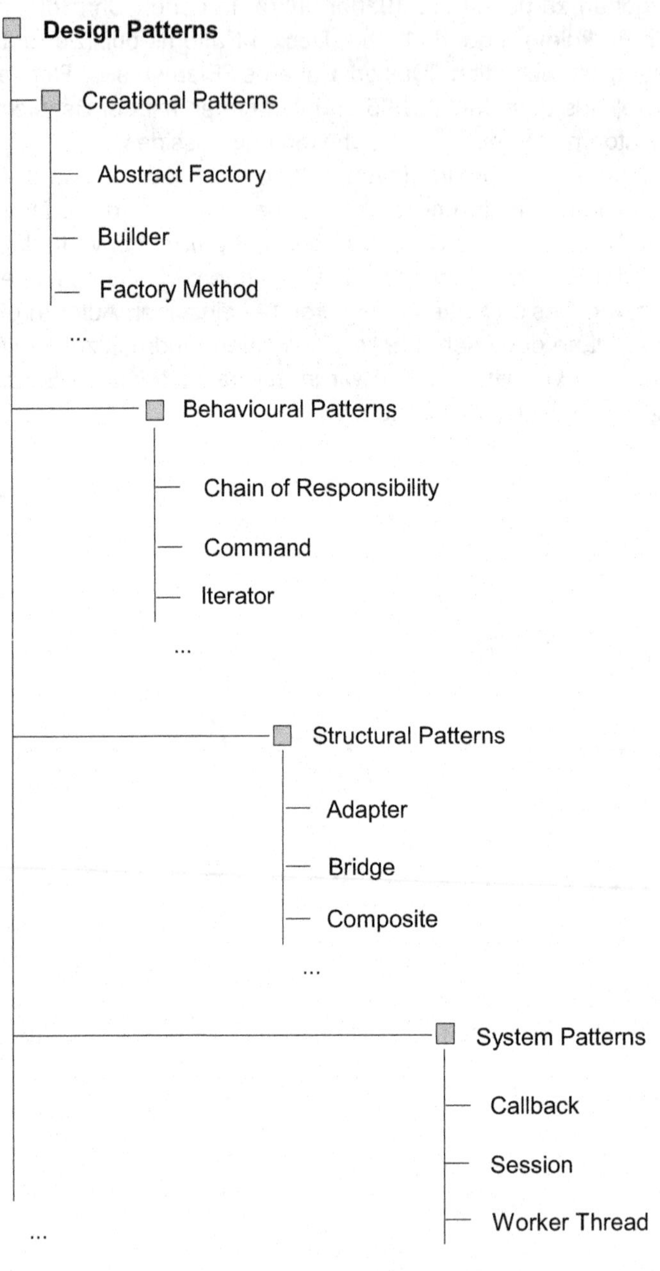
Design Patterns
Creational Patterns
Abstract Factory
Builder
Factory Method
...
Behavioural Patterns
Chain of Responsibility
Command
Iterator
...
Structural Patterns
Adapter
Bridge
Composite
...
System Patterns
Callback
Session
Worker Thread
...
...

3.7 Entwicklungs- und Anwendungs-Umgebung

Software-Architektur ist, während unterschiedlicher Phasen, eingebettet sowohl in eine Entwicklungs- als auch die Anwendungs-Umgebung. Foegen und Battenfeld [2001] versuchen, die wesentlichen Zusammenhänge dabei mit Hilfe einer Tabelle zusammenzustellen (Abb.3.13). Wir wollen hier nicht über Auswahl und Platzierung der Elemente befinden, sondern den Leser für die Gesamtheit sensibilisieren und diese Art von Einflussfaktoren und 'Umgebungs-Variablen' interessieren. Organisationen in ihrem Aufbau als Organisations-Diagramm zu beschreiben ist weithin verbreitet. Geschäftsprozesse als interne Verfahren der Ablauf-Organisation darzustellen wird ebenfalls wieder zunehmend populär. Weniger selbstverständlich wird die Verbindung zur Gestaltung der zu entwickelnden Informations-Systeme, die zur Unterstützung der Organisation eingesetzt werden, auf der Ebene der Architektur hergestellt.

Ausgangs der 90er Jahre wurde diese Lücke offensichtlich und begonnen, Mittel zur Überbrückung zu entwickeln. Der Standard für die Beschreibung der Geschäfts-Architektur ist ein Beispiel dafür [McDavid 1999]. Ein entsprechendes Framework sollte danach sein:

Orthogonal
Die gewählten Konzepte, um Geschäfts-Organisation zu beschreiben, sollten sich nicht überschneiden.
Damit werden zwei Ergebnisse angestrebt:
Erstens, die Analyse kann klar trennen zwischen dem Verständnis der Anforderungen und der Unterteilung der Aufgaben.
Zweitens, Verbindungen zwischen Konzepten können erkannt werden.

Vollständig
Die gewählten Konzepte sollten die gesamte Geschäfts-Organisation auf einem geeigneten abstrakten Niveau überdecken.

Memorierbar
Die gewählten Konzepte sollten in ihrer Zahl der Elemente und deren Beziehungen überschaubar sein

Reichhaltig
Die gewählten Konzepte sollten geeignet sein, weitere erzeugen zu können, idealerweise mit unterschiedlichen Abstraktionsniveaus. Dabei sollten semantische Aspekte aufgenommen werden können.

Geeignet
Die gewählten Konzepte sollten sich wirklich auf die Geschäfts-Organisation und nicht auf die IT-Technologie beziehen.

Derart formulierte Anforderungen erscheinen uns häufig selbstverständlich oder sogar banal. Bei ihrer Umsetzung, also Anwendung in einem realen Fall, zeigt sich jedoch dann, wieviel Potenzial zur Bewältigung der gestellten Aufgabe vorhanden ist (oder eben auch nicht).

Mit der o.a. Orientierung wird dann ein Modell vorgegeben, mit dem die jeweils konkrete Geschäfts-Organisation beschrieben werden soll (Abb.3.14). Diese Art der Modellierung liegt, ohne dass die Entwickler dieses Ansatzes es gezielt darauf abgesehen hatten, im Aufgabenbereich unseres Ontogenese-Modells. Modelliert wird demzufolge die relevante Realität (und das wiederum entspricht der Intention der Entwickler) oder wie bereits erwähnt, die Domäne. So kann es nicht verwundern, dass eine – gegenwärtig intensiv diskutierte – Variante der Weiterentwicklung die Herausbildung von Domänen-spezifischen Sprachen ist. Hierbei wird das Ziel verfolgt, Anwendungs-orientierte Frameworks (Sprachen) abstrakten Niveaus zu schaffen, die allerdings gleichzeitig High-Level-Programmierung ermöglichen sollen.

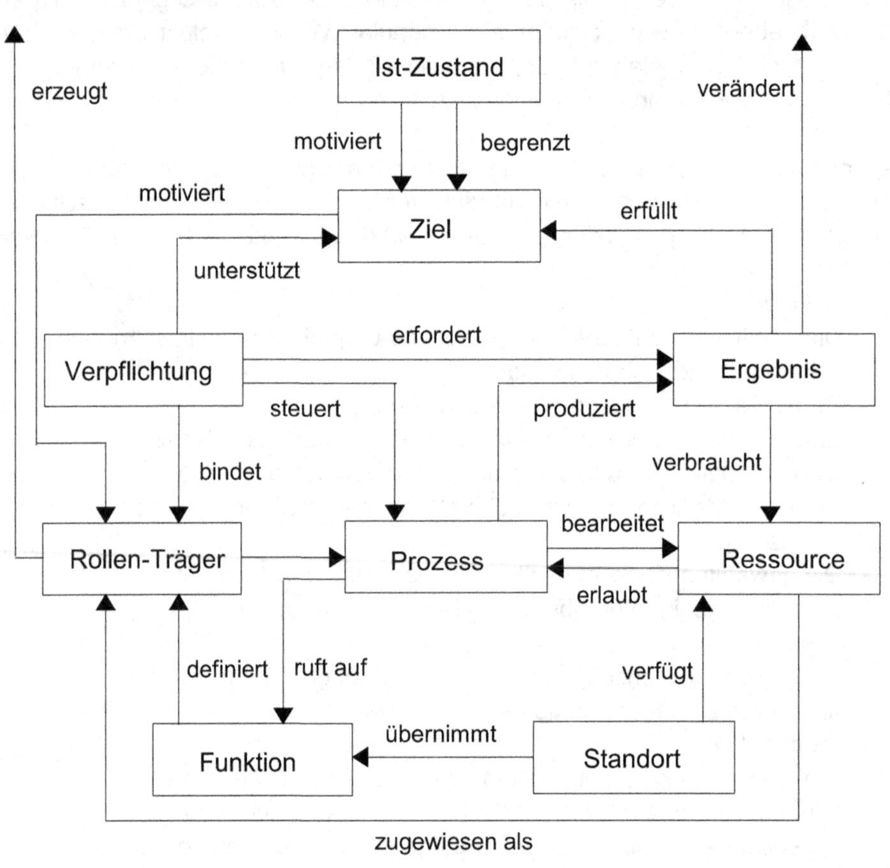

Abb.3.14 Konzepte Geschäfts-Architektur (nach McDavid)

Das Pendant zu einer solchen Geschäfts-Architektur im Lösungsbereich (des Ontogenese-Modells) ist in der Enterprise Solution Structure (ESS) zu sehen. Sie bietet eine Menge von Bausteinen für die IT-Architektur an. Dazu gehören fünf Referenz-Modelle [vgl. Plachy&Hausler 1999]:

- Thin-Client Transaktions-Computing
- Kollaboration (Kooperation)

- Business Inteligence
- Call Center Computing
- Mobile Computing.

Mit ESS wurde die Strategie der Anwendungs-Entwicklung durch praktische Anleitung zu folgenden Teil-Komplexen deutlich verbessert:

- Aggregation von Geschäfts-Logik, Daten-Zugriff und Diensten in Bausteinen
- Baustein-Topologie
- Baustein-Interaktion
- Sicherheits-Management
- System-Management
- Leistungs-Management.

Primär war der Ansatz 'ESS' für die Verbesserung der Software-Entwicklung bei IBM gedacht. Darüber hinaus wurde der Versuch unternommen, ihn als allgemein gültiges Vorgehen publik und generell nutzbar zu machen.

Eine andere Richtung der Modellierung von Geschäfts-Architektur basiert auf Business Rules. Hier versucht die OMG (Object Management Group) ein ganzes Ensemble von Standards zu entwicklen (Abb.3.15).

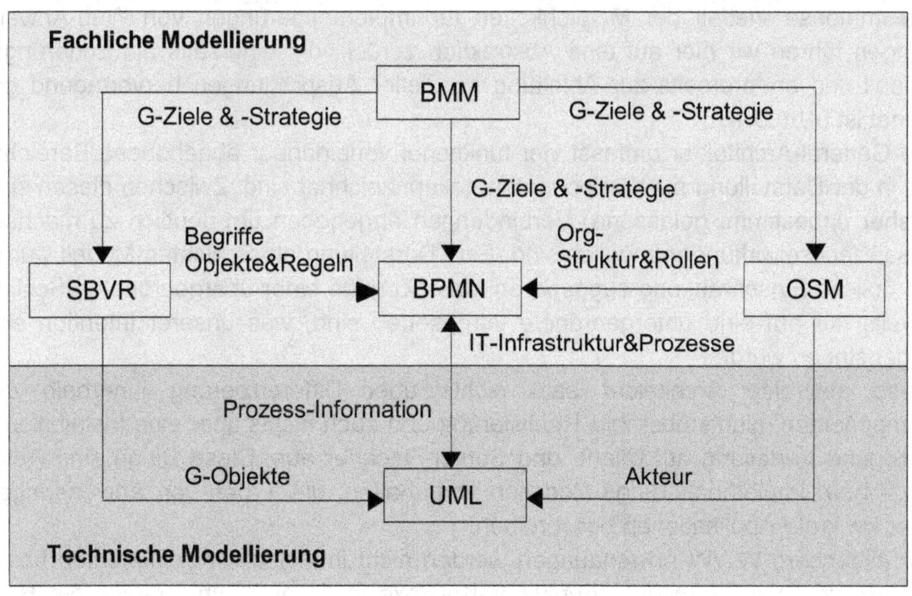

Abb.3.15 Geschäfts-Modellierung der OMG

Wir finden eine Unterteilung in die Bereiche 'Fachliche Modellierung' (Aufgaben-Bereich) und 'Technische Modellierung' (Lösungs-Bereich). Zur Modellierung einer Geschäfts-Architektur sind gedacht:

- BMM Business Motivation Model
- SBVR Semantics of Business Vocabulary and Busines Rules
- BPMN Business Modeling Notation
- OSM Organizational Structure Metamodel.

BMM soll Gelegenheit geben, die wichtigen Informationen eines Unternehmens (einer Organisation) wie strategische Ziele u.ä. in strukturierter Form zu erfassen.
SBVR definiert ein Metamodell zur Dokumentation der Semantik von Geschäfts-Prozessen und -Regeln sowie der nötigen Fachbegriffe.
BPMN wird mit der Zielsetzung entwickelt, eine grafische Modell-Notation bereitzustellen. Wesentlicher Baustein ist das Business Process Diagram (BPD).
OSM ist der Standard zur Beschreibung von Organisations-Strukturen.
Wenn auch noch in der Entwicklung, so lässt die Aktivität der OMG doch gut erkennen, welche Gebiete der Modellierung von Geschäfts-Architekturen als relevant angesehen und unterstützt werden.

3.8 General-Architektur fürs WWW

Die immense Vielfalt der Möglichkeiten für Implementierungen von Web-Anwendungen führen wir hier auf eine Abstraktion zurück, die einerseits als Erklärungs-Modell und andererseits zur Ableitung spezieller Ausprägungen hervorragend geeignet ist (Abb.3.16).
Die General-Architektur umfasst vier funktional voneinander abgehobene Bereiche, die in der Darstellung als Komponenten gekennzeichnet sind. Zwischen diesen sind (bisher unbestimmt gelassene) Verbindungen angegeben um deutlich zu machen, dass Wechselwirkungen möglich sind. Eine Darstellung als Schichten-Modell würde die übliche Einschränkung suggerieren, dass Zugriffe einer übergeordneten Schicht jeweils nur auf eine untergeordnete vorgesehen sind, was unserer Intention entgegenstehen würde.
Diese abstrakte Architektur sagt nichts über Differenzierung innerhalb der Komponenten, nichts über ihre Realisierung und auch nichts über eine Installations-bezogene Verteilung auf Client- und Server-Rechner aus. Diese Dinge sind Referenz- bzw. Implementierungs-Modellen vorbehalten, die Typen von Anwendungen oder konkrete Applikationen beschreiben.
Für einfachere WWW-Anwendungen werden nicht immer alle Komponenten benötigt werden. Nicht benötigte Funktions-Komlexe entfallen dann, sodass die Bausteine der General-Architektur (zumindest zum Teil) als optional anzusehen sind.
Eine sicherlich sehr simple Ausprägung der General-Architektur ist gegeben mit der

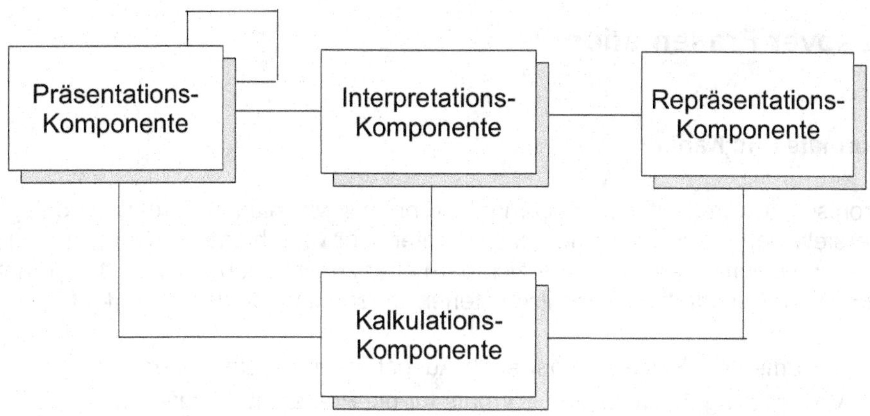

Abb.3.16 General-Architektur fürs WWW

Verwendung eines Browsers (Präsentations-Komponente) in Verbindung mit einem HTTP-Server (Interpretations-Komponente) zur Anzeige von HTML-Seiten (Repräsentations-Komponente). Aber auch Unternehmens-weite Anwendungen mit umfangreichen Berechnungen (Kalkulations-Komponente) wollen wir in dieser General-Architektur wiederfinden.
Repräsentations-Komponente nimmt von der Bezeichnung her Bezug auf den Standard ISO/IEC JTC1/SC29/WG12 (Information Technology: Coded Representation of Multimedia and Hypermedia Objects (MHEG) 1993). Danach ergibt sich – bei der Wahl der Funktion eines Mediums als Ordnungskriterium – folgende Unterteilung:

Perzeptionsmedien
Medien, die Reize auf den Menschen bedeuten (Licht, Schall, Geruch, ...)

Präsentationsmedien
Medien der Mensch-Computer-Interaktion (Papier, Bildschirm, Lautsprecher, Karten)

Repräsentationsmedien
Darstellungsformen im Rechner (ASCII-Code, JPEG, MPEG, ...)

Speichermedien
Arbeitsspeicher, Festplatte, Diskette, CD, ...

Übertragungsmedien
Koaxkabel, Glasfaser, Luft, ...

Somit zielt Repräsentations-Komponente als Bezeichnung auf die Speicherung und Verwaltung unserer Daten, die den Inhalt einer Web-Applikation ausmachen.

Kapitel 4

Crossover Präsentation

4.1 Formate und Kanäle

Elektronisch zu verarbeitende Dokumente können in vielfältigen Formaten vorliegen bzw. erstellt werden und stammen aus mitunter sehr verschiedenen Quellen. Viele von diesen Dokumenten sind unverzichtbare oder zumindest bereichernde Elemente einer Web-Präsentation. Technisch stehen wir somit vor folgender Aufgabe:

> Dokumente – Eingabe- aber auch Ausgabe-seitig – sind unter Verwendung des aktuellen Formats für die Präsentation aufzubereiten.

Das ist im Kern das Aufgabengebiet des Web Publishing. Hier sind in großer Zahl Verfahren entwickelt worden, um Formate verarbeiten und auch erzeugen zu können. Eine Reihung von zugehörigen Verfahrensschritten wird dann oft Pipeline genannt.
Mit Blick auf die Ausgabe von Dokumenten sollten wir unsere Vorstellung nicht auf den Bildschirm am PC beschränken, sondern zusätzlich andere Wege – sogenannte Kanäle – mit beachten. Gegenwärtig gehören gewissermaßen zum Standard Kanäle wie

- Rechner-Bildschirm
- Print-Medium
- Handy-Display.

Und dabei ist ein Grundsatz des Web Publishing weiterhin eminent wichtig, das Single Source Principle.
So haben wir eine weitere Aufgabe festzuhalten:

> Es sind Dokumente zur Präsentation über verschiedenartige Kanäle unter Verwendung nur einer Quelle zu erzeugen.

Um den genannten Aufgaben entsprechen zu können, führen wir hier den Ansatz Crossover Präsentation ein.

> **Crossover Präsentation**
> ist die Aufbereitung von Dokumenten unterschiedlichster Formate und deren Bereitstellung über verschiedenartige Kanäle.

Damit soll es gelingen, einzelne Verfahren des Web Publishing zu bündeln und als Pakete zur Entwicklung von Web-Präsentationen verfügbar zu machen.

4.2 Crossover Präsentation mit Cocoon

Cocoon ist ein Web Tool aus dem Bereich Open Source. Es ist, wie viele dieser Produkte, in Java geschrieben und somit Plattform-unabhängig. Dennoch ist zu beachten, dass für die Anwendung dann eine Java-Umgebung vorhanden sein muss. Wesentliche Aspekte bei Cocoon sind:

- Baustein-Prinzip
- Format-Vielfalt
- Anwendungs-Flexibilität.

Grundlegendes Wirkprinzip ist die Verfertigung von Pipelines und deren Ansteuerung während der Präsentation. Dabei erfolgt die Ablaufsteuerung innerhalb einer Präsentation mittels einer XML-Datei, die Sitemap genannt wird.

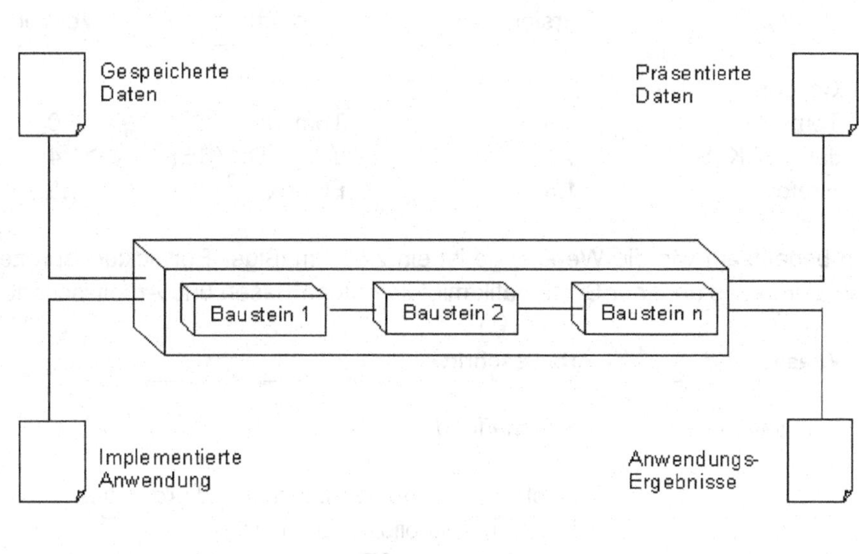

Abb.4.1 Pipeline-Schema

Bausteine sind die Komponenten der Pipelines. In aller Regel umfasst eine Pipeline je einen Baustein für die Eingabe eines Dokuments, für dessen Transformation nach XML und die Aufbereitung des Zwischenergebnisses zur Präsentation. Das ist der Hintergrund für die Gruppierung der Bausteine in

- Generatoren (für die Eingabe)
- Transformatoren
- Serializer (für die Ausgabe).

Generatoren sind vorgefertigt für verschiedene Datei-Formate. Serialisierung geschieht vorrangig unter Verwendung von XSL-Stylesheets.

Flexiblität wird einmal erreicht durch Variabilität in der Baustein-Kombination und die Zusammenführung mehrerer Pipelines in einer Anwendung. Außerdem lassen sich weitere Komponenten vom Entwickler einer Cocoon-Anwendung hinzufügen.

4.3 Entwicklung Cocoon-Anwendung

Mit wachsenden Ansprüchen an unsere Anwendung erhöht sich auch die Menge der Anforderungen an eine adäquate Entwicklungsumgebung. Dabei ist die Auswahl der einzelnen Werkzeuge für den Entwickler nicht ganz einfach, denn

- Tools werden rasch weiterentwickelt
- Tools müssen in ihrer Kombination funktionieren.

Für die Arbeit an Cocoon-Anwendungen müssen vor allem die Versionen von Cocoon und dem Java-SDK (Software Development Kit) miteinander verträglich sein. Für die vorliegende Ausarbeitung wurden verwendet:

Entwicklungs-Plattform		**Anwendungs-Plattform**	
Produkt	Version	Produkt	Version
Cocoon	2.1.4		
Tomcat	5.0	Tomcat	5.0
Java SDK (SE)	1.4	Java SDK (SE)	≥1.4
Firefox	1.5	Firefox	1.5

Ähnlich bedeutsam wie die Werkzeuge ist ein zweckmäßiger Entwicklungsprozess. Wir orientieren uns an einer Systematik mit folgenden Phasen und Arbeitsschritten:

Phase	**Arbeitsschritt**
Installation	- Beschaffung - Anpassung local.blocks.properties, local.build.properties - Start-Produkt bilden (build war) - Start-Produkt auf Test-Container installieren
Entwicklung	- Architektur entwerfen Inhalts-Struktur wird dann abgebildet in der Verzeichnis-Struktur - Quell-Dokumente bereitstellen - Sitemap ausarbeiten - Anwendung bilden
Deployment	- Komplettieren der Web-Applikation - Erzeugen WAR - Installieren auf Anwendungs-Container

Tab. Entwicklungsprozess

Die Anpassung geschieht mit Hilfe der genannten Dateien, die der Entwickler aus den Originalen erzeugt. Diese Dateien werden dahingehend editiert, dass kenntlich gemacht wird, was an vorgefertigten Komponenten und Parametern aus dem Gesamtvorrat von Cocoon in unsere Start-Anwendung zu übernehmen ist. Mit dem Kommando 'build war' (build.sh war) wird dann mit der getroffenen Auswahl das Start-Produkt als WAR-File erzeugt. Diese Datei wird jetzt beim Tomcat der Entwicklungs-Plattform in das Verzeichnis 'webapps' kopiert und hier automatisch entpackt (s. 'crossover' in Abb.4.2).

Name	Größe	Dateityp
⊖ webapps	256 B	Ordner
⊕ balancer	128 B	Ordner
⊖ crossover	376 B	Ordner
⊕ META-INF	112 B	Ordner
⊕ portadds	232 B	Ordner
⊕ resources	168 B	Ordner
⊕ stylesheets	72 B	Ordner
⊕ WEB-INF	392 B	Ordner
not-found.xml	313 B	XML-Dokument
sitemap.xmap	37,1 KB	Java-Quellcode
welcome.xml	469 B	XML-Dokument
welcome.xml~	460 B	Sicherungsdatei
welcome.xslt	1,8 KB	XSLT-Stilvorlage

Abb.4.2 Struktur Start-Produkt 'crossover'

Die weitere Entwicklungsarbeit wird von uns auf dieser Verzeichnis-Struktur unserer Start-Anwendung innerhalb von Tomcat ausgeführt!

4.4 Die Sitemap

Die Sitemap ist das Steuerungszentrum der Crossover-Präsentation. Hier wird spezifiziert, welche Pipelines zusammenzustellen, welche Cocoon-Komponenten jeweils aufzunehmen und welche Randbedingungen bei Aufbau und Ablauf zu berücksichtigen sind. Die Gesamtheit dieser spezifizierten Pipelines beschreibt die Funktionalität der Cocoon-Anwendung.
Die Komponenten von Cocoon sind in Java implementiert. Das muss der Entwickler u.U. nicht genauer wissen, vorausgesetzt, es sind keine Erweiterungen von Cocoon beabsichtigt. Die Spezifikation von Pipelines und Randbedingungen erfolgt in XML (Extensible Markup Language). Die Spezifikation von Transformationen (Stylesheets) wird in XSL (Extensible Stylesheet Language) vorgenommen. Damit ist die sprachliche Ebene, auf der Entwicklung stattfindet, durch XML und XSL dominiert.
Der Aufbau einer Sitemap ist in seiner Struktur wie folgt vorgegeben.

```
<?xml version="1.0"?>
<!-- Kommentar -->
<map: sitemap xmlns:map="http://apache.org/cocoon/sitemap/1.0">
<!-- ================= Bausteine ==================== -->
<map: components>
  <!-- Generatoren, Transformatoren, ... , Serializer ................. -->
</map:components>
<map: views/>
<map: resources/>
<map: action-sets/>
<!-- ================= Pipelines =================== -->
<map: pipelines>
  <map: pipeline>
    <map: match>
      <!-- ===== Arbeitsschritte in der Pipeline ======= -->
    </map: match>
    ...
  </map: pipeline>
  ...
</map: pipelines>
...
</map: sitemap>
```

Im ersten Block, hier mit 'Bausteine' überschrieben, werden die Komponenten, welche in der Anwendung überhaupt vorkommen sollen, zunächst registriert. Daran schließen sich mögliche Angaben zu Views, Ressourcen und Aktionen an. Der zweite Block enthält die Spezifikationen der Pipelines. Für jeweils eine Pipeline ist anzugeben, wie sie erreicht werden kann und welche Aufgaben innerhalb der Anwendung auszuführen sind.

Der Ablauf einer Cocoon-Anwendung ist bestimmt durch eine Reihe von Pipeline-Aufrufen. Die Ansteuerung einer Pipeline bewirkt, dass die spezifizierten Komponenten in der angegebenen Reihenfolge (Generator - Transformer - Serializer) abgearbeitet werden.

Ein Aufruf ist eine Anforderung eines Browsers, ein sogenannter HTTPRequest, ausgelöst durch die Eingabe einer Adresse (URL - Uniform Resource Locator) durch den Benutzer wie z.B.:

http://localhost:8080/crossover/pipeline1.

Für die Zuordnung von Aufruf und Pipeline sorgt eine Cocoon-Komponente 'Matcher'. Sie vergleicht das letzte Element im Aufruf (im Beispiel-Aufruf 'pipeline1') mit der Angabe unter <map:match="*name*">. Bei Übereinstimmung dieses Elements und der Angabe für '*name*' wird eine Pipeline ausgewählt. Dieses Prinzip wird in Abb.4.3 gezeigt.

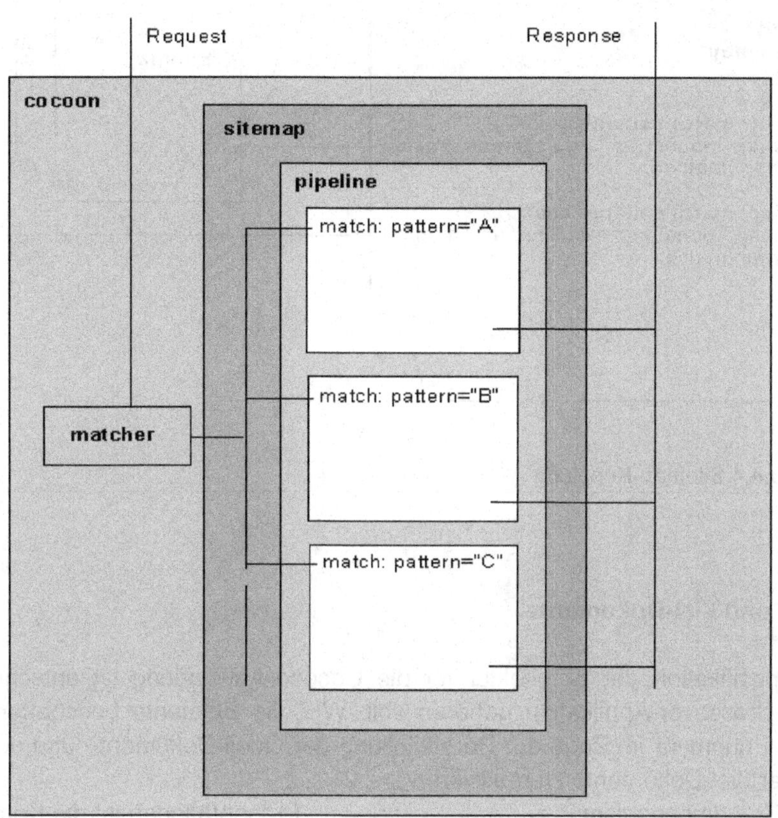

Abb.4.3 Auswahl (Matching) in Pipelines (nach Niedermeier)

Die Steuerung einer Präsentation mittels Sitemap kann auch modularisiert werden, indem mehrere Sitemaps Verwendung finden. D.h. ein Gesamt-Projekt wird in Teil-Projekte zerlegt und diesen wird jeweils eine gesonderte Sub-Sitemap zugeordnet. Dazu müssen die Sitemaps miteinander verknüpft werden. Dafür gibt es ein spezielles Kommando 'mount' in Cocoon. Als Bestandteil der Pipeline-Spezifikation wird damit erreicht, dass Sub-Sitemaps angekoppelt werden und somit innerhalb der Präsentation verfügbar sind. Mit Hilfe entsprechender Angaben bei 'mount' lässt sich eine spezielle oder auch die Gesamtheit aller vorhandenen Sub-Sitemaps einbinden und große Flexibilität erreichen. Damit ist ein grundlegendes Prinzip der Software-Entwicklung – die Modularisierung – auch auf dieser Stufe einer Cocoon-Anwendungen realisierbar.

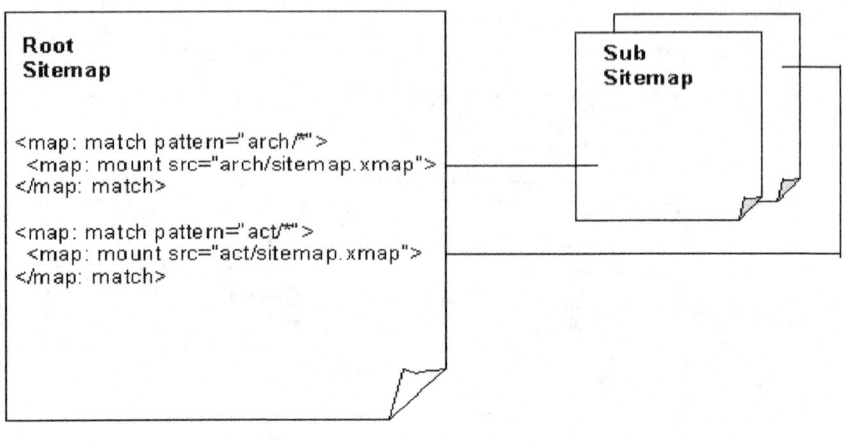

Abb.4.4 Sitemap-Kopplung

4.5 Quell- und Ziel-Dokumente

Mit der Spezifikation der Architektur für die Cocoon-Anwendung ist entschieden, WAS zur Crossover-Applikation gehören soll. WIE die Elemente beschaffen sein müssen, ist nunmehr im Zuge der Bereitstellung der Quell-Dokumente und der Gestaltung der Ziel-Dokumente zu realisieren.
Cocoons Grundmechanismus zur Aufbereitung von Präsentationen ist die Kombination von

- XML-Dokumenten und
- XSL-Stylesheets.

Deshalb erzeugen die Generatoren aus den Quell-Dokumenten XML-Dateien, unabhängig von den urspünglich vorliegenden Formaten. Für die Eingabe von Quell-Dokumenten gibt es eine Reihe vorgefertigter Generatoren. Sollte dies nicht ausreichen, kann der Entwickler der Anwendung Cocoon um eigene Bausteine erweitern.
Die o.a. Kombination ist wiederum dem Prinzip geschuldet, Inhalt und Form bei der Entwicklung zu trennen. So wird hier mit dem XML-Dokument der Inhalt angegeben, mit dem XSL-Stylesheet erfolgt die Beschreibung der Form.
Der zu präsentierende Inhalt wird mittels XML-Tags gekennzeichnet. Diese sind, wie eine öffnende und eine schließende Klammer, im Normalfall paarweise zu verwenden. Die Syntax ist

<bezeichner> ... </bezeichner>.

Für *bezeichner* setzt nun der Entwickler einen geeigneten Namen und zwischen Anfang- und End-Tag das zugehörige Inhalts-Element ein.

XSL-Stylesheets enthalten die zum zu präsentierenden Dokument gehörenden Angaben, wie die Inhalts-Elemente darzustellen sind.
Die hier diskutierte (weil in Cocoon bevorzugte) Art der Aufbereitung von Dokumenten wird Extensible Stylesheet Language Transformation (XSLT) genannt. Die Abb. 4.5 ist als Unterstützung bei der Vorstellung des Prinzips gedacht.

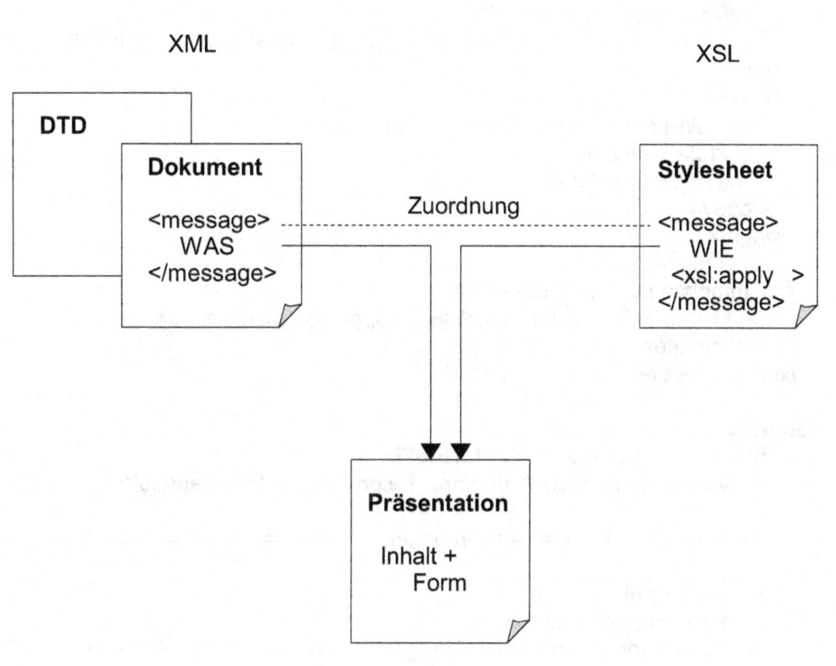

Abb.4.5 Prinzipskizze XSLT-Transformation

Die Zuordnung von WAS und WIE wird hergestellt über die gleichen XML-Tags sowohl im Dokument als auch im XSL-Stylesheet (in der Skizze <message>). Mit einem weiteren Tag wie z.B. <xsl:apply-templates> wird dann spezifiziert, welche Transformation auszuführen ist.
Mit einer Minimal-Anwendung für Cocoon werden diese Zusammenhänge nun weiter erhellt.

XML-Dokument

```
<?xml version="1.0" encoding="ISO-8859-1"?>
<welcome>
 <message>
        Die Start-Anwendung konnte
        erfogreich gestartet werden.
 </message>
</welcome>
```

XSL-Stylesheet

```
<?xml version="1.0" encoding="UTF-8"?>
<xsl:stylesheet version="1.0" xmlns:xsl="http://www.w3.org/1999/XSL/Transform"
                xmlns="http://www.w3.org/1999/xhtml">
 <xsl:param name="contextPath"/>
  <xsl:template match="welcome">
    <html xml:lang="en" lang="en">
   <head>
    <title>Welcome</title>
    <meta http-equiv="Content-Type" content="text/xhtml; charset=UTF-8"/>
   </head>
   <body>
    <h1>Willkommen zum Start-Produkt!</h1>
      <h2>Gratulation!</h2>
    <xsl:apply-templates/>
   </body>
  </html>
 </xsl:template>
 <xsl:template match="message">
  <p><font size="+1" color="blue"/><xsl:apply-templates/></p>
 </xsl:template>
</xsl:stylesheet>
```

Sitemap

```
<?xml version="1.0" encoding="UTF-8"?>
<map:sitemap xmlns:map="http://apache.org/cocoon/sitemap/1.0">

<!-- ===================Components =================== -->

 <map:components>
  <map:generators default="file">
   <map:generator label="content" logger="sitemap.generator.file" name="file"
                        pool-grow="4" pool-max="32" pool-min="8"
                   src="org.apache.cocoon.generation.FileGenerator"/>
  </map:generators>

  <map:transformers default="xslt">
   <map:transformer logger="sitemap.transformer.xslt" name="xslt" pool-grow="2"
                        pool-max="32" pool-min="8"
                src="org.apache.cocoon.transformation.TraxTransformer">
   </map:transformer>
  </map:transformers>

  <map:serializers default="html">
   <map:serializer logger="sitemap.serializer.html" mime-type="text/html"
                name="html" pool-grow="4" pool-max="32" pool-min="4"
                  src="org.apache.cocoon.serialization.HTMLSerializer">
   </map:serializer>
  </map:serializers>

   <map:matchers default="wildcard">
   <map:matcher logger="sitemap.matcher.wildcard" name="wildcard"
                src="org.apache.cocoon.matching.WildcardURIMatcher"/>
   </map:matchers>
```

- Fortsetzung Sitemap -

```
 <map:pipes default="caching">
   <map:pipe name="caching" src="org.apache.cocoon.components.pipeline.impl.
                                        CachingProcessingPipeline"/>
 </map:pipes>
</map:components>

<!-- ====================Pipelines ===================== -->
 <map:pipelines>
  <map:pipeline>
   <map:match pattern="">
    <map:generate src="welcome.xml"/>
    <map:transform src="welcome.xslt">
     <map:parameter name="contextPath" value="{request:contextPath}"/>
    </map:transform>
    <map:serialize type="html"/>
   </map:match>
  </map:pipeline>
 </map:pipelines>

</map:sitemap>
```

Um eine solche Transformation durchführen zu können, wird ein XSLT-Processor benötigt. In Cocoon wird dazu Xalan, ein Produkt aus dem Open Source-Bereich verwendet.

Die Abkürzung DTD steht für Document Type Definition. Hier wird (bei Bedarf) definiert, welche Elemente in den zugehörigen XML-Dokumenten vorkommen dürfen. Weit verbreitet ist der Bezug zu verallgemeinerten, sprich öffentlichen DTDs. Mit Hilfe einer DTD ist ein XML-Dokument überprüfbar (gültig, d.h. der XML-Syntax entsprechend und wohlgeformt, d.h. DTD-konform).

Die fortgeschrittenere Variante (weil selbst in XML notiert) einer DTD ist ein XML Schema.

Die Sitemap für eine solche minimale Anwendung kann auf zwei verschiedenen Wegen erarbeitet werden.

Weg 1(bottom up)
Wir tragen in eine leere sitemap.xmap genau die für die Start-Anwendung erforderlichen Angaben ein.

Weg 2 (top down)
Wir nehmen die mittels build-Kommando erzeugte sitemap.xmap und schneiden diese auf die Start-Anwendung zu.
Eine von Cocoon generierte Sitemap ist ausgestattet mit Angaben für beinahe alle Komponenten-Typen, die vorkommen können. Zuschneiden soll bedeuten, diese auf die für die Start-Anwendung benötigte Menge zu reduzieren.

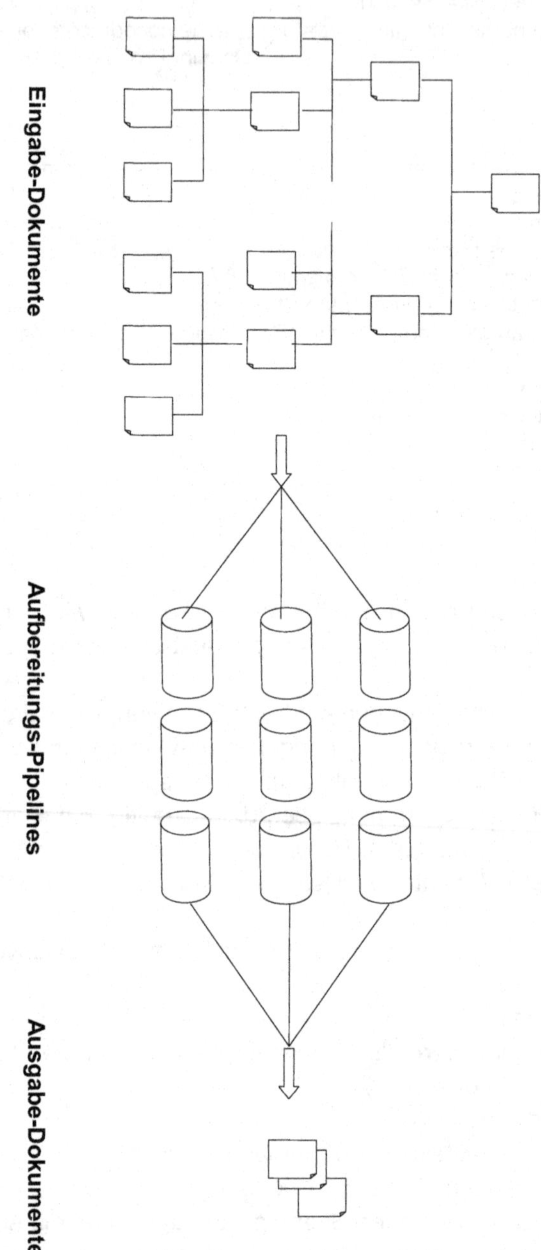

Abb.4.6 Prinzipskizze Crossover Architektur

4.6 Crossover Architektur

In vielen Organisationen liegt eine große Menge an Dokumenten in unterschiedlichsten Formaten vor, die in Web-Anwendungen zur Verfügung gestellt werden sollen. Eine, wenn auch recht aufwändige Möglichkeit der Aufbereitung ist, diese Dokumente auf ein Format zu transformieren. Ist ein solcher Weg nicht gewünscht, oder wegen anhaltender Generierung von Informationen aus unterschiedlichen Quellen u.U. gar nicht möglich, bietet sich die Crossover-Architektur an.

> **Crossover Architektur**
> ist bestimmt durch die Transformation quer über Dokumente verschiedener Ausgangsformate in eine einheitliche Darstellung oder auch in unterschiedliche Zielformate.

Als Implementierung (Architektur-Stil) ist die Verwendung von Pipelines, wie mit der Prinzipskizze in Abb.4.6 veranschaulicht, geeignet.
Vergleichen wir eine solche Implementierung mit der abstrakten General-Architektur aus Kap.3, so sind folgende Zusammenhänge zu erkennen.

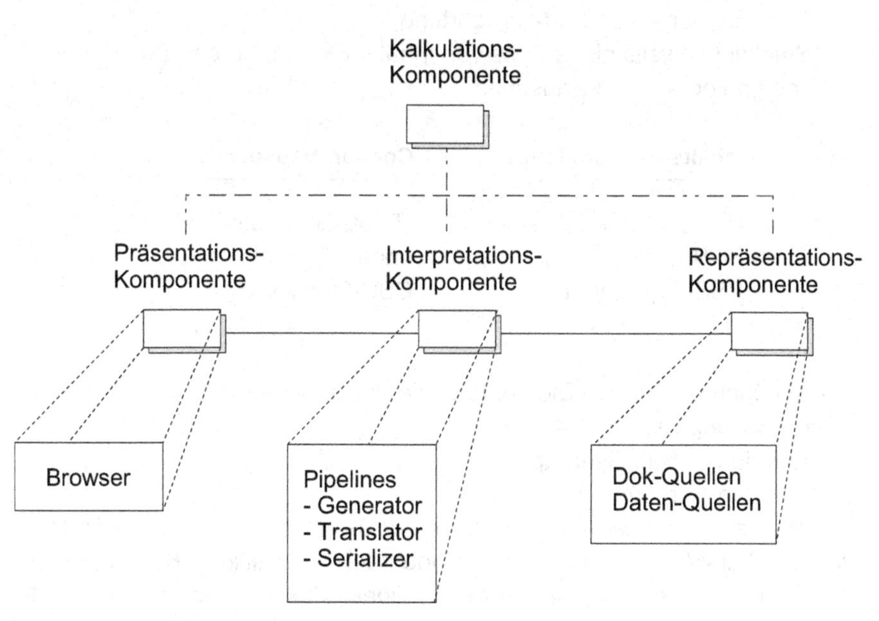

Abb.4.7 Architektur General – Crossover

Legt man den Fokus der Betrachtung von Dokumenten eher auf deren Inhalt und seine Verwaltung, ist der Bereich des Dokumenten-Management erreicht. Unternehmensweite Software-Lösungen dafür (ECMS - Enterprise Content Management

Systems) sind gegenwärtig sehr viel beachtetes Arbeitsgebiet. Es ist sicherlich an den bisherigen Diskussionen bereits erkennbar, dass Crossover-Präsentation und Content Managent hier zusammenstoßen und Cocoon auch bei Letzterem vorteilhaft eingesetzt werden kann.

4.7 Beispiel-Anwendung

Mit dieser soll ein Weg demonstriert werden, eigene Cocoon-Anwendungen aufzubauen. Ausgangspunkt ist die Annahme, dass eine wie im Punkt 4.5 diskutierte (minimale) Start-Anwendung im Tomcat-Verzeichnis vorliegt. Und diese soll nun ausgebaut werden.

Aufgabe
Erweiterung der Start-Anwendung um eine Teil-Anwendung

Ansatz
Schrittweises Hinzufügen von Inhalts-Elementen und Einfügen der jeweils geeigneten Cocoon-Bausteine

Realisierung

- Analyse der Inhalts-Struktur der Teil-Aufgabe
- Abbildung dieser als Struktur eines Sub-Verzeichnisses (innerhalb unserer Start-Anwendung)
- Selektion jeweils eines Typs von Inhalts-Elementen und Zuordnung geeigneter Cocoon-Bausteine

Inhalts-Element (Typ)	Cocoon-Baustein
HTML-Seiten	HTML-Generator
Bild-Datei	Image-Reader
CSS-Stylesheet	CSS-Reader

- Einfügen der Inhalts-Elemente in die einzelnen Ordner
- Ergänzung der Sitemap
- Aufbau der Sub-Sitemap
- Sitemap-Verknüpfung.

In unserem Fall führt die Analyse zu der im Kapitel 2 diskutierten Präsentation. Struktur des Sub-Verzeichnisses und eingebrachte inhaltliche Komponenten ergeben dann ein Bild, wie in Abb.4.8 in dem Teilbaum 'teil1' zu erkennen ist. Mit 'teil1' ist also der Teil innerhalb der Präsentation 'crossover' bezeichnet, der nunmehr die Start-Anwendung ergänzen soll. Eingefügt in dieses Sub-Verzeichnis sind die HTML-Seiten, Bilder und auch Stylesheets (unter 'templates').

Der Aufbau der Sub-Sitemap ist relativ einfach. Das liegt auch daran, dass Registrierungen von Komponenten zwischen über- und untergeordneten Sitemaps vererbt werden. Somit beschränken sich die Angaben in dieser Sub-Sitemap auf die entsprechenden Pipelines mit Ein- und Ausgaben der Dokumente (Generatoren und

Serializer) und die Spezifikation von Readern für die Bereitstellung von Bildern bzw. Stylesheets.

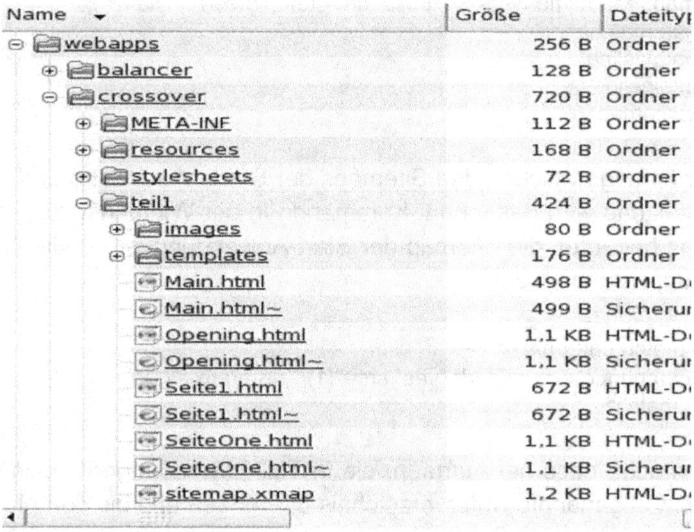

Name	Größe	Dateityp
webapps	256 B	Ordner
balancer	128 B	Ordner
crossover	720 B	Ordner
META-INF	112 B	Ordner
resources	168 B	Ordner
stylesheets	72 B	Ordner
teil1	424 B	Ordner
images	80 B	Ordner
templates	176 B	Ordner
Main.html	498 B	HTML-D
Main.html~	499 B	Sicheru
Opening.html	1,1 KB	HTML-D
Opening.html~	1,1 KB	Sicheru
Seite1.html	672 B	HTML-D
Seite1.html~	672 B	Sicheru
SeiteOne.html	1,1 KB	HTML-D
SeiteOne.html~	1,1 KB	Sicheru
sitemap.xmap	1,2 KB	HTML-D

Abb.4.8 Teil-Anwendung

Sitemap

```
<?xml version="1.0" encoding="UTF-8"?>
<map:sitemap xmlns:map="http://apache.org/cocoon/sitemap/1.0">
<!-- ================== Components ===================== -->
<!-- ================== Pipelines ======================= -->
 <map:pipelines>
  <map:pipeline>
   <map:match pattern="">
    <map:generate type="html" src="Opening.html"/>
    <map:serialize type="html"/>
   </map:match>
   <map:match pattern="Main.html">
    <map:generate type="html" src="Main.html"/>
    <map:serialize type="html"/>
   </map:match>
   <map:match pattern="SeiteOne.html">
    <map:generate type="html" src="SeiteOne.html"/>
    <map:serialize type="html"/>
   </map:match>
   <map:match pattern="Seite1.html">
    <map:generate type="html" src="Seite1.html"/>
    <map:serialize type="html"/>
   </map:match>
   <map:match pattern="images/*.png">
    <map:read mime-type="images/png" src="images/{1}.png"/>
   </map:match>
```

- Fortsetzung Sitemap -

```
    <map:match pattern="templates/*.css">
     <map:read mime-type="text/css" src="templates/{1}.css"/>
    </map:match>
   </map:pipeline>
  </map:pipelines>
</map:sitemap>
```

Für die Verknüpfung zwischen den Sitemaps der Start-Anwendung und der hier diskutierten Ergänzung wird das mount-Kommando in der Wirkungsweise 'auto-mount' eingefügt. Das bedeutet, die Sitemap der Start-Anwendung ist um die entsprechende Match-Gruppe zu ergänzen.

```
<map:match pattern="*/**">
  <map:mount check-reload="yes" src="{1}/" uri-prefix="{1}"/>
</map:match>
```

Damit wird erreicht, dass bei Aufrufen, die in Teil-Anwendungen hineinreichen, die Steuerung an das genannte Unterverzeichnis übergeben und die dort platzierte Sitemap aufgerufen wird.
Um diese Kopplung von Start- und Teil-Anwendung nun auch während der Präsentation bewirken zu können, müssen wir einen entsprechenden Aufruf erzeugen. Dazu ist in die Begrüßungsseite ein geeigneter Link einzufügen.

4.8 Cocoon plus Datenbank

Bei Dokumenten denken wir vornehmlich an Texte, d.h unstrukturierte Daten. Die strukturierten Daten werden üblicherweise in Datenbanken gespeichert. Cocoon ist, wie bereits bekannt, für die Aufbereitung verschiedenartigster Informationsquellen ausgelegt. Somit ist es nur folgerichtig, dass Cocoon-Anwendungen auch aus Datenbanken Eingaben aufnehmen und für die Präsentation verfügbar machen können. Dabei ist die Palette der möglichen DBMS umfangreich, sie reicht von MySQL über DB2, Oracle u.a. bis zu HSQLB. Voraussetzung ist lediglich die Verfügbarkeit eines JDBC (Java Database Connectivity), der Komponente zur Ankopplung einer Datenbank (DB-Treiber).
Für unsere Entwicklungsarbeit wird MySQL eingesetzt. Hier gibt es eine Lizenz Open Source (GLP) die es erlaubt, das Produkt frei zu verwenden. Die Codierung ist in C/C++ vorgenommen, sodass nun die Plattform zu berücksichtigen und darauf zu achten ist, dass die Versionen der Teilprodukte zusammenpassen. Die Tabelle für die Entwicklungs-Plattform (Abschn.4.3) ist mit folgenden Angaben ergänzt worden:

Entwicklungs-Plattform

Produkt	Version
OpenSuse	10.0
MySQL	5.0.18
glibc	23
MySQL-JDBC	3.1.12

Für die Ausarbeitung sollen nun die nachstehenden Aspekte betrachtet werden

- Datenbank einrichten
- Datenbank anbinden
- Anwendung ausführen.

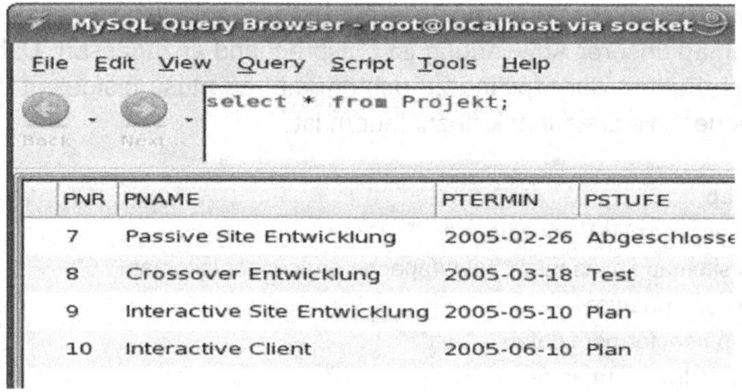

Abb.4.9 DB-Tabelle 'Projekt'

Das Einrichten einer Datenbank ist eine Frage der Anwendung von SQL in Verbindung mit MySQL und wird hier nicht weiter verfolgt. Um einen Eindruck zu vermitteln, wird in Abb.4.9 ein Schnappschuss der Tabelle 'Projekt' gezeigt.

Die Anbindung der Datenbank wird in zwei Teil-Aspekte zerlegt und dann in einzelne Schritte aufgegliedert. Diese Schritte werden zunächst dadurch kenntlich gemacht, dass die zu ändernden bzw. zu ergänzenden Stellen benannt werden. Anschließend wird gezeigt, welche Angaben für die Beispiel-Anwendung verwendet worden sind.

Die Teil-Aspekte sind, wie aus der folgenden Tabelle hervorgeht, die Anwendung selbst und ihre (unmittelbare) Umgebung, also Cocoon und Tomcat. In Bezug auf Tomcat ist dabei zu beachten, dass die Server-Umgebung der Ausführungs-Plattform normalerweise dem Administrator vorbehalten ist. So beziehen sich die Angaben hier erst einmal auf die Entwicklungs-Plattform.

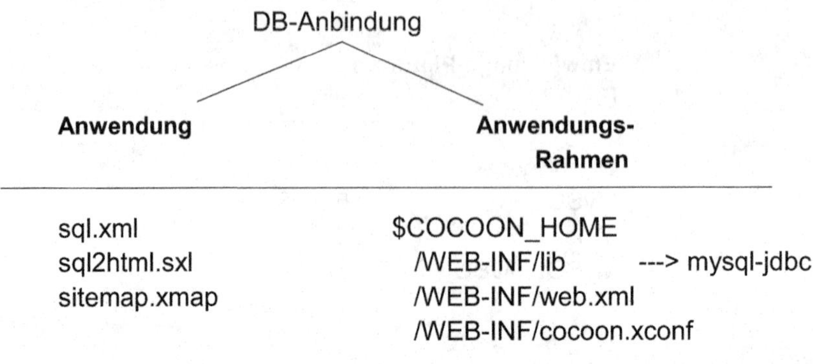

Für die Ausarbeitung der Anwendung finden sich Vorlagen in den Cocoon-Beispielen und deren Dokumentation.
Ein Blick in die Sitemap zeigt, dass als neue Komponente ein SQL-Transformer zu registrieren ist und welche 'Dokumente' – sql.xml und sql2html.xsl – eingesetzt werden. Die Sitemap unserer Anwendung ist entsprechend anzupassen. Dabei ist auch auf das Match-Pattern der Pipeline zu achten, d.h. es muss festgelegt werden, bei welchem Request die Datenbank anzusteuern ist.

Sitemap

```
<?xml version="1.0" encoding="UTF-8"?>
<map:sitemap xmlns:map="http://apache.org/cocoon/sitemap/1.0">
<map:components>
  <map:transformers default="xslt">
    <map:transformer name="sql"
                     src="org.apache.cocoon.transformation.SQLTransformer"/>
  </map:transformers>
</map:components>
<map:pipelines>
  <map:pipeline>
    <map:match pattern="SQL">
      <map:generate type="file" src="templates/sql.xml"/>
      <map:transform type="sql">
         <map:parameter name="use-connection" value="mysql-pool"/>
      </map:transform>
      <map:transform type="xslt" src="documents/stylesheets/sql2html.xsl"/>
      <map:serialize type="html"/>
    </map:match>
  </map:pipeline>
</map:pipelines>
</map:sitemap>
```

Unsere Anwendung wird so gestaltet, dass die Ansteuerung der Datenbank über einen Link erfolgt. Nach dem Anklicken sollen die Daten in der MySQL-Datenbank auf dem Bildschirm präsentiert werden. Das bedeutet, über das Match-Pattern wird das 'Dokument' sql.xml aufgerufen. Dieses enthält die Datenbank-Anfrage, welche als Ergebnis die Daten aus 'Projekt' bereitstellt.

XML-Dokument

```
<?xml version="1.0" encoding="ISO-8859-1"?>
<page>
  <content>
    <sql:execute-query xmlns:sql="http://apache.org/cocoon/SQL/2.0" >
      <sql:query>
        SELECT * FROM Projekt
      </sql:query>
    </sql:execute-query>
  </content>
</page>
```

Die Aufbereitung der Ergebnisse wird mittels Stylesheet (sql2html.xsl) spezifiziert.

Stylesheet

```
<?xml version="1.0" encoding="ISO-8859-1" ?>
<xsl:stylesheet version="1.0"
  xmlns:xsl="http://www.w3.org/1999/XSL/Transform"
  xmlns:sql="http://apache.org/cocoon/SQL/2.0">

<xsl:template match="/page">
<html>
  <head>
    <title>Ein kleiner Test</title>
  </head>

  <body>
    <xsl:apply-templates/>
  </body>
</html>
</xsl:template>

<xsl:template match="sql:rowset">
  <table border="1">
    <xsl:apply-templates/>
  </table>
</xsl:template>

<xsl:template match="sql:row">
  <tr>
    <xsl:for-each select="*">
    <td><xsl:apply-templates/></td>
    </xsl:for-each>
  </tr>
</xsl:template>
</xsl:stylesheet>
```

Die Anpassung des Anwendungs-Rahmens ist sicherlich etwas weniger leicht zu durchschauen, weil wieder einmal Parameter unterschiedlicher Art und an verschiedenen Plätzen bereitzustellen sind. Eine bildhafte Vorstellung ist deshalb sicherlich auch in diesem Fall geeignet, die Zusammenhänge schneller erkennen zu können (s.Abb.4.10). Hilfreich sind auch die Meldungen in den Protokolldateien von Cocoon, die unter ../WEB-INF/logs zu finden sind.
Wir besinnen uns kurz darauf, dass eine Verbindung von Cocoon zu MySQL eingerichtet werden soll und nicht von Tomcat aus. So ist zuerst einmal dafür zu sorgen, dass der Connector mysql-jdbc in das (Unter-)Verzeichnis '/WEB-INF/lib' unserer Cocoon-Anwendung kopiert wird. Dieser Connector ist ein Java-Archiv.
Danach muss Cocoon erfahren, welcher Connector (Treiber) verwendet werden soll. Dazu ist ein Eintrag in der Datei 'web.xml' erforderlich.

Registrierung in web.xml

```
...
<init-param>
  <param-name>load-class</param-name>
  <param-value>
        ...
        com.mysql.jdbc.Driver
  </param-value>
</init-param>
...
```

Für den Zugriff von Cocoon auf die Datenbank wird weiter die Registrierung einer Datasource in der Datei 'cocoon.xconf' nötig.

```
<!--..... Start configuration from 'datasources' -->
 <datasources>
  <jdbc name="mysql-pool">
    <pool-controller max="4" min="1"/>
    <auto-commit>true</auto-commit>

    <dburl>jdbc:mysql://localhost:3306/cocoon</dburl>
    <user>coco01</user>
    <password>cocopw</password>
  </jdbc>
 </datasources>
<!--..... End configuration from 'datasources' -->
```

Hier ist darauf zu achten, dass der letzte Teil-Parameter im dburl-Tag die Datenbasis der MySQL-Umgebung benennt (im Beispiel zeigt 'cocoon' demnach an, in welcher Datenbasis die in der SELECT-Anweisung angegebene Tabelle 'Projekt' zu suchen ist).
Die Anwendung auszuführen erfordert dann die (parallele) Arbeit von zwei Servern: Tomcat und MySQL.

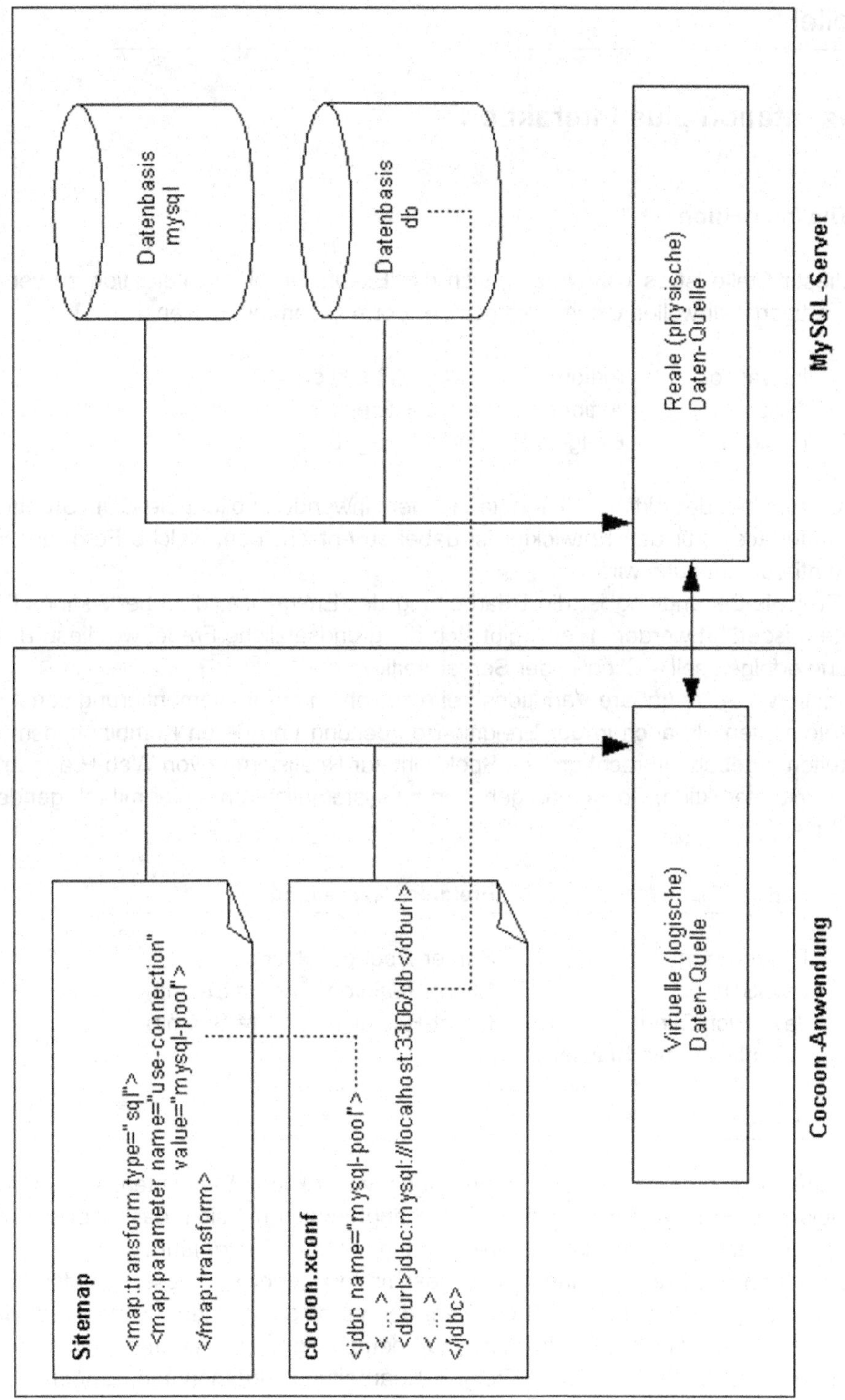

Abb.4.10 Datenbank-Anbindung

Kapitel 5

Präsentation plus Interaktion

5.1 Die Interaktion

An dieser Stelle ist es von Nutzen, sich die 'Eckpfeiler' einer Interaktion zu vergegenwärtigen. Wir wollen diese in kompakter Form zusammenstellen.

Interaktion	:= Aktion	+ Reaktion.
Aktion	:= Aktions-Element	+ Ereignis.
Reaktion	:= Ereignis-Behandlg	+ Ergebnis.

Die Gesamtheit der Aktions-Elemente in einer Anwendung bildet die GUI (Graphical User Interface). Für den Entwickler ist dabei zu entscheiden, welche Form der Implementierung genutzt wird.

Die Ereignis-Behandlung ist die Bearbeitung der Ereignisse, die über Aktions-Elemente ausgeführt werden. Hier ergibt sich die grundsätzliche Frage, wo diese Bearbeitung erfolgen soll – Client- oder Server-seitig.

Die mittlerweile verfügbare Variationsbreite sowohl in der Implementierung von Aktions-Elementen als auch in der Ereignis-Bearbeitung und deren Kombinationsmöglichkeiten ergeben ein recht großes Spektrum zur Realisierung von Web-Prä- sentationen mit Interaktion. So ist man gehalten zu systematisieren – hier mit fol- gendem Ergebnis:

Aktions-Elemente	Ereignis-Bearbeitung	
HTML-Form	Server-Request-Response	
JavaScript	Client-Reaktion	(≠ Submit)
Java Rich Client (Applet + Java-Klassen)	Client-Reaktion	(≠ Submit)
AJAX		

Die einfachste Möglichkeit zur Bereitstellung von Aktions-Elementen sind HTML-Formulare. Eine Beschränkung auf HTML bringt jedoch mit sich, dass jedwede Ereignis-Bearbeitung zu jeweils einer Verbindung mit dem Server führt.

Es zeigt sich aber recht schnell, dass bestimmte Ereignisse besser auf der Seite des Clients bearbeitet und damit die Zahl der Verbindungen zum Server reduziert werden können. Um dies zu erreichen, muß demzufolge der Client mit ausführbaren Programm-Abschnitten, welche Ereignis-Bearbeitung übernehmen, angereichert wer- den.

Wenn wir von der Überlegung ausgehen, dass der Grundbaustein für den Client ein HTML-Fragment ist, dann benötigen wir eine Kombination aus HTML und prozeduralen Bausteinen. In der o.a. Tabelle sind ab Zeile 2 wesentliche Varianten für die Implementierung der prozeduralen Bausteine aufgeführt. Diese sollen die weitere Diskussion lenken.

5.2 Interaktiv-Site-Architektur

Das grundlegende Schema zur Gestaltung interaktiver Programme ist das MVC-Paradigma. MVC steht für die typisierten Bausteine Model, View und Controller. Die prinzipielle Anordnung dieser Komponenten im interaktiven System ist in Abbildung 5.1 wiedergegeben.

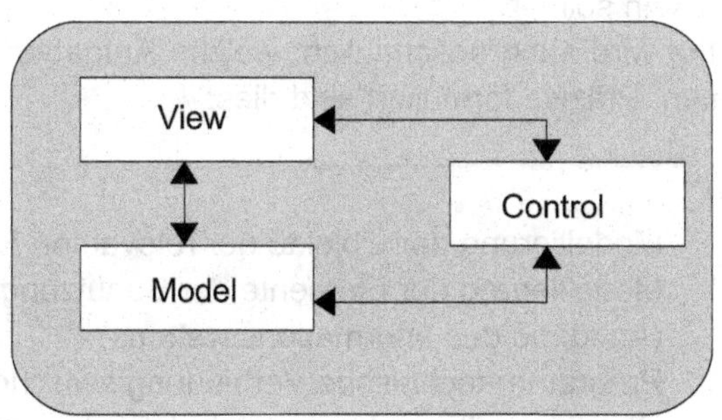

Abb.5.1 Schema MVC-Paradigma

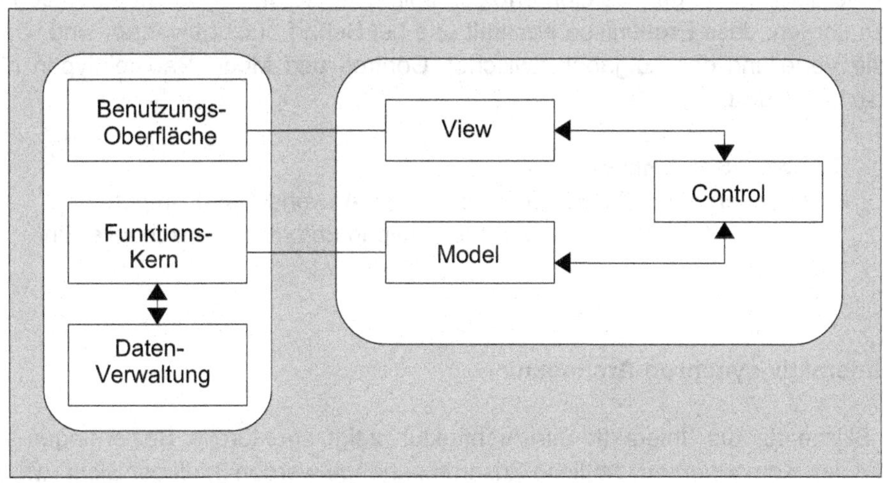

Abb.5.2 Abstrakte Interactiv-Site-Architektur

Zur Weiterführung der Ableitung einer Interaktiv-Site-Architektur wird nun eine Zuordnung von Model, View und Controller zu den Komplexen Benutzungs-Oberfläche, Funktionskern und Datenverwaltung vorgenommen (Abb.5.2). Auf der linken Seite der Grafik werden die genannten Komplexe übereinander angeordnet. Das entspricht dem weithin bekannten Schichtenmodell und ist eine sehr kompakte Darstellung der wesentlichen Komponenten eines Informationssystems oder eben ein Architekturmodell auf sehr abstraktem Niveau.
Diese Schichten bilden gewissermaßen das Grundgerüst einer Anwendungs-Architektur. Auf der rechten Seite der Grafik wird nun das Modell des MVC-Paradigmas hinzugefügt um jetzt deutlich zu machen, welche nunmehr spezialisierten Bausteintypen Elemente der Architektur sein sollen.
Für die Implementierung einer solchen Architektur ist zu entscheiden, ob zwischen den Bausteintypen View und Model ebenfalls eine Verbindung existieren und welcher Art diese dann sein soll.
Durch die Zuordnung wird auch anschaulich, welche Aufgaben den einzelnen Bausteintypen zukommen. Präzise formuliert sind dies:

MODEL	Modellierung der Objekte der relevanten Realität
VIEW	Modellierung der Elemente der Benutzungsoberfläche (Ausgabe des Informationssystems)
CONTROLLER	Programm-technische Verbindung zwischen Kern und Oberfläche (Eingabe des Benutzers bearbeiten)

Die oben hergeleiteten Aktions-Elemente bilden demzufolge die Untermenge der View-Bausteine, die Ereignisse auf der Benutzungsoberfläche erkennen und melden können. Control-Bausteine werden über diese Ereignisse informiert und sie selektieren, wie die zugehörige Reaktion erfolgen soll. Und die Model-Bausteine haben dafür zu sorgen, dass Ergebnisse ermittelt und bei Bedarf aufzubewahren sind. Dabei ist die Verteilung der Aufgaben zwischen Control- und Model-Bausteintypen nicht per se unverrückbar.

> **Interaktiv-Site-Architektur**
> ist gegeben durch die Spezialisierung von Anwendungs-Komponenten in Model-, View- und Control-Bausteintypen und deren funktionelle Einordnung.

5.3 Interaktiv-synchron-Architektur

Die Skizze für die 'Interaktiv-Site-Architektur' zeigt strukturelle Beziehungen zwischen den Komponenten, zeitliche Zusammenhänge werden in dieser Sicht (wie üblich) nicht spezifiziert. Die grundlegende Struktur wird gegeben durch die Kombination: Aktion (des Benutzers) – Reaktion (der Anwendung).

Offen bleibt dabei die Frage, wann auf die Daten-Verwaltung zugegriffen, d.h. wie die Reaktion ausgestaltet wird. Die ursprüngliche und intuitive Annahme ist, dass infolge einer Aktion stets geprüft wird, ob über die Daten-Verwaltung neue Informationen bereitzustellen sind. Wenn ja, wird dies erst bewerkstelligt und dann die Reaktion vollendet. Das bedeutet, die Reaktion wird so ausgestaltet, dass ihre Komponenten (Analyse, Daten-Verwaltung, Präsentation) immer in dieser Reihenfolge, d.h. synchron ausgeführt werden.

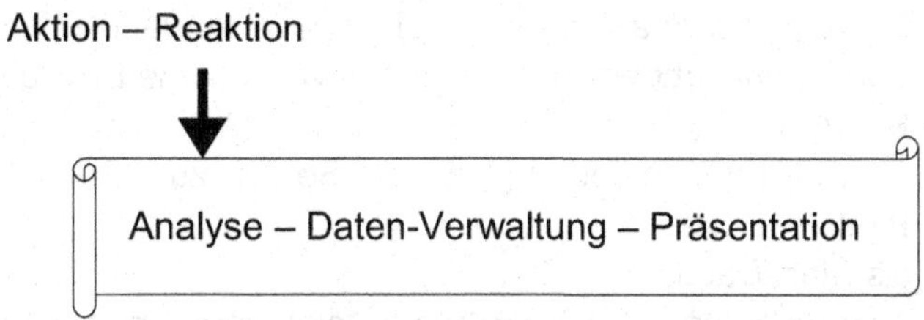

Die abstrakte Architektur des Ablaufs zeigt eine etwas andere Perspektive dieser Zusammenhänge der synchron-interaktiven Architektur. Aktionen des Benutzers, die eine Anforderung an den HTTP-Server (HTTP-Request) auslösen, führen zu einer Unterbrechung der Möglichkeit zur Interaktion, da die Ablaufsteuerung mit dem Request an den Server übergeben wird. Mit dem Response kehrt die Steuerung zurück zum Client, der nunmehr für Aktionen wieder zur Verfügung steht.

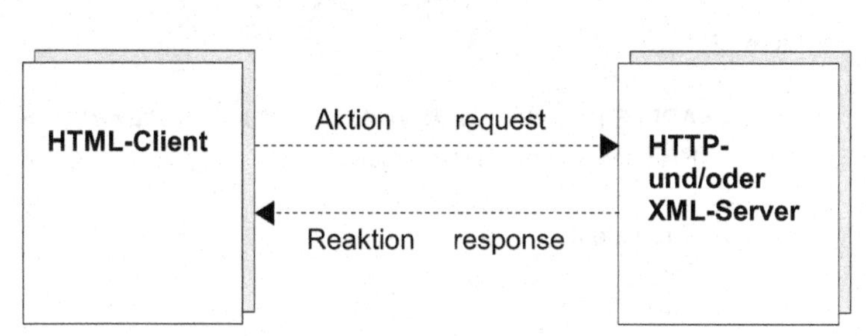

Abb.5.3 Abstrakte Architektur des Ablaufs 'Interaktiv-synchron'

Wir finden somit innerhalb der 'Interaktiv-Site-Architektur' ein feststehendes Muster, welches mit der Bezeichnung 'Interaktiv-synchron' hervorgehoben werden soll. Im folgenden Punkt soll ein Anwendungsbeispiel für dieses Muster vorgestellt werden.

5.3.1 Applets mit Swing

Selbstverständlich gilt auch in diesem Falle, dass wir eine Möglichkeit der Implementierung ausgewählt haben, die neben zahlreichen anderen verfügbar ist. Die theoretische Basis für Swing ist ein Komponenten-Modell für lokal arbeitende

Benutzungs-Oberflächen (GUI). Die praktische Umsetzung ist ein Java-Framework, welche eigens für die Gestaltung von GUI entwickelt worden ist. Dieses Framework enthält vorgefertigte GUI-Bausteine (Widgets, Controls) in Form von Java-Klassen. Das verbindende Element zwischen dem Browser und unserer GUI ist ein Applet. Ein Applet ist eine – in den Browser integrierte – Java-Anwendung. Wesentliche Merkmale einer derartigen Anwendung sind gegeben durch Verwendung von Internet-Technologien:

- **Browser** (zwecks Einbettung)
  Ein Applet wird als Thread in einer Java Virtual Machine ausgeführt.
  Somit benötigt der Browser eine Java Runtime Environment (JRE).
- **HTTP**
  zur Übertragung des Applets vom Server- zum Client-Rechner
- **HTML**
  als Start-Datei.

Die Verkleinerungsform des Terminus 'Applet' zeigt an, dass vorrangig an kleinere Anwendungen bzw. Komponenten von ihnen gedacht ist. Das geht zurück auf folgende Beschränkungen, die vor allem aus Sicherheitsgründen eingeführt worden sind:

- Zugriff auf den Client-Rechner ist begrenzt
- Zugriff auf das WWW ist begrenzt.

Ein Applet wird in eine HTML-Seite eingebunden, auf die der Benutzer der Anwendung in der üblichen Weise mittels URL zugreift.

```
<HTML>
 ...
        <APPLET   code="wert"  width="wert" height ="wert"     >
        <PARAM    name="wert" value="wert"                     >
          ...
          Ersatztext

        </APPLET>
...
</HTML>
```

Schema Applet-Einbindung

Somit gilt es nun, sich der Entwicklung eines Applets zuzuwenden. Begonnen wird mit der Überlegung zum Layout-Entwurf. Auch für Java ist dabei folgendes Muster wiederzufinden:

LAYOUT = Arbeitsfläche
+ Arrangement der Elemente

Die Arbeitsfläche ist dann zweckmäßigerweise ein Fenster, und das Arrangement wird vorrangig über einen Layout-Manager realisiert.

ARBEITSFLÄCHE	= Frame-Win	| Dialog-Window | ...
ARRANGEMENT	= ad hoc	| Layout-Manager

Ad hoc soll anzeigen, dass eine bewusste Orientierung am Layout-Manager nicht erfolgt. Allerdings wird dann ein Default-Layout (BorderLayout) wirksam.
Um das Vorgehen beim Entwurf eines Layouts unter Verwendung von Bausteinen in „wohlgeordnete" Bahnen zu lenken, wird hier folgendes Procedere vorgeschlagen.

1. Schritt	Auswahl einer Arbeitsfläche
2. Schritt	Strukturierung der Arbeitsfläche ad hoc oder mittels Bezug auf Layout-Manager
3. Schritt	Hinzufügen Baustein
4. Schritt	Einordnung ad hoc oder über Layout-Manager

Die wesentlichen Aspekte Swing-basierter Interaktion wollen wir an einem Beispiel betrachten.

```
import java.awt.*;
import java.awt.event.*;
import javax.swing.*;
public class MyAplet extends JApplet implements ActionListener
{  JTextArea jtf;
        public void init()
        {  JButton b;
                setLayout(new BorderLayout());
                b = new JButton("Nord");
                b.addActionListener(this);
                add(b,"North");
                b = new JButton("Süd");
                b.addActionListener(this);
                add(b,"South");
                b = new JButton("Ost");
                b.addActionListener(this);
                add(b,"East");
                b = new JButton("West");
                b.addActionListener(this);
                add(b,"West");
                jtf = new JTextArea("Nichts geklickt");
                jtf.setEditable(false);
                add(jtf, "Center");
                setSize(500, 300);
        }
```

- Fortsetzung MyApplet -

```
        public void actionPerformed(ActionEvent e)
        {       String arg = e.getActionCommand();
                if ("Nord".equals(arg))
                {jtf.append("\n" + "Nord geklickt");        }
                else if ("Süd".equals(arg))
                {jtf.append("\n" + "Süd geklickt");         }
                else if ("Ost".equals(arg))
                {jtf.append("\n" + "Ost geklickt");         }
                else if ("West".equals(arg))
                {jtf.append("\n" + "West geklickt");        }
        }
}
```

Innerhalb der Methode *init( )* wird die GUI aufgebaut. Sie besteht lediglich aus 4 Schaltfächen (JButton) und einem Textbereich (JTextArea). Das Arrangement dieser View-Bausteine erfolgt mittels BorderLayout.

Solche View-Bausteine sind zunächst Präsentations-Elemente ohne Funktionalität. Für eine Interaktion müssen sie deshalb um funktionale Komponenten erweitert werden. Diese befinden sich im Beispiel in der Methode *actionPerformed(ActionEvent e)*. Sie wird angesteuert, wenn auf einem der Buttons eine Aktion wie 'click' ausgeführt wird und sorgt für die vorgesehene Reaktion.

Control-Bausteine heißen in Java Listener. Sie vermitteln die Weitergabe der Nachricht über ein Ereignis (eine Aktion) an die zugehörige funktionale Komponente. Damit haben wir ein Interaktions-Muster (MVC) implementiert und unser Beispiel komplett.

Eine Anwendung wird im Allgemeinen aus mehreren Dateien zusammengesetzt (s.d. Applet-Beispiel 2). Für den Transport von der Entwicklungs-Plattform zum Server (Deployment) und vom Server- zum Client-Rechner (Aufruf) ist es zweckmäßig, die involvierten Dateien in einem Java-Archiv (JAR-File) zu bündeln. Für das o.a. Beispiel setzten wir dazu das Kommando:

```
jar  -cvf appl2.jar  *.class  desert2.jpg
```

ein.

Die Interaktion auf der Basis von Swing findet primär lokal, d.h. in diesem Fall auf der Client-Seite einer Web-Anwendung statt, Server-Zugriffe z.B. zur Beschaffung von Daten sind dabei nicht ausgeschlossen.

5.3.2 Interaktion global – Inhalt dynamisch

Wir wollen nun die Anforderungen an eine Web-Anwendung in zwei Punkten verändern:

- Interaktion global
- Inhalt der Präsentation dynamisch.

Interaktion global bedeutet die Zusammenarbeit von GUI-Komponenten sowohl auf dem Client als auch (mindestens) einem Server. Das erfordert bezüglich Entwicklung und Installation der Anwendung eine neue Orientierung: Die Komponente 'Benutzungs-Oberfläche' liegt auf einem Server und wird dort auch ausgeführt. Lediglich die Ergebnisse der Ausführung werden zum Client transportiert und dort präsentiert. Eine solche Anforderung ist u.U. Ergebnis Sicherheits-kritischer Überlegungen. Die Abarbeitung erfolgt in einer spezifischen Umgebung – einem Servlet-Container. Die entsprechende Software wird Web-Server genannt.
Die Zielsetzung 'dynamischer Inhalt' bedeutet die Erzeugung sogenannter dynamischer Web-Seiten, d.h. der Inhalt wird im Rahmen der Ausführung zunächst 'berechnet' und dann verfügbar gemacht. Damit wird ein Gegensatz zu 'statischem Inhalt' geschaffen, wie wir ihn z.B. bei der Verwendung von HTML-Seiten vorfinden. 'Berechnen' zeigt an, dass auf dem Server Anwendungs-Komponenten aufgerufen werden können, die Inhalte aus unterschiedlichen Quellen wie z.B. einer Datenbank einbringen. Die Darstellung zu den Funktions-Komplexen einer Web-Applikation lässt erkennen, dass sowohl im Komplex 'Verarbeitungs-Logik' als auch im Bereich 'Datenhaltung' Inhalte erschlossen werden können. Dabei wird davon ausgegangen, dass diese zwischen den Aufrufen der Web-Anwendung verändert und die aktualisierten Inhalte dann präsentiert werden können. Deshalb spricht man von dynamischen Web-Seiten. Bei HTML-Seiten geht man im Gegensatz dazu davon aus, dass der einmal entwickelte Inhalt jeweils unverändert – statisch – präsentiert wird. (Irritierend ist in diesem Zusammenhang vielleicht, dass ein solcher 'statischer' Inhalt durchaus Elemente wie Animation oder Sound enthalten kann.)

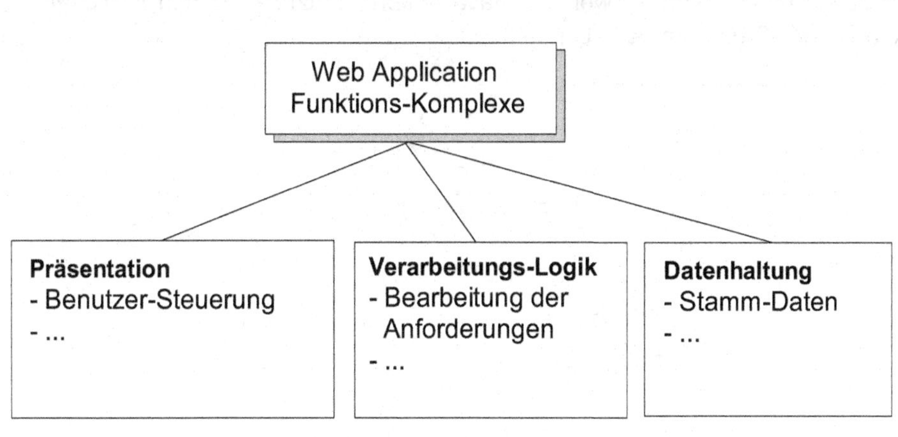

Abb.5.4 Funktions-Komplexe

Unsere Darstellung der Funktions-Komplexe ist eine Abstraktion des n-Tiers Model, welches die Komponenten von Web-Applikationen entsprechend ihrer Aufgabe in die drei genannten Bereiche einordnet. Nimmt man nun gedanklich die Verteilung dieser Komponenten auf Client- und Server-Rechner vor, so sind die 'Web Components' für die Präsentation auf dem Server zu platzieren (Abb.5.5). Diese

Aspekte beeinflussen die Architektur der Web-Anwendung zumindest bezüglich des Typs der einzelnen Komponenten. Und damit ist der Entwickler gehalten, die konstituierenden Bausteine einer vorgeschlagenen Architektur bezüglich des Typs geeignet zu 'besetzen'.

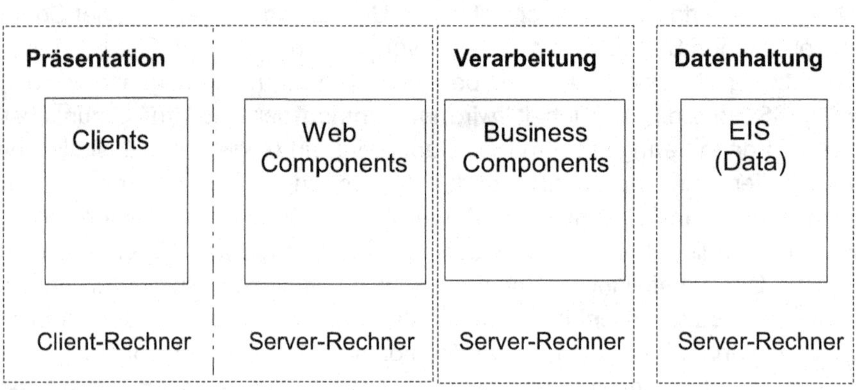

Abb.5.5 Komponenten-Verteilung

JavaServer Page (JSP) ist ein Komponenten-Typ zur Bereitstellung von View-Bausteinen (auf einem Server). Ihre Implementierung ist eine Kombination aus statischen Anteilen wie HTML, XML oder WML und JSP-Elementen zur Generierung dynamischen Inhalts, vorzugsweise in Java notiert. Letztere werden in diesem Kontext als Basis-Elemente bezeichnet.

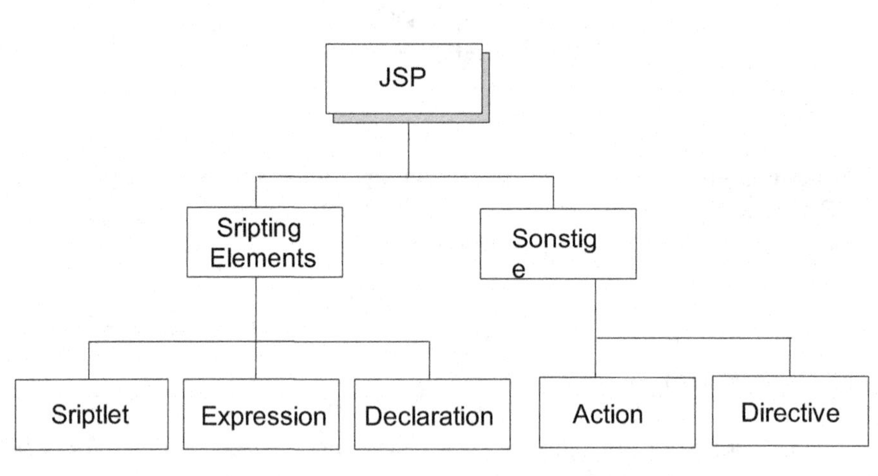

Abb.5.6 JSP-Elemente

Die Basis-Elemente werden mit Bezeichnung, Erläuterung und Syntax tabellarisch zusammengefasst, um sowohl einen Eindruck zu vermitteln als auch einen Überblick zu geben.

Element	**Erläuterung**	**Syntax**
SCRIPTLET	Java-Code 'beliebiger' Form d.h. auch Steuer-Anweisungen	JSP: <% *script* %> XML: <jsp:scriptlet> *code* </jsp:scriptlet>
EXPRESSION	Java-Code: gültiger Ausdruck	JSP: <%= *code* %> XML: <jsp:expression> *code* </jsp:expression>
DECLARATION	Java-Code: Deklaration von Methoden und Variablen, die innerhalb der Seite verwendet werden	JSP: <%! *code* %> XML: <jsp:declaration> *code* </jsp:declaration>
ACTION	Information zur Übersetzung der JSP	JSP: kein JSP-Format XML: <jsp:*action_name* [attribute = "*value*"] /> **Standard-Actions** <jsp:useBean id = ... class= ... /> Attribute - id - scope - class - type - beanName <jsp:setProperty .../> Attribute - name - property - param - value <jsp:getProperty .../> Attribute - name - property **Resource Actions** <jsp:include ... /> Attribute - page - flush <jsp:forward /> <jsp:plugin .../> Attribute - type - jreversion
DIRECTIVE	Seiten-Informationen	JSP: <%@ *directive_name* %/> XML: <jsp:directive.*directive_name* /> <%@ page ... %> <%@ include ... %> <%@ taglib ... %>

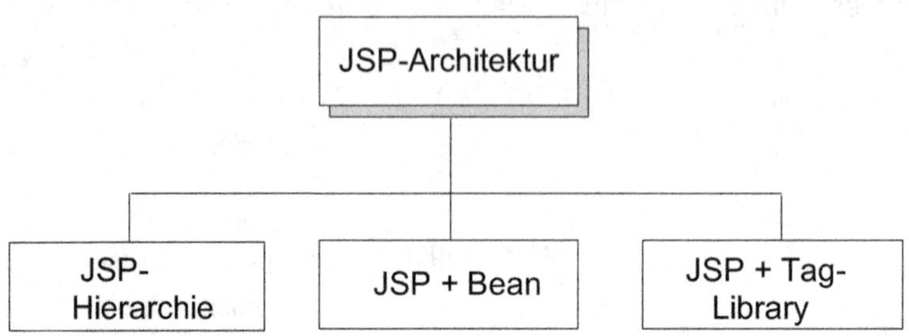

Abb.5.7 Architektur mit JSP

JSPs können miteinander kombiniert und auch mit anderen Komponenten verküpft werden. Solche Komponenten sind JavaBeans oder auch Tag Libraries (s.Abb. 5.7). JavaBeans sind funktionale Komponenten, die in Java implementiert sind und für das Lesen und Schreiben von Werten ausschließlich get- bzw. set-Methoden verwenden. Eine Tag Library enthält funktionale Abschnitte, auf die mittels Tags verwiesen wird. Durch Kombination mehrerer JSPs und Einbeziehung der ange- führten Komponenten lassen sich vielfältige Strukturen (Sub-Architekturen) auf- bauen. Die weithin akzeptierte Referenz-Architektur vor dem Hintergrund des MVC-Paradigmas ist in der Abb.5.8 angegeben.

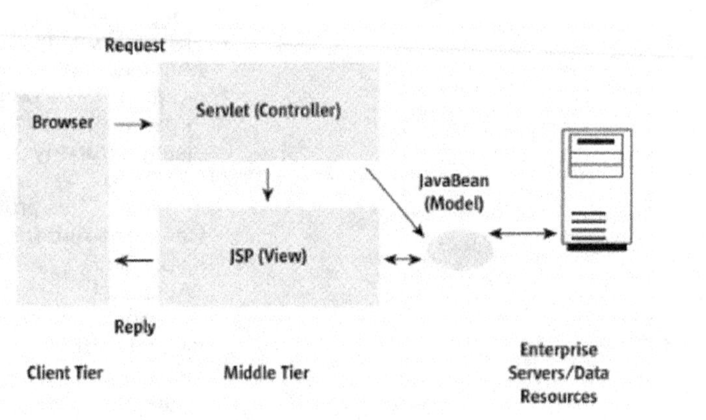

Abb.5.8 Referenz-Architektur mit JSP

Nun soll in bereits vertrauter Weise erneut ein Beispiel skizziert werden, um einige der hier diskutierten Aspekte etwas deutlicher hervor treten zu lassen. Wir wollen eine erste Stufe für einen Online-Shop entwickeln, über den CDs bezogen werden

können. CD ist hier nicht als Fixierung auf ein bestimmtes Medium zu verstehen, sondern wird verkürzend für Datenträger wie CD, DVD o.ä. verwendet. Diese erste Stufe soll dann im weiteren Verlauf schrittweise ausgebaut werden.
Für Web-Anwendungen auf dem Server gibt es eine standardisierte Datei-Organisation. Angewandt auf unser Beispiel ergibt sich damit folgender Aufbau.

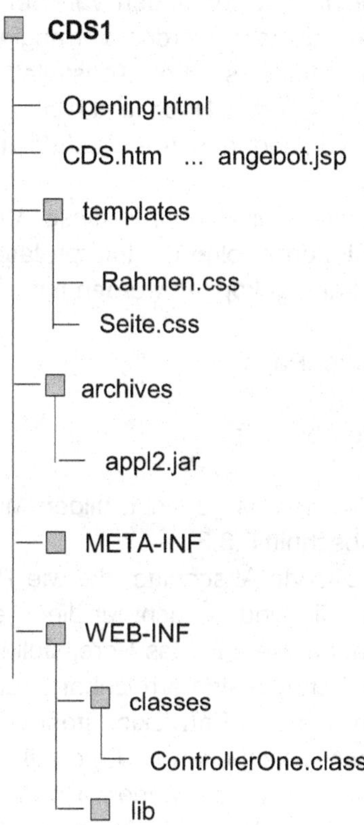

Im Wurzelverzeichnis befinden sich die HTML-Seiten und die JavaServer Pages. Die Datei 'CDS.htm' hat folgenden Inhalt.

```
<!DOCTYPE HTML PUBLIC "-//W3C//DTD HTML 4.01 Frameset//EN"
 "http://www.w3.org/TR/html4/frameset.dtd">
<html>
<head>
  <title>WELCOME CD-BOX</title>
  <meta http-equiv="Content-Type" content="text/html; charset=iso-8859-1">
</head>
<body> <BR>
        <APPLET
                CODE = "SAPPL7"
                ARCHIVE = "appl2.jar"
                CODEBASE= "archives"
                WIDTH= "550" HEIGHT= "350" ALIGN="middle">
        </APPLET></body></html>
```

Der Parameter 'CODEBASE' verweist auf ein Unterverzeichnis der auf dem Server installierten Web-Anwendung, in welchem sich die JAR-Datei befindet. appl2.jar enthält die für das Applet vorgesehenen Klassen und Ressourcen.
'ControllerOne' ist die Servlet-Klasse. Um ein Servlet zur Ausführung aufrufen zu können, muss es im Deployment Descriptor 'web.xml' registriert sein, andernfalls wird es nicht gefunden. Laufzeit-Umgebung ist eine 'Servlet Engine', eine spezielle virtuelle Java-Maschine, die bestimmte Methoden von Servlet-Objekten ausführen kann. Solche Methoden (doGet, doPost) werden vorrangig von HTML-Seiten aus aufgerufen. Ein Servlet fungiert in einer solchen Konstellation als Control-Baustein, hat also die durch Ereignisse generierten Nachrichten aufzunehmen und zur Bearbeitung bereitzustellen. In der vorliegenden Ausbaustufe ruft das Servlet lediglich die JavaServer Pages auf.
JavaServer Pages sind, das wissen wir schon, in dieser Web-Architektur die Bausteine des Typs 'View'. Hier soll demzufolge die Interpretation des zu präsentierenden Inhalts erfolgen. Eine JSP kann gekoppelt werden mit

- JavaServer Page
- Bean
- Taglib (s.Abb.5.7).

Beans, im Moment ist da an JavaBeans gedacht, bilden Model-Bausteine in unseren Web-Anwendungen (s.d. Abschnitt 5.3.3).
Eine Taglib enthält vorbereitete Code-Abschnitte, die wie Prozeduren oder Methoden verwendet werden können. Sie sind gedacht für die Wiederverwendung in wiederholt auftretenden Teil-Aufgaben wie z.B. das Bereitstellen von Werten zum Aufbau einer Tabelle. Die Code-Abschnitte sind erreichbar über Bezeichner, die in diesem Fall Tags genannt werden. Für den Entwickler steht vor dem Einsatz von Taglibs die Aufgabe, Inhalte solcher Bibliotheken und die mitunter ein wenig kryptisch anmutende Notation von Statements zu ergründen. Der Vorteil ergibt sich mit der Verringerung des Code-Anteils in der JSP und mit einer Rationalisierung der Code-Ausarbeitung insgesamt. JSTL (JSP Standard Tag Library) und Struts – jeweils Apache Software Foundation – sind die am weitesten verbreiteten Taglib-Kollektionen. Die Mengen der verfügbaren Taglibs sind mittlerweile so umfangreich, dass eine einzelne Bibliothek unzweckmäßig wäre. Deshalb werden Taglib-Gesamtheiten unterteilt und die resultierenden Teilmengen jeweils in einer Bibliothek untergebracht. Teilungs- bzw. Zuordnungskriterium ist die Funktionalität der Taglibs wie z.B. Formatierung von Ausgaben, Verbindung mit Datenbanken oder sogenannte Kernfunktionen. Die mit den Kopplungsoptionen verbundene kombinatorische Variationspalette macht eine starke Modularisierung von Anwendungen möglich.
Somit haben wir ein Ensemble von Komponenten zu einer – wenn auch recht klein ausgefallenen – globalen interaktiven Web-Anwendung komplettiert. Jedoch mit einem, wie der Leser schnell feststellt, entscheidenden Manko: der Inhalt ist statisch. Deshalb wird die im nächsten Abschnitt diskutierte Erweiterung vorgenommen.

5.3.3 Beans + Datenbank

Werte von Zustandsvariablen und Daten, verbunden mit der Logik zu ihrer Bearbeitung, bilden den Kern von Model-Bausteinen. Diese werden im Moment durch JavaBeans (kurz auch Beans) realisiert. Beans sind Java-Klassen, die der Absprache genügen, dass Lese- und Schreiboperationen über den Werten vorrangig als get- bzw. set-Methode ausgeführt werden. Sie sind relativ leicht mit anderen Komponenten einer Awendung im Allgemeinen und mit JSP im Besonderen kombinierbar.
Die Ankopplung einer JavaBean wird generell in zwei Schritten bewerkstelligt:

Schritt 1 Sichtbarmachen der Bean und der Elemente

<jsp:useBean id="*bean_name*" Class="*class_name*" scope="*gueltig*" />
bean_name ist ein logischer Name für die Bean und *class_name* gibt den physischen Namen, d.h. den (qualifizierten) Namen der Klasse, an.
Mit scope wird vereinbart, in welchen 'Raum' die Elemente sichtbar sein sollen.

- page: Sichtbarkeit für die JSP, 'Lebensdauer' ist die des aktuellen Request (lokale Variable der Service-Methode)
- request: Sichtbarkeit für die JSP und die angekoppelten JSPs (Request Attribute)
- session: Sichtbarkeit für alle JSPs und Servlets einer Session, 'Lebensdauer' über Requests hinweg (Session Attribute)
- application:Sichtbarkeit für alle JSPs und Servlets der Anwendung (Servlet Context Attribute).

Schritt 2 Zugriff auf Bean-Elemente

<%= *bean_name.methode*( ) %>
Aufruf der angegebenen Bean-Methode und Einfügen des gelieferten Ergebnisses direkt in die JSP und damit in die Ausgabe.
Das erklärt auch, weshalb der Typ des Rückgabewertes solcher Methoden nicht 'void' sein kann.

<jsp:getProperty name="*bean_name*" property="*prop*" />
Zugriff auf das Bean-Element '*prop*' und Bereitstellen des Ergebnisses in der JSP.
Für ein Element '*prop*' muss es in der Bean eine Methode 'get*Prop*( )' geben.

Nachstehend wird eine JSP aus der aktuellen Version der Web-Anwendung 'CD-BOX' gezeigt. Erkennbar ist die Ankopplung der JavaBean 'CDDB' mit den zwei Stufen <jsp:useBean ... und abean.getProperty ... . Diese Bean stellt in einer Tabelle abgelegte Daten des CD-Shops bereit. Die JSP soll eine entsprechende Tabelle aufbauen und mit den gelieferten Daten ausgeben. Diese Passage in der JSP zeigt aber auch, dass die Beschreibung etwas komplexerer Elemente in der Standard-Notation mitunter wenig übersichtlich ist. Und das ist dann der Hintergrund für die

Entwicklung und die Anwendung von Taglibs.

```
<%@ page language="java"  %>
<html>
<head>
<meta http-equiv="Content-Type" content="text/html; charset=ISO-8859-1">
<title>Angebot</title>
<LINK href="templates/Seite.css" rel="stylesheet" type="text/css">
</head>
<body>
<BR>
 <H2>ANGEBOT der CD-BOX</H2>
 <BR>
 <jsp:useBean id="abean" class="beans.CDDB" scope="session" />
 <table align="center" border="1" cellpadding="8" cellspacing="4">
  <% for (int i = 1; i < 5; i++) { %>
  <th>
     <%= abean.getcdKopf(i) %>
  <% } %>
  </th>
  <% for (int i = 1; i < 8; i++) { %>
    <tr>
    <% for (int j = 1; j < 5; j++) { %>
            <td>
            <%= abean.getCDDetail(i,j) %>
            </td>
          <% } %>
   <% } %>
   </tr>
 </table>
 </body>
</html>
```

Aber, es gilt zu beachten: Der Leser eines so notierten Textes hat unmittelbar vor Augen, was der Entwickler beabsichtigt. Nur mittelbar zu erkennen ist dagegen häufig die Intention des Entwicklers bei Texten unter Verwendung von Tags. Hier muss der Leser gewissermaßen 'um die Ecke denken', denn dort befinden sich die einzubeziehenden Taglibs. Um einen Eindruck davon zu vermitteln, zeigen wir nun eine (bei ansonsten unveränderter Web-Anwendung CD-BOX) modifizierte JSP.

```
<%@ page language="java" contentType="text/html; charset=ISO-8859-1"
   pageEncoding="ISO-8859-1"%>
<%@ taglib uri="http://java.sun.com/jsp/jstl/core" prefix="c" %>
<!DOCTYPE HTML PUBLIC "-//W3C//DTD HTML 4.01 Transitional//EN" >
<html>
<head>
<meta http-equiv="Content-Type" content="text/html; charset=ISO-8859-1">
<title>ANGEBOT DER CD-BOX</title>
<LINK href="templates/Seite.css" rel="stylesheet" type="text/css">
</head>
<body>
<BR>
 <H2>ANGEBOT der CD-BOX</H2>
 <BR>
```

- Fortsetzung JSP-Code -

```
<table align="center" border="1" cellpadding="8" cellspacing="4">
 <th>CD-NR</th>
 <th>Kuenstler</th>
 <th>Titel</th>
 <th>Preis</th>
 <jsp:useBean id="abean" class="beans.CDDB" scope="session" />
  <c:forEach var="cd" items="${sessionScope.abean.CDs}" >
  <tr>
        <c:forEach var="cditem" items="${cd}" >
          <td>${cditem}   </td>
        </c:forEach>
  </tr>
 </c:forEach>
 </table>
</body>
</html>
```

Die Einbindung von Datenbanken als Repräsentations-Komponente führt zur Möglichkeit, Inhalte für die Web-Anwendung dynamisch zu halten. Das bedeutet, die Arbeit mit einer derartigen Anwendung sieht auch vor, dass der Inhalt einer eingebundenen Datenbank (gewissermaßen während des laufenden Betriebes) verändert werden kann. Beim nächsten Aufruf der Daten-Quelle wird dann der jetzt neue Inhalt präsentiert, er hat sich im Vergleich zur letzten Anzeige verändert, er ist 'dynamisch'.

Für die Einbindung machen wir uns abermals zwei Schritte bewusst:

Schritt1: Kopplung Datenbank - Betriebssystem
- Bereitstellung eines geeigneten Treibers
  (in unserem Falle MySQL-ODBC)
- Einrichten der Verbindung zu DBBS [MySQL].

Schritt2: Verbindung Datenbank - Anwendung
- 'Connection' Datenbasis - Anwendung herstellen
  - Treiber: JDBC-ODBC-Brücke
  - URL : Zeiger auf Datenbank
  - Benutzer-Daten
- Zugriff auf Daten in der Datenbasis bzw. -bank.

Schritt 2 ist Aufgabe der JavaBean. Ergebnisse von Anfragen an eine Datenbank ordnen wir zwei Gruppen zu: Die 'eigentlichen' Daten als *ResultSet* und die Meta- oder Kopfdaten einer Tabelle als *ResultSetMetaData*. Zu beachten ist, dass der Zeiger einer *ResultSet* vor der ersten Zeile der Tabelle platziert ist und dass mit jedem Vorrücken dann jeweils die entsprechende Zeile innerhalb addressiert wird. Der Aufbau der sich nun mit dem dynamischen Inhalt ergebenden Tabelle könnte innerhalb der Bean vorgenommen werden – ein Gedanke der u.U. naheliegt, denn hier fallen die Daten ja an. Damit wäre jedoch das Prinzip des MVC-Paradigmas durchbrochen, denn die Aufbereitung der Präsentation gehört zur View-Komponente. Und die ist in unserer Anwendung die JSP und somit der richtige Platz dafür (s.o.).

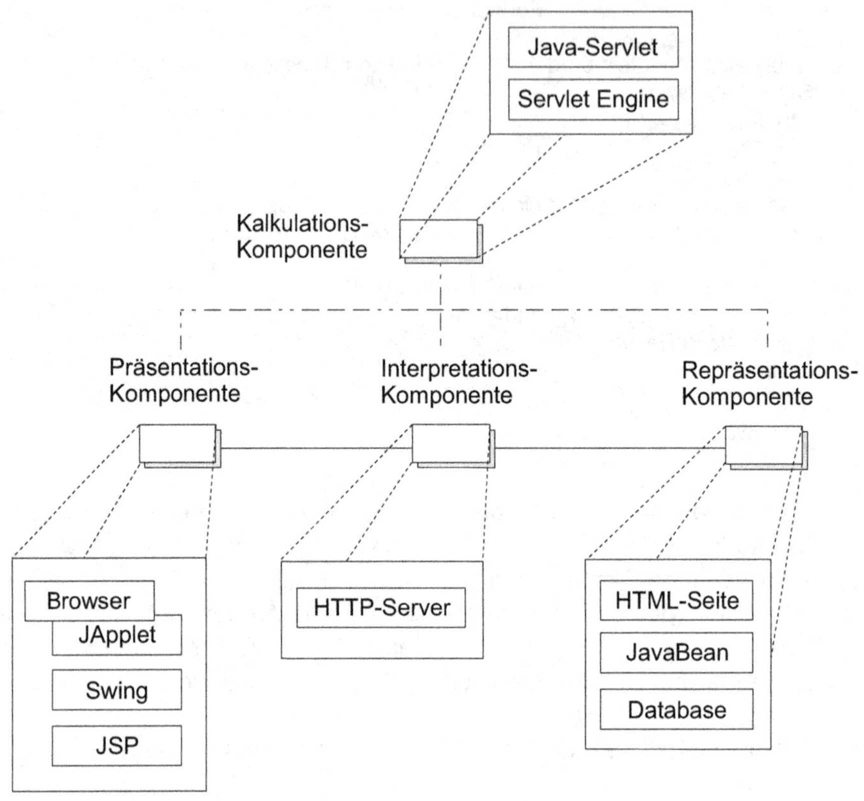

Abb.5.9 Interaktiv-synchron-Beispiel

5.3.4 Interaktive Präsentation

Zur weiteren Verfolgung der grundlegenden Prinzipien verweilen wir in der Java-Welt und wollen uns (zunächst) auch darauf beschränken. Hier finden wir bezüglich der Gestaltung von interaktiven Clients folgende Ansätze (Abb.5.10).
Bisher diskutiert wurden die Ansätze 'Applet' und 'Web Client', letzterer in der Ausprägungsform 'JavaServer Pages'. Erweitert man ein Applet um Klassen, die zusätzlich Fenster außerhalb des Browsers öffnen und dort Interaktionen zulassen, so kommen wir gleitend in den Bereich 'Application Client' und somit zu einer Mischung zweier Ansätze.
Für unsere Web-Anwendung soll jetzt eine Anforderung folgender Art ins Blickfeld gerückt werden:

Ein Besucher der CD-Box soll

- auf Anfrage eine Darstellung des Angebots, u.U. nach einzelnen Sparten gegliedert, einsehen

- einzelne Titel bzw. Samples online abspielen
- einzelne Video-Clips online ansehen

können.

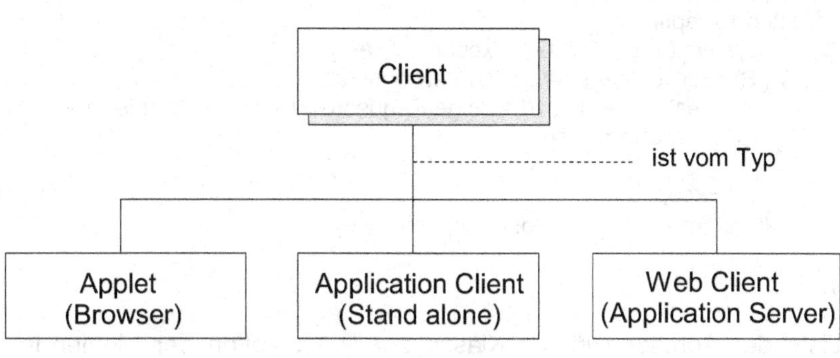

Abb.5.10 Client-Ansätze in Java

Diese Anforderung umzusetzen macht zunächst einmal notwendig, die Funktionalität des Control-Bausteins, also des Servlets zu erweitern. Dazu wird, schlicht aus pragmatischen Gründen, neben die bisher verwendete doGet-Methode ein doPost gestellt. Und hier wird die Nachricht verarbeitet, die mit dem Ereignis zur Wiedergabe eines Medien-Inhalts verbunden ist.
Der Zugrff auf die Medien-Dateien, die Audio- bzw. Video-Inhalte enthalten, erfordert eine zgehörende Sammlung von Referenzen zum Server. Damit verbunden ist eine Entwurfs-Entscheidung als Antwort auf die Frage: Wo ist die Adressliste zu platzieren?

```
/**
 * Servlet implementation class for Servlet: ControllerTwo
 *
 */
import javax.servlet.*;
import javax.servlet.http.*;
import java.io.*;

 public class ControllerTwo extends HttpServlet implements Servlet
 { public void doGet(HttpServletRequest req, HttpServletResponse resp)
                         throws ServletException, IOException
  { try { ServletContext sc = getServletContext();
          RequestDispatcher rd = sc.getRequestDispatcher("/Offer.jsp");
          rd.forward(req, resp);
        }
    catch (Exception e)
       {System.err.println("Got Exception " + e);  }
  }
```

- Fortsetzung Servlet-Code -

```
public void doPost(HttpServletRequest req, HttpServletResponse resp)
                            throws ServletException, IOException
 { String playparam = req.getParameter("pbutton");
   SPIEL sp = new SPIEL( );
   try { sp.getAdr(playparam);    }
   catch(Exception e)
      {System.err.println("Got exception "+e); }
   try { ServletContext sc = getServletContext();
        RequestDispatcher rd = sc.getRequestDispatcher("/Offer.jsp");
        rd.forward(req, resp);
        }
    catch (Exception e)
      {System.err.println("Got Exception " + e); }
 }
}
```

Diese Liste der Adressen in die Klasse zur Präsentation der Medien-Inhalte zu schreiben, liegt intuitiv nahe. Eine kurze Analyse dieser Überlegung zeigt jedoch, dass in der Liste häufig Änderungen zu erwarten sind und führt so zu einem seinerzeit von Parnas (1972) entwickelten Grundprinzip der Modularisierung: Nur was versteckt ist, kann ohne Risiko verändert werden. Dieses sogenannte Geheimnisprinzip bedeutet, dass Passagen mit zu erwartenden Änderungen in eigene Module bzw. Bausteine zu verlagern und damit vor den anderen Teilen des Systems zu verstecken sind.
Eine gesonderte Datenbank wäre demzufolge eine Möglichkeit, einen solchen spezifischen Baustein für die Adressen zu realisieren.
In zunehmendem Maße werden solcherart Daten aber auch als XML-Datei bereit gestellt. Für diesen Fall gilt natürlich, ein adäquates Mittel zur Interpretation der Daten-Struktur einzusetzen.
In die Beispiel-Anwendung wird für die Adressliste eine Tabelle wie folgt eingefügt.

CDNR	SERVER-PFAD	DATEI

Die mittlere Spalte ist nur für den Fall sinnvoll, dass Medien-Dateien auch auf verschiedenen Servern untergebracht werden sollen. Das Abspielen einer (beinahe beliebigen) Medien-Datei wird einer eigenen Klasse 'SPIEL' übertragen. Sie basiert auf dem Player-Konzept des Java Media Framework von Sun, das für die Wiedergabe des Beispiels dann auch auf dem Client installiert sein sollte.
Gegenwärtig gibt es Ansätze, die Abstraktion bei der Gestaltung von Clients zu erhöhen, indem Details gekapselt werden. Rich Clients mittels Spring oder JavaServer Faces sind hier als Vertreter zu nennen.

```
/*                                                                    */
/*                    SPIELEN                                         */
/*                                                                    */
import java.awt.*;
import java.net.*;
import javax.swing.*;
import javax.media.*;
import java.sql.Connection;
import java.sql.DriverManager;
import java.sql.ResultSet;
import java.sql.SQLException;
import java.sql.Statement;
import java.util.ArrayList;
public class SPIEL extends JFrame implements ControllerListener
  { String app = null;
    URL absURL, cdURL;
    private ResultSet rs = null;
    private ArrayList adr;
    Connection con;
    Container c;
    Player player;
    Component comp;
    BorderLayout bl;
public boolean getAdr(String u) throws SQLException
 {char z = u.charAt(0);
  int i = z;
  i = i - 48;
  c  = getContentPane();
  bl = new BorderLayout( );
  c.setLayout(bl);
  c.setVisible(true);
  adr = new ArrayList( );
  getConnect( );
  try { String query = ("SELECT * FROM cdadressen");
       Statement stmt = con.createStatement( );
       ResultSet rs = stmt.executeQuery(query);
       if (rs == null)
           return false;
       absURL = new URL("http://localhost:8080/CDS3/medien/");
        int fw = 0;
       while(fw < i)
       { rs.next( );
         fw++;
       }
     app = rs.getString(3);
     cdURL = new URL (absURL, app);
     cdURL   = new URL(absURL, app);
     stmt.close( );
     con.close( );
   }
catch (Exception e)
 { System.out.println("Got exception "+e); }
   try { player = Manager.createPlayer(cdURL);
              player.addControllerListener(this);
       }
```

- Fortsetzung SPIEL-Code -

```
        catch (Exception e)
          { System.out.println("Got exception "+e); }
        player.start( );
        setSize(350,250);
        return true;
    }
  public synchronized void controllerUpdate(ControllerEvent event)
     { if (event instanceof RealizeCompleteEvent)
        { if ((comp = player.getVisualComponent()) != null)
              { c.add ("Center", comp);          }
          if ((comp = player.getControlPanelComponent()) != null)
              { c.add ("South", comp);}
          c.validate( );
         setVisible(true);
        }
     else if (event instanceof StopEvent)
              { toBack( );                        }        }
  public Connection getConnect( )
    {try { String user = "";
           String psw = "bau321";
           String drv = "sun.jdbc.odbc.JdbcOdbcDriver";
           String url = "jdbc:odbc:cdadressen";
           Class.forName(drv);
           con = DriverManager.getConnection(url, user, psw);
           return con;
        }
    catch (Exception e)
      { System.err.println(e); }
    return con;
    }                                                      }
```

5.3.5 JavaScript

JavaScript ist eine vorrangig imperative Programmiersprache, deren Elemente in HTLM-Code eingebettet und bei der Verarbeitung interpretiert werden. Hinsichtlich Semantik und damit verbundener Syntax werden vier Elementtypen unterschieden.

JavaScript-Einbettung

Element-Typ	**Semantik**	**Syntax**
Block	Funktionsblock	<SCRIPT Language=JavaScript> *js-text* </SCRIPT>
Entity	Tag-Attribut	&{ *js-text* };
Attribut	Event Handling	*name="js-prgramm[-bezeichner]"*
URL	Verweis auf (eingebettetes) JS-Programm	<A href="javascript:*js-text*;">...</A>

Für die Verwendung des Funktionsblocks sind zwei Fälle möglich: erstens, der JS-Text wird explizit angegeben; zweitens, es wird mittels Sub-Element 'src' ein Hinweis auf ein externes, d.h. außerhalb der HTML-Seite als Datei vorhandenes JS-Programm benutzt. Eine Möglichkeit zur Modularisierung und u.U. auch zur Arbeitsteilung.
Die Zusammenarbeit zwischen Browser und JavaScript wird über Objekte organisiert. Das bedeutet, die Komponenten eines Browser-Fensters werden Objekten zugeordnet und JavaScript kann auf diese zugreifen. Für die Programmierung setzt dies natürlich voraus, Bezeichner sowie Funktion derartiger Objekte zu kennen.
Ereignisse, als konstituierende Bausteine eine Interaktion, werden typisiert und mit Namen wie z.B. onClick versehen. Die Einbettung der Ereignisbearbeitung mittels Event Handler erfolgt nach zwei Mustern.

Einbettung Event Handler

Element-Typ	**Muster**
Block	<INPUT Type=button Name=CButton Value=CANCEL> ... <SCRIPT Language=JavaScript> ...CButton.onclick=function ( ) {event handling in JS} </SCRIPT>
Attribut	<INPUT Type=button Value=OK onclick="*js-funktions-name*"> ... <SCRIPT Language=JavaScript> function *js-funktions-name*( ) {*event handling in JS*} </SCRIPT>

Zur Demonstration greifen wir auf das wiederholt benutzte Beispiel der Präsentation einzelner Web-Seiten zurück. Die Startseite enthält einen Link zu einem Formular, mit dem einige Daten erfasst werden könnten. Bevor diese Daten an einen Server übermittelt werden, sind sie auf der Client-Seite zu prüfen. Und genau zu diesem Zweck wird ein kleines Programm in JavaScript in den HTML-Text eingefügt. Ein auf der Seite platzierter Button sorgt für die Möglichkeit, dieses Prüfprogramm ansteuern zu können. Einem weiteren Test dient ein zweiter Button, dessen Aktivierung die erfassten und geprüften Daten an den Server überträgt.

```
<HTML>
<HEAD>
<TITLE>Open2Yo - JavaScript</TITLE>
  <META name="ProfBauer" content="Interactive Site">
  <META http-equiv="Content-Type" content="text/html; charset=iso-8859-1">
  <LINK href="templates/Seite.css" rel="stylesheet" type="text/css" >
</HEAD>
<BODY>
  <BR>  <H2>Anmeldung</H2> <BR>
  <SPAN>
```

- Fortsetzung JavaScript-Beispiel -

```
    <P><FORM name="Projekt" method="GET"
                action="http://localhost:8080/javascript/Daten.html"> </P>
    <P class="feld"><INPUT type="text" name="PNR">  Projekt-Nummer</P>
    <P class="feld"><INPUT type="text" name="PNAME">  Projekt-Name</P>
    <P class="feld"><INPUT type="text" name="PTERMIN">  Projekt-Termin</P>
    <P class="feld"><INPUT type="text" name="PSTATUS">  Projekt-Status</P>
    <BR><BR><BR>
    <P class="feld"><INPUT type="submit" value="PRUEFEN"
                        onclick="return pruefen( )">   
                <INPUT type="submit" name="submit" value="SENDEN">
    </P>
    </FORM>
   </SPAN>
  </BODY>

  <SCRIPT Language=JavaScript>
    function pruefen( )
         { var f = document.Projekt;
           if (f.PNR.value.length > 8)
              alert("PNR unzulaessig"); return false;
         }
  </SCRIPT>
  <HTML>
```

5.4 Interaktiv-asynchron-Architektur

Mit dieser Architektur eng verbunden, ja mitunter auch gleichgesetzt, ist die Abkürzung 'AJAX'. Dieses Akronym bezeichnet folgende Zusammenstellung von Begriffen: Asynchronous JavaScript and XML. Aber auch hier sind weitere Erläuterungen erforderlich, um sich die Wirkungsweise vorstellen zu können.

Asynchronous	weist darauf hin, dass die Aktionen des Benutzers nicht im Takt, also asynchron zur Interaktion mit dem Server erfolgen
JavaScript	kennzeichnet die Programmier-Sprache für die Client-side Engine
And	als Füllwort zur Verknüpfung
XML	spezifiziert das Format, in dem Daten zwischen Client und Server ausgetauscht werden.

Wir finden demzufolge eine Kombination von Konzepten und Techniken vor. Und nach Garret (2005), der den Begriff AJAX einführte, umfasst diese Kombination folgende Elemente:

- Standard-basierte Präsentation	mittels XHTML und CSS
- dynamische Anzeige und Interaktion	mittels DOM
- Datenaustausch und Manipulation	mittels XML und XSLT
- asynchrone Datenbereitstellung	mittels XMLHttpRequest
- Verbindung dieser Elemente	mittels JavaScript.

Nicht jedes dieser Elemente soll an dieser Stelle diskutiert werden, sondern wir werden uns auf einen unverzichtbaren Kern von AJAX beschränken.

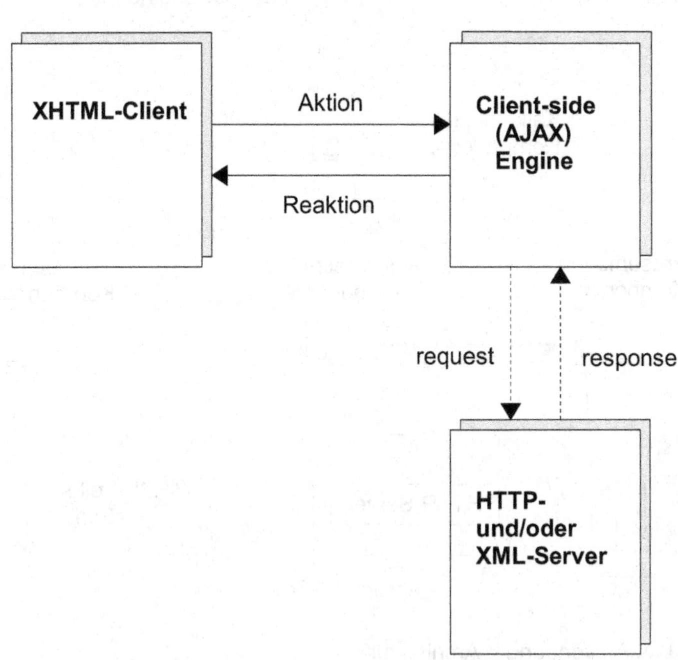

Abb.5.11 Abstrakte Architektur des Ablaufs 'Interaktiv-asynchron'

Die Idee der Client-side Engine liegt bereits im Schoß der Überlegung, Interaktionen zwischen Benutzer und Client nach Möglichkeit lokal und dann mittels JavaScript zu bearbeiten. Nunmehr wird dieser Ansatz als deutlich hervorgehobene eigenständige Komponente und in ihrer expliziten Benennung fortgeführt. Und, die Interaktion mit dem Server wird aus dem (HTML-)Client herausgenommen und in diese Eingine verlagert.
Für die Zusammenarbeit von Client-side Engine und Server wird ein spezielles Format für Request bzw. Response verwendet, nämlich

XMLHttpRequest / XMLHttpResponse.

Somit können wir uns jetzt folgendes Bild von Aufbau und Wirkungsweise einer solchen Architektur im WWW machen (Abb.5.12).
Vorteile sollen sich, nach weithin propagierten Auffassungen, wie folgt ergeben:

Seiteninhalte können durch neue Daten vom Server geändert werden, ohne dass die Seite komplett neu geladen werden muss. Damit wird

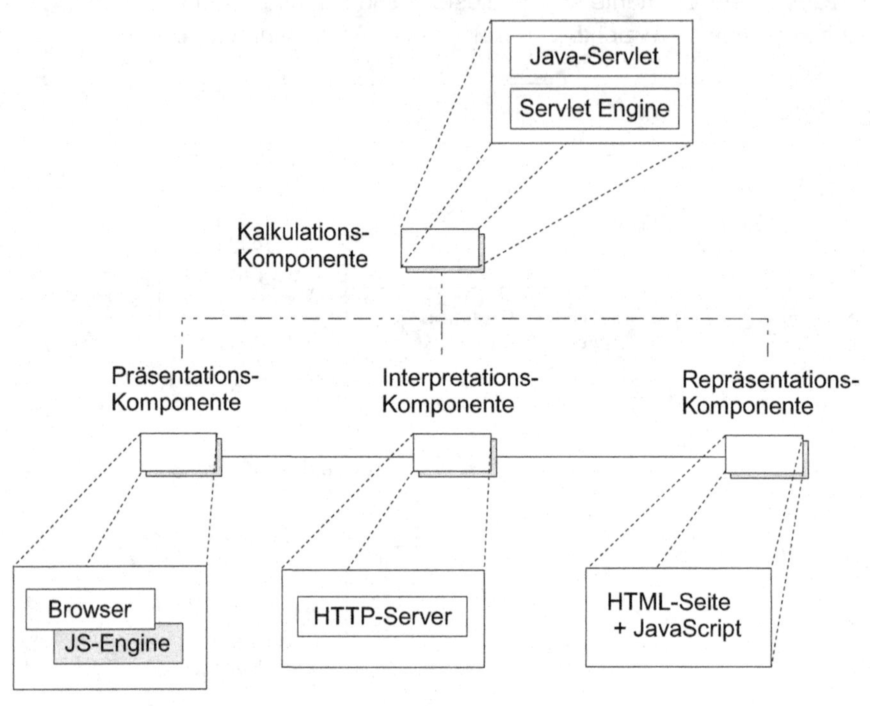

Abb.5.12 AJAX-Anwendung – Architektur

die Serverlast verringert. Änderungen werden schneller sichtbar, die User bekommen schneller Feedback. Das steigert die Usability. Zudem bleibt beim Nachladen der Daten der aktuelle Zustand erhalten (Position des Cursors, von Elementen, usw.). Das vereinfacht die Programmierung.

Es können Oberflächen geschaffen werden, die Desktop-Applikationen ähneln. Damit können zunehmend mehr Aufgaben über Web-Applikationen erledigt werden. Das kommt der zunehmenden mobilen Nutzung zugute. Die Stärke des Webs, immer und überall verfügbar zu sein, wird damit besser ausgenutzt.

Der Client-side oder eben AJAX Engine werden zwei Aufgaben zugewiesen:

- Interaktion mit dem Client (Benutzer)
- Interaktion mit dem Server.

Dadurch werden, im Unterschied zum bisherigen Ansatz zur Gestaltung von Web-Applikationen, Benutzer-Aktion und Server-Reaktion voneinander entkoppelt, sie laufen nunmehr asynchron. Mit der Vorstellung eines Beispiels dazu soll die Architektur einer AJAX-Anwendung weiter beleuchtet werden. Die Abbildung 5.12 zeigt, erneut als Reflexion der General-Architektur, welche Komponenten im jetzigen Fall zur Implementierung kommen.

5.4.1 Asynchrone Präsentation

Dazu verwenden wir ein, wiederum minimalistisches, Beispiel. Es besteht aus

- HTTP-Server

- HTML-Code (GUI)
- JavaScript-Code (AJAX Engine)
- Java-Code (Servlet).

- Servlet Engine

Ein HTTP-Server ist gewissermaßen als Grundbaustein anzusehen, denn er wird in jedem Fall gebraucht, wenn HTML-Code zu interpretieren und das Ergebnis an den Client zu liefern ist.
HTML-Code und JavaScript werden im Beispiel wie folgt verwendet. Die JavaScript-Funktionen sind im Head-Bereich angeordnet.
Zunächst finden wir hier die Funktion zur Ermittlung der Client-Daten. Sie ist leicht einzusehen und wird deshalb hier nicht weiter diskutiert.
Die Wirkungsweise der AJAX Engine ist doch etwas weniger übersichtlich und bedarf somit einiger Erläuterungen. Zur Unterstützung der Anschaulichkeit wird ein Sequenz-Diagramm bereit gestellt (Abb.5.13). Die AJAX-Funktionalität wird angestoßen, wenn der Nutzer den Button zur Aktualisierung der Server-Daten anklickt. Die Funktion *serverZeit( )* übernimmt folgende Aufgaben:

- Beschaffung eines XMLHttpRequest
- Anmeldung der Callback-Funktion 'postProcess'
- Ausführung des Request in den Schritten 'open' und 'send'.

Die Erzeugung des XMLHttpRequest-Objekts erfolgt in Abhängigkeit des verwendeten Browsers. Dabei ist natürlich die Palette der Möglichkeiten größer als im Beispiel angenommen und somit ein Ausbau zur Berücksichtigung weiterer eventueller Varianten denkbar.
Die Anmeldung der Callback-Funktion stellt die Verbindung her zu der Adresse, die nach erfolgreicher Ausführung des Request anzusteuern ist. In dieser Funktion erfolgt dann die Auswertung der Ergebnisse und deren Einarbeitung in die Struktur des aktuell angezeigten Dokuments.
Die Request-Schritte 'open' und 'send' stellen zum einen die Verbindung zum Servlet auf dem Server her und übergeben, wenn gewünscht, zum anderen Parameter, die zur erwarteten Kalkulation benötigt werden. Diese Berechnung ist, im Gegensatz zur bisher üblichen Darstellung von Dokumenten, von der Anzeige und Arbeit des Browsers entkoppelt, läuft also asynchron ab. Das bedeutet, der Benutzer

muss nun nicht wie sonst, zunächst auf die Rückgabe der Steuerung vom Server zum Client warten, sondern er kann parallel zum Request weiterhin mit dem Browser interagieren.
Der StateHandler übernimmt die Synchronisation zwischen Kalkulations-Komponente auf dem Server und dem Browser. Meldet der Server die Beendigung der übergebenen Aufgabe, so wird über den StateHandler die anfänglich angemeldete Callback-Funktion aufgerufen. In *postProcess ( )* werden die gelieferten Ergebnisse entsprechend aufbereitet und in die Struktur des gerade angezeigten Dokuments eingearbeitet. Damit wird dieses an den betreffenden Stellen verändert und die Aktualisierung unmittelbar angezeigt, ohne dass die gesamte Seite (vom Server) neu zu laden ist.

```
<head
...
<script type="text/javascript">
 function clientZeit( )
    { var date = new Date( );
      strdate = date.toLocaleString( );
      document.getElementById("ctime").innerHTML = strdate;
    }
 function serverZeit( )
    { var req = newXMLHttpRequest( );
      var stateHandler = getReadyStateHandler(req, postProcess);
      req.onreadystatechange = stateHandler;
      req.open("GET", "AjaxServlet", true);
      req.send(null);
    }

 function newXMLHttpRequest( )
    { var xmlreq = false;
      if (window.XMLHttpRequest)
          { xmlreq = new XMLHttpRequest( ); // Non-Microsoft Browsers
          }
      else if (window.ActiveXObject)
          { // XMLHttpRequest via MS ActiveX
            try { xmlreq = new ActiveXObject("Msxml2.XMLHTTP");          }
            catch (e1)
                  { // Failed ActiveXObject
                    try { xmlreq = new ActiveXObject("Microsoft.XMLHTTP"); }
                    catch (e2) {// Unable an XMLHttpRequest with ActiveX
                               }
                  }
          }
       return xmlreq;
    }
```

Die Grundform dieses Prinzips der Ablaufsteuerung ist nicht erst mit AJAX entwickelt worden, sondern schon seit einiger Zeit verfügbar. So gibt es in Cocoon die sogenannte Continuation. Die damit verbundene Control-Flow-Technik ist so ausgelegt, dass der Aufruf eines Flowscript verbunden wird mit der Sicherung des aktuellen Zustandsvektors der Anwendung. Der nächste Aufruf führt nun nicht wie bei

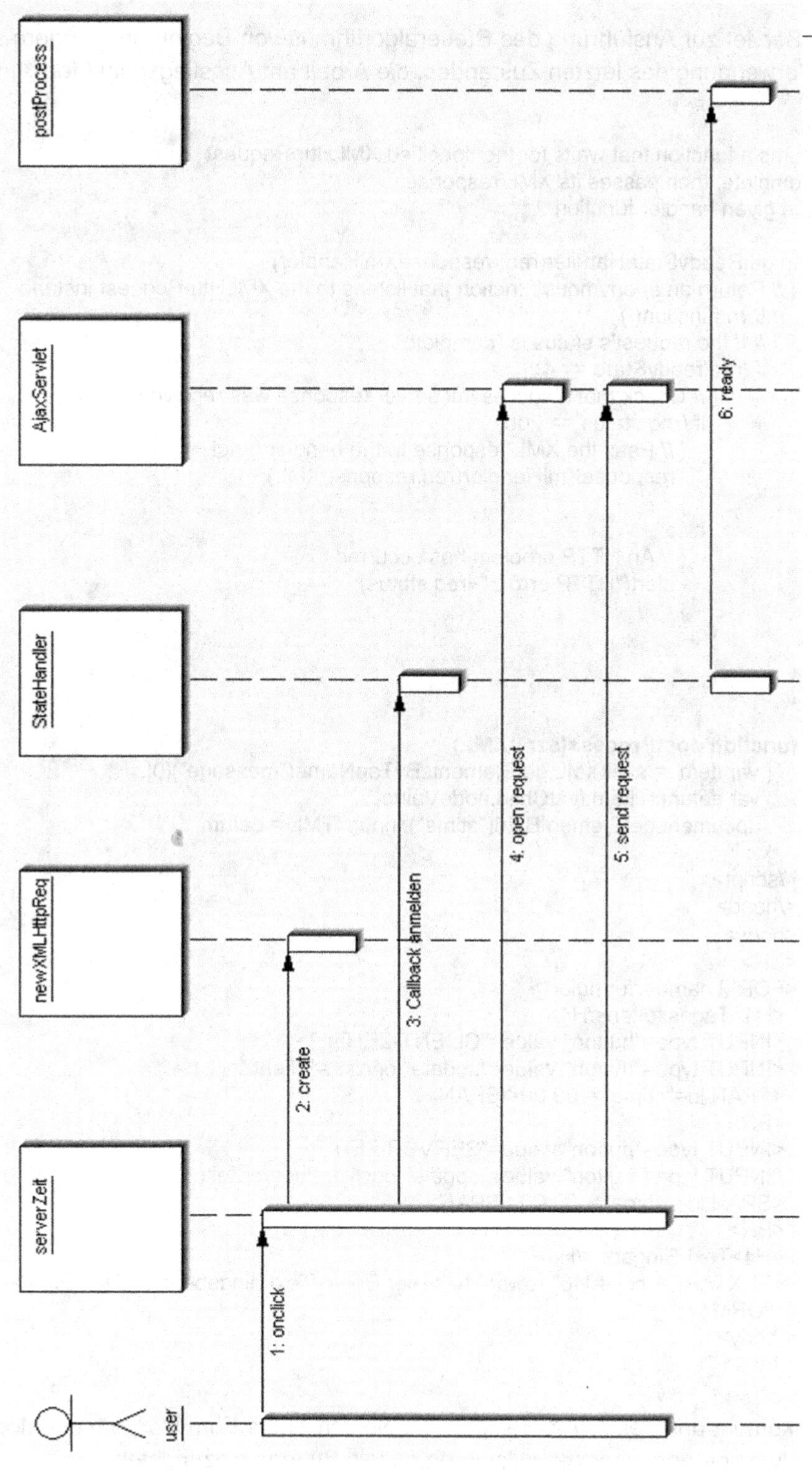

Abb.5.13 Sequenz-Diagramm für AJAX-Anwendung

einem Servlet zur Ausführung des Steueralgorithmus von Beginn an, sondern setzt, unter Verwendung des letzten Zustandes, die Arbeit am Ausstiegspunkt fort.

```
/*
   * Returns a function that waits for the specified XMLHttpRequest
   * to complete, then passes its XML response
   * to the given handler function.
   */
  function getReadyStateHandler(req, responseXmlHandler)
         { // Return an anonymous function that listens to the XMLHttpRequest instance
           return function( )
            { // If the request's status is "complete"
              if (req.readyState == 4)
                   { // Check that a successful server response was received
                     if (req.status == 200)
                        { // Pass the XML response to the handler function
                          responseXmlHandler(req.responseXML);
                        }
                     else
                        { // An HTTP problem has occurred
                          alert("HTTP error: "+req.status);
                        }
                   }
            }
         }

         function postProcess(szeitXML)
            { var item  = szeitXML.getElementsByTagName("message")[0];
              var datum = item.firstChild.nodeValue;
              document.getElementById("stime").innerHTML = datum;
            }
         </script>
         </head>
         <body>
         <BR>
         <FORM name="formular">
           <H4>Tageszeiten</H4>
           <INPUT type="button" value="CLIENT-ZEIT    ">
           <INPUT type="button" value="update" onclick="clientZeit( )">
           <SPAN id="ctime">  00:00</SPAN>
           <BR>
           <INPUT type="button" value="SERVER-ZEIT ">
           <INPUT type="button" value="update" onclick="serverZeit( )">
           <SPAN id="stime">  00:00</SPAN>
           <BR>
           <H4>Text-Eingabe</H4>
           <TEXTAREA cols="46" rows="10">Hier Demo-Text eingeben:</TEXTAREA>
         </FORM>
         </body>
         </html>
```

Das Dokument unseres AJAX-Beispiels ist ein schlichtes Formular, um die Möglichkeit zur Anzeige und einer Aktualisierung mittels Buttons einzurichten.
Wenn wir uns die Anwendung dieses asynchronen Arbeitsprinzips auf die Arbeit

eines Benutzers z.B. an einem Warenkorb denken, so ist sicherlich leicht vorstellbar, dass nunmehr die Bestellung insgesamt deulich flüssiger ablaufen kann, da Interaktion und Kalkulation jetzt entkoppelt sind und sich so gegenseitig weitaus weniger stören können.
Die Kalkulations-Komponente ist in diesem Fall ein Servlet. Hier handelt es sich um ein spezielles Java-Programm, das zur Ausführung (auf dem Server-Rechner) eine gesonderte Ablaufumgebung benötigt (s.o). Zwecks Ausführung ist ein explizites Deployment erforderlich, um das Servlet für den Container aufzubereiten. Dazu empfiehlt es sich, die Web-Applikation in eine WAR-Datei (Web Archive) zu packen und diese mittels Werkzeug oder auch per Hand in das entsprechende Verzeichnis eines geeigneten Servers (wie z.B. Tomcat) zu übertragen. Dort wird dann das Archiv automatisch entpackt und die erforderliche Verzeichnis-Struktur aufgebaut. Eine solche WAR-Datei entspricht im Allgemeinen einem sogenannten Web-Modul.

```
/**
 * Servlet implementation class for: AjaxServlet
 */
import java.io.*;
import java.util.Date;
import javax.servlet.ServletException;
import javax.servlet.http.HttpServletRequest;
import javax.servlet.http.HttpServletResponse;

 public class AjaxServlet extends javax.servlet.http.HttpServlet implements
                                                                    javax.servlet.Servlet
   { public AjaxServlet() {super();        }
    protected void doGet(HttpServletRequest request, HttpServletResponse response)
                   throws ServletException, IOException
          { Date date = null;
           date = new Date( );
                 response.setContentType("application/xml");
                 response.setHeader("Cache-Control", "no-cache");
                 PrintWriter pw = response.getWriter( );
                 pw.write("<message>" + date.toString( ) + "</message>");
                 pw.flush( );
          }
   }
```

Die allgemeine Annahme bei der Verwendung von XMLHTTPRequest ist, dass eine XML-Struktur zurück gegeben wird. Diese ist dann in der Callback-Funktion zu bearbeiten. Der Hintergrund dafür ist DOM – das Document Object Model. DOM ist eine Sprach- und Plattform-unabhängige Definition zur Beschreibung des Aufbaus von Dokumenten und Zugriffsmöglichkeiten zu den enthaltenen Elementen. So beschreibt man mit DOM letztlich die Architektur einer einzelnen Seite, die von einem Browser als Dokument gesehen wird. DOM legt einen Standard für die Navigation in HTML- und XML-Dokumenten und die Manipulation von Elementen fest. Die Definition sagt nichts aus über die Implementierung. So finden wir dann auch eine Sprach-abhängige Vielfalt von Zugriffsfunktionen, die bei der Entwicklung von Anwendungen u.U. zu berücksichtigen ist. Die aktuellen Hinweise auf die Entwicklung von DOM finden wir unter www.w3.org/DOM.

AJAX-Insider weisen aber auch auf einige Randbedingungen hin:

- AJAX setzt voraus, dass JavaScript aktiviert ist. Damit scheidet die Verwendung von AJAX für normale Web-Seiten, die auch ohne JavaScript benutzbar sein müssen, weitgehend aus. Vorrangiges Einsatzgebiet für AJAX sind Web-Seiten mit Applikationscharakter, z.B. in Intranets. Auf normalen Web-Seiten sollte AJAX derzeit nur als optionale Ergänzung verwendet werden.
- AJAX setzt beim Internet Explorer voraus, dass die Ausführung von ActiveX-Objekten erlaubt ist. Aus Sicherheitsgründen haben manche Benutzer/innen dieses abgeschaltet.
- Die Verwendung von AJAX kann zu einem deutlich höheren Aufwand für die Client- und Server-seitige Programmierung und damit auch einen finanziellen Mehraufwand führen. Dort, wo AJAX zum Einsatz kommt, wird häufig zumindest für eine Übergangszeit auch noch eine Fallback-Lösung implementiert werden müssen, damit wichtige Teilbereiche einer Site, z.B. Formulare, auch ohne AJAX verwendet werden können. Das wird zu einem deutlichen Mehraufwand führen.
- Die Trennung von Struktur (XHTML) und Layout (CSS) wird möglicherweise wieder aufgehoben. Die Entwicklung im Bereich Web-Frontends geht hin zu einem semantischen Web. D.h., nicht das Layout, sondern die strukturierte Darstellung der Daten in XML-Form ist vorrangig relevant. Das Layout wird weitgehend getrennt davon, je nach Ausgabemedium über CSS oder XSLT erzeugt. DHTML bedeutet das Zusammenspiel von Javascript und CSS. Die Gefahr ist also, dass hier diese sinnvolle Trennung nicht beibehalten wird.
- Der 'Zurück'- und der 'Vorwärts'-Button funktioniert standardmäßig nicht bei AJAX-Anwendungen. Die beiden Buttons entsprechen im Browser den 'Undo'- und 'Redo'-Buttons üblicher Desktop-Anwendungen. Eine entsprechende Funktionalität muss bei AJAX-Anwendungen gesondert implementiert werden, was in der Regel ziemlich aufwendig ist.
- AJAX-Seiten können nur im Ausgangszustand als Bookmark vermerkt werden. Wird der Inhalt einer Seite mittels AJAX geändert, bleibt die URL der Seite in der Adresszeile unverändert. Wird beispielsweise die URL einer AJAX-Seite per E-Mail verschickt, kommt man damit immer nur auf die Seite im Ausgangs-Zustand.
- Suchmaschinen verarbeiten nur den statischen Inhalt der Seite, nicht aber den dynamisch mittels AJAX nachgeladenen. Das kann dazu führen, dass AJAX-Seiten deutlich schlechter bei Suchmaschinen aufzufinden sind.
- AJAX-Anwendungen unterliegen den Beschränkungen des zustandlosen HTTP-Protokolls. Eine dauerhafte Verbindung zum Server ist nicht möglich, d.h. der AJAX-Client kann sich nicht beim Server registrieren, um von ihm über bestimmte Ereignisse informiert zu werden, auf die der AJAX-Client dann reagieren kann. Stattdessen muss er

regelmäßig Anfragen an den Server schicken, um zu klären, ob ein neues Ereignis eingetreten ist. Das kann den Vorteil von AJAX, die Serverlast zu verringern, in das Gegenteil umkehren.
DHTML / AJAX ist nicht vereinbar mit Barrierefreiheit. Seiten, die barrierefrei sein sollen, müssen immer auch ohne JavaScript bedienbar sein. Der sozusagen hinter dem Rücken der User/innen durchgeführte Datenaustausch kann zu Verunsicherungen führen, da die Userinnen nicht mehr die Kontrolle über ihre Daten haben (insbesondere bei Formularen, wo die Eingaben normalerweise erst nach Betätigen des 'Submit'-Button gesendet werden).
Nach wie vor sind zahlreiche Methoden und Verhaltensweisen in unterschiedlichen Browsern verschieden oder auch gar nicht implementiert. Bestimmte Methoden funktionieren nicht oder zumindest nicht wie erwartet. Das bedeutet, dass umfangreiche Tests in verschiedenen Browsern nötig sind. Nicht selten nimmt der Aufwand dafür, bestimmte Verhaltensweisen, die nicht oder fehlerhaft im Browser implementiert sind, mittels JavaScript nachzubilden, einen wesentlichen Teil des Gesamtaufwands bei der Programmierung ein.
Die Interaktion zwischen Desktop-Anwendungen und Web-Anwendungen ist kaum möglich, da der direkte Zugriff auf die Zwischenablage fehlt. Der fehlende Zugriff auf die Zwischenablage, aus Sicherheitsgründen unabdingbar, stellt eine Grenze für Web-Applikationen dar ebenso wie die Tatsache, dass mittels Javascript keine Grafiken manipuliert oder erstellt werden können. Auch das Zeichnen von Elementen der Bedienoberfläche ist nicht möglich. Die Kontrolle über die Bedienoberfläche behält letztlich der Browser, dessen Verhaltensweisen über vorgegebene Methoden und Event Handler beeinflußt werden kann. An die Möglichkeiten normaler Programmiersprachen reicht JavaScript bei weitem nicht heran.

Im Zusammenhang mit AJAX wird häufig eine Anwendungsform hervorgehoben, die sogenannten Mashups.

Mashup
Präsentation eines Ensembles von Informationen,
die aus unterschiedlichen Quellen stammen.

Schaut man sich in der IT-Landschaft ein wenig weiter um so lässt sich feststellen, ein solcher Ansatz ist so neu nicht (vgl. Crossover Präsentation). Neu ist, dass Anbieter wie Google für derartige Anwendungen Standard-Software hosten und sie damit gewissermaßen für jedermann zur Verfügung stehen. Und, mittels Mashups werden Marketing (sprich Werbung) und Anwendung stärker miteinander verwoben als bisher.

5.4.2 Interaktive Kooperation

Menschen brauchen einander – wir kooperieren, und das auch unter Verwendung von Rechnern. In diesem Fall sprechen wir von Computer Supported Cooperative Work (CSCW).

Kooperation
ist die gemeinsame Tätigkeit mehrerer Personen
zum koordinierten Erreichen eines Ziels.

Koordination
ist ein bewusstes Abstimmen von
wechselseitigen Abhängigkeiten bei gemeinsamen Tätigkeiten.

CSCW wird unterstützt durch eine spezielle Art von Software: der Groupware. Für die Koordination in einer Gruppe ergeben sich dabei, unter Berücksichtigung der Aspekte Raum und Zeit, vier verschiedene Möglichkeiten.

Zeit / **Raum**	**synchron**	**asynchron**
zentral	face-to-face	Bulletin Board
verteilt	Computer Conferencing	Workflow Management

Abb.5.14 Gruppen-Koordination in Raum und Zeit

Die wesentlichen Merkmale von CSCW sind wie folgt anzugeben:

Aufgabe wird von einer Gruppe bearbeitet.

Inf.-System ist eine Mehrplatz-Anwendung zur Untertstützung der Kooperation.

Ergebnis wird im Rechner für alle Mitglieder der Gruppe geführt.

Stand der Bearbeitung wird durch besondere Hinweise wie z.B. Annotationen dokumentiert.

Die Kooperations-begründende Aktivität ist die Kommunikation. Somit haben wir einen weiteren Faktor der Kooperation in der Diskussion zu berücksichtigen.

Kommunikation
ist der wechselseitige Austausch von Mitteilungen zwischen
und deren Interpretation von den Beteiligten.

Es soll nun nicht philosophisch, aber an dieser Stelle doch kurz daran erinnert werden, dass, entgegen der landläufigen Vorstellung, dabei kein Austausch von Informationen stattfindet (vgl. Luhmann 'Die Gesellschaft der Gesellschaft', Kap.2 'Kommunikationsmedien'). Information wird vom Interpretierenden erzeugt, was u.a. zur Folge hat, dass eine unmittelbare Kausalkette 'martialisches Computerspiel – asoziales Verhalten' nicht aufgemacht werden kann, da die Zusammenhänge doch komplexer sind. Wenn also von Informationsaustausch gesprochen wird, kann das lediglich als sprachliche Verkürzung des soeben angedeuteten Sachverhalts verstanden werden. Und, Kommunikation bezieht sich auf Lebewesen, wenn wir auch IT als vermittelnde Technik einsetzen.
Projizieren wir die Aspekte der Kooperation nun auf den Hintergrund CSCW plus World Wide Web, ergeben sich Differenzierungen folgender Art.
Zunächst schauen wir auf die Qualität und die Dauer der Bindung zwischen den Mitgliedern von kooperativen Gruppen. Mit der Abb.5.15 wird dann folgende Tendenz deutlich: Der Kontakt der Partner und die zeitliche Dauer der Verbindung verändern sich.

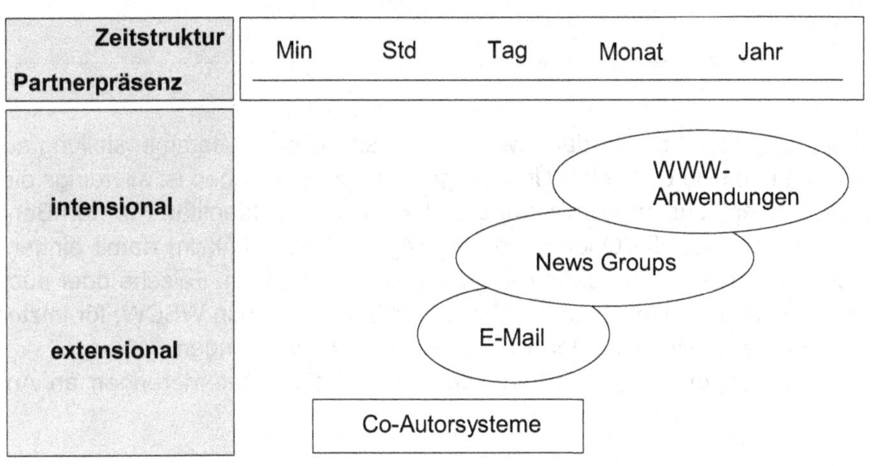

Abb.5.15 Differenzierung nach Bindungs-Qualität und Zeitstruktur

Auf der Y-Achse werden zwei Bereiche unterschieden: die extensionale, d.h. die auf

den Kreis der Beteiligten orientierte Zusammenarbeit und die intensionale, d.h. die über den Inhalt verbindende Kooperation. Im ersten Fall kennen sich die Mitglieder der Gruppe, im zweiten Fall wird im Allgemeinen für 'Unbekannt' gearbeitet. Die X-Achse deutet die Dauer der Verbindung zwischen den Beteiligten an. Sie ist für die extensionale Kooperation normalerweise zeitlich determiniert, was im intensionalen Fall üblicherweise nicht gegeben ist. Zu beachten ist, hier handelt es sich nicht um quantitative, sondern um qualitative Aspekte der Kooperation.
Werden solche Überlegungen weiter geführt, ergeben sich zusätzliche Ansatzpunkte der Fortentwicklung von CSCW hin zu WSCW.

	Computer Supported Cooperative Work (CSCW)	**Web Supported Cooperative Work** (WSCW)
Basis	Rechner-Netze	World Wide Web
Inhalt	- Text-Dokumente - Konstruktions-Unterlagen - ...	- Text-Dokumente - Waren-Angebote - Diskussions-Foren - ...
Anwendung (Beispiel)	- DOMINO, BSCW - Lern- und Lehr-Plattformen - ...	- Wikis, Blogs - Community-Präsenz (wie z.B. youTube) - ...

Natürlich sind die Grenzen dabei weniger scharf als die Zusammenstellung suggerieren mag und sind doch eher Übergänge. Nicht zu übersehen ist allerdings die eindeutige Tendenz zur Anonymisierung und zur virtuellen Identität. Für den Benutzer eines Wikis bleiben die Quellen von Beiträgen oft im Dunkeln, damit einher geht u.U. ein Verlust an Vertrauen in die Seriosität von Angaben. Falsche oder auch virtuelle Identitäten sind eine weitere Begleiterscheinungen von WSCW; für letztere ist 'Second Life' sicherlich eine der ambitioniertesten Anwendungen.
Diese Erörterungen führen zu folgenden wesentlichen Anforderungen an Anwendungen zur interaktiven Kooperation:

- Präsentation von Dokumenten im WWW.
- Schreib-Zugriff auf Dokumente durch mehrere, auch unbekannte, Autoren.
- Verwaltung von Dokument-Aktualisierungen.

Das jetzt ins Blickfeld rückende Beispiel skizziert das Anlegen und Fortschreiben eines Wikis. Wir gehen erneut so vor, dass bisher Erarbeitetes so variiert und erweitert wird, dass den neuen Anforderungen entsprochen werden kann. Für die Präsentation der vorhandenen Einträge wird eine JSP eingesetzt.

```
<?xml version="1.0" encoding="ISO-8859-1" ?>
<%@ page language="java" contentType="text/html; charset=ISO-8859-1"
  pageEncoding="ISO-8859-1"%>
<%@ taglib uri="http://java.sun.com/jsp/jstl/core" prefix="c" %>
<!DOCTYPE html PUBLIC "-//W3C//DTD XHTML 1.0 Transitional//EN" "http://www.
                              w3.org/TR/xhtml1/DTD/xhtml1-transitional.dtd">
<html xmlns="http://www.w3.org/1999/xhtml">
<head>
<meta http-equiv="Content-Type" content="text/html; charset=ISO-8859-1" />
<LINK href="templates/Seite.css" rel="stylesheet" type="text/css" />
<title>Eintraege</title>
</head>
<body>
 <H2>Praesentation der Eintraege</H2>
 <BR>
 <jsp:useBean id="abean" class="beans.EINDB" scope="session" />
  <c:forEach var="ein" items="${sessionScope.abean.EINt}" >
    <c:forEach var="einitem" items="${ein}" >
          <DIV>
          ${einitem}
          </DIV>
          </c:forEach>
        <BR>
  </c:forEach>
</body>
</html>
```

Die Aufnahme eines neuen Eintrags erfolgt über ein Formular, das in eine HTML-Seite eingebettet ist. Ein XMLHttpRequest ist für das Beispiel nicht zwingend erforderlich, gibt aber Gelegenheit zu zeigen, wie der Inhalt eines HTML-Formulars mittels Parameter zum zugehörenden Servlet gelangen kann.

- Code-Auszug des Eintrag-Formulars -

```
...
<body>
<BR>
<H2>Eintrag aufnehmen</H2>
<script type="text/javascript">
  function serverruf( )
   { var req = newXMLHttpRequest( );
            var stateHandler = getReadyStateHandler(req, postProcess);
            req.onreadystatechange = stateHandler;
            var f = document.formular;
            strvar = "AjaxServlet?";
            strvar1  = "stwt=" + f.stwt.value + "&";
            strvar2  = "txt=" + f.txt.value;
            strvar3  = strvar + strvar1 + strvar2;
            req.open("GET", strvar3, true);
            req.send(null);
   }
```

- Fortsetzung Code-Auszug -

```
  function newXMLHttpRequest( )
   { // Code wie im AJAX-Beispiel
     return xmlreq;
   }
 /*
  * Returns a function that waits for ...
  */
 function getReadyStateHandler(req, responseXmlHandler)
   { // Return an anonymous function that listens to the XMLHttpRequest
     // Code wie A JAX-Beispiel

   }
  function postProcess(srufXML)
   { document.getElementById("meld").innerHTML = "Eintrag bearbeitet";    }
</script>

<body>
<FORM name="formular" >
 <H4>Stichwort</H4>
 <INPUT name="stwt" type="text" >
 <H4>Text</H4>
 <TEXTAREA name="txt" cols="46" rows="5"></TEXTAREA>
 <BR>
 <INPUT name="ab" type="button" value="AUFNEHMEN" onclick="serverruf( )" >
 <SPAN id="meld"></SPAN>
 </FORM>
</body>
</html>
```

Die Einträge werden gespeichert in einer MySQL-Datenbank mit zwei Spalten: 'thema' und 'eintrag'. Für den Zugriff ist die Bean entsprechend angepasst worden.

```
package beans;
import java.sql.*;
import java.util.*;
public class EINDB
{ private List einte;
 private List ein;
 private Connection con;
 private int noOfColumns = 0;

 public EINDB( )
 {                    }

 public List getEINt( ) throws SQLException
 { einte = new ArrayList( );
   getConnect( );
   try { String query = ("SELECT * FROM blog GROUP BY thema");
           Statement stmt = con.createStatement( );
           ResultSet rs = stmt.executeQuery(query);
           if (rs == null)
               {  return einte;     }
```

- Fortsetzung Bean-Code -

```
            // Metadaten: Beschreibung der Spalten
            ResultSetMetaData rsmd = rs.getMetaData ();
            if (rsmd == null)
                { rs.close ();
              return einte;
             }
        noOfColumns = rsmd.getColumnCount ();
        while (rs.next())
        { ein = new ArrayList( );
          for(int i=1; i < (noOfColumns + 1); i++)
          { ein.add(rs.getString(i));}
          einte.add(ein);
        }
        stmt.close();
        return einte;
      }
     catch (SQLException e)
       { System.err.println(e);  }
     return einte;
  }
    public boolean setEINt(String stw, String txt) throws SQLException
  { String stwt = stw;
    String text = txt;
   getConnect( );
    try { String insert = "INSERT IGNORE INTO blog (thema, eintrag) VALUES ("
                          + "'"
                          + String.valueOf(stwt)
                          + "',"
                          + "'"
                          + String.valueOf(text)
                          + "')";
            Statement stmt = con.createStatement( );
            stmt.executeUpdate(insert);
            stmt.close();
         return true;
      }
    catch (SQLException e)
        { System.err.println(e);  }
    return true;
  }
  public String geteinKopf(int eink)
  { String einkopf = null;
    getConnect( );
    try { String query = ("SELECT * FROM blog");
          Statement stmt = con.createStatement( );
          ResultSet rs = stmt.executeQuery(query);
          if (rs == null)
              {  return einkopf;          }
          // Metadaten: Beschreibung der Spalten
         ResultSetMetaData rsmd = rs.getMetaData ();
         if (rsmd == null)
           { rs.close ();
             return einkopf;
           }
```

- Fortsetzung Bean-Code -

```
            noOfColumns = rsmd.getColumnCount ();
            einkopf = rsmd.getColumnLabel(eink);
           stmt.close();
           return einkopf;
         }
       catch (SQLException e)
          { System.err.println(e);  }
       return einkopf;
      }
      public Connection getConnect( )
      {try { String user = "";
                       String psw = "bau321";
                       String drv = "sun.jdbc.odbc.JdbcOdbcDriver";
                       String url = "jdbc:odbc:blog";
                       Class.forName(drv);
           con = DriverManager.getConnection(url, user, psw);
           return con;
               }
        catch (Exception e)
             { System.err.println(e); }
        return con;
      }
      public void setFinish ()
      { try { con.close ();  }
        catch (Exception e) { System.err.println(e);}
      }
   }
```

Natürlich ist die Ausstattung der vorliegenden Lösung zu spartanisch, um das Beispiel als vorzeigbares Produkt gelten zu lassen. Aber, vielleicht ist der Leser an diesem Punkt wieder hinreichend inspiriert, um eine eigene, komfortable Lösung auszuarbeiten. Dazu lassen sich auch Frameworks für den Aufbau von Wikis finden, die wie üblich den Aufwand des Verstehens erfordern, bevor u.U. Codierungsauf- wand eingespart werden kann. Und, im 'Ernstfall' gehört eine entsprechende Portion Speicherplatz auf dem Server dazu, um eine solche kollaborative Web2.0-Anwen- dung erfolgreich werden zu lassen.

5.5 Rich Internet Application

Die bisherigen Erörterungen der Architektur und die damit verbundenen Beispiele belegen, dass WWW-Auftritte ebenso komfortabel ausgelegt werden können wie lokale, d.h. sogenannte Desktop-Anwendungen. So ist eine Diskussion um 'Rich Internet Applications' vor allem vor dem Hintergrund vorzugsweise statischer HTML-Seiten zu sehen.

Eine Rich Internet Application (RIA) beruht vor allem auf einem Client, der den soeben angesprochenen Benutzungs-Komfort liefert. Als weiteres wesentliches Kriterium wird häufig die Stärke der Integration in den Browser angesehen. Zum Verständnis dessen, wollen wir die systematisierenden Überlegungen zu Benutzungs-

Oberflächen, wie sie mit der Abb.5.10 (bezogen auf die Java-Welt) vorgenommen wurden, vertiefen. Das führt zu einer Fallunterscheidung folgender Art: Die Benutzungs-Oberfläche ist im

Fall 1 Browser-Fenster
- Inhalt statisch HTML
- Inhalt dynamisch HTML + JSP + ...

Fall 2 Browser-Fenster + View-Bausteine **außerhalb**
zusätzliche interaktive GUI-Elemente, wie z.B. die Multimedia-Schnittstelle im CD-Shop; d.h auch, ein Application Client muss nicht mehr stand-alone sein

Fall 3 Browser-Fenster + View-Bausteine **innerhalb**
zusätzliche interaktive GUI-Elemente, **integriert** ins Browser-Fenster.

Der Fall 3 wird nun zunehmend angestrebt und üblicherweise als 'Rich Client' bezeichnet.

5.5.1 Architektur mit JavaServer Faces

JavaServer Faces (JSF) bilden eines der aktuellsten Frameworks zur Gestaltung von Rich Clients. Aktualität ist für sich natürlich kein überzeugender Faktor, um sich für einen bestimmten Ansatz zu entscheiden. Erst in Verbindung mit einer Bewertung der Lizenzsituation und der Einschätzung zur Zukunftssicherheit ergibt sich in unserem Kontext eine hinreichend positive Sicht auf JSF. Auf Zukunftssicherheit lässt der Umstand schließen, dass JSF ein Produkt des Java Community Process ist, der von etlichen sehr großen und zahlreichen weiteren IT-Unternehmen getragen wird. So ist JSF ein Standard, der mit 'best-of-breed' annonciert wird.
'Technische' Grundlage für JSF ist ein konsistentes Komponenten-Modell zur Gestaltung von Benutzungs-Oberflächen in Web-Anwendungen. So gesehen kann es auch als Weiterentwicklung von SWING (für Desktop-Anwendungen) gelten. Die aufeinander abgestimmten vorgefertigten Bausteine ermöglichen einerseits Implementierungen gemäß dem MVC-Paradigma und andererseits die Reduzierung des Aufwandes, der z.B. bei der Verwendung von HTML-Seiten, JSP und ähnlichen Komponenten erforderlich ist, durch Erhöhung der Abstraktion mittels Kapselung zahlreicher Details. So haben JSF folgende wesentliche Merkmale:

- JSF-Bausteine sind (fast) völlig deskriptiv, d.h. es werden deutlich weniger imperative Anteile in Java, Javascript, EL ... benötigt.

- Model-Bausteine sind im Typ variier- und kombinierbar z.B. POJO (Plain old Java Objekt), EJB (Enterprise Java Bean), andere Java-Objekte.
- Präsentations- bzw. Navigations-Struktur ist nicht in Web-Seiten integriert, sondern wird separat in XML beschrieben.
- Client-Server-Verbindung ist nicht zustandslos, sondern es wird automatisch eine 'Session' generiert.

Der komplexeren Funktionalität wird eine angepasste Ablaufsteuerung für die einzelnen Bearbeitungsschritte bei der Ausführung zur Seite gestellt.
Das Realisierungsprinzip ist uns bereits vertraut. Die Bausteine liegen in Taglibs, die Aufrufe erfolgen über Tags. So wird z.B. HTML von der Ebene der Entwicklung von Web-Anwendungen mittels JSF beinahe völlig verlagert auf das nachgeordnete Niveau der vorgefertigten Bausteine in den Taglibs. Laut Müller [2006] gibt es gegenwärtig zwei heraus ragende JSF-Realisierungen:

- **JSF-RI** Referenz-Implementierung von Sun
- **MyFaces** Implementierung der Apache Foundation.

Für die experimentellen Arbeiten zum vorliegenden Text haben wir folgende Umgebung verwendet:

Entwicklungs-Plattform

Produkt	Version
Eclipse	3.2
MyFaces	1.1
Tomahawk	1.1
Tomcat	5.5
JavaSDK SE	1.5
Firefox	2.0
Firebug	1.5

Als Aufgabe wurde gewählt, die CD-BOX um eine funktionale Komponente zur Anmeldung eines Benutzers zu erweitern. In der Lösung sind lediglich die Grundzüge einer solchen Anforderung angelegt. Wer sich in JSF ausprobieren möchte, findet hier demzufolge einen Anschlusspunkt, um den Zweig 'Identity und Access Management' zu verfolgen.
Kern der View-Komponente ist die JSF-Seite 'meld.jsp', die in 'Anmeld-jsp' auf die bisher auch praktizierte Weise eingebettet ist..

```
<%@ page session="false" contentType="text/html;charset=utf-8"%>
<%@ taglib uri="http://java.sun.com/jsf/html" prefix="h" %>
<%@ taglib uri="http://java.sun.com/jsf/core" prefix="f" %>
<!DOCTYPE HTML PUBLIC "-//W3C//DTD HTML 4.01 Transitional//EN">
<html>
```

- Fortsetzung JSF-Seite 'meld' -

```
<body>
<f:view>
 <h:form id="form1" style="margin: 100px;">
  <h:panelGrid columns="2" styleClass="borderTable"
                              headerClass="panelHeading">
   <f:facet name="header">
    <h:outputText value="Login" />
   </f:facet>
   <h:outputLabel for="kdnummer" value="Name:" />
   <h:inputText id="kdnummer" value="#{idHandle.kdnummer}" required="true" />
   <h:outputLabel for="kennwort" value="Kennwort:" />
   <h:inputSecret id="kennwort" value="#{idHandle.kennwort}" required="true" />
   <h:commandButton action="#{idHandle.login}" value="Login" />
   <h:panelGroup />
  </h:panelGrid>
 </h:form>
 <h:form id="form2" style="margin: 100px;">
  <h:panelGrid columns="2" styleClass="borderTable"
                               headerClass="panelHeading">
   <f:facet name="header">
        <h:outputText value="Kunden aufnehmen" />
   </f:facet>
   <h:outputLabel for="kdvname" value="Vorname:" />
   <h:inputText id="kdvname" value="#{idHandle.kdvname}" />
   <h:outputLabel for="kdname" value="Name:" />
   <h:inputText id="kdname" value="#{idHandle.kdname}" />
   <h:outputLabel for="kdstrasse" value="Strasse + Nr:" />
   <h:inputText id="kdstrasse" value="#{idHandle.kdstrasse}" />
   <h:outputLabel for="kdort" value="Ort:" />
   <h:inputText id="kdort" value="#{idHandle.kdort}" />
   <h:outputLabel for="kdplz" value="PLZ:" />
   <h:inputText id="kdplz" value="#{idHandle.kdplz}" />
   <h:outputLabel for="kdpsw" value="Kennwort:" />
   <h:inputText id="kdpsw" value="#{idHandle.kdpsw}" />
   <h:commandButton action="#{idHandle.anmeld}" value="Aufnehmen" />
   <h:panelGroup />
  </h:panelGrid>
 </h:form>
</f:view>
</body>
</html>
```

Die Betrachtung des Quelltextes belegt:

- Die Notation ist durchgängig deskriptiv.
- Somit enthält sie keinerlei imperativen Anteile.
- HTML ist (fast) gänzlich eliminiert
  (Ausnahme: html, body).

Haben die genannten Umstände Einfluss auf die Architektur der Web-Anwendung: JA. Wir erinnern uns, Architektur ist die Gesamtheit der konstituierenden Bausteine und Beziehungen (also z.B. keinesfalls auf Struktur reduzierbar). Unser neues Ele-

ment 'Anmeld.jsp' ist nun zusätzlicher Bestandteil der Anwendung, aber viel wichtiger, es ist ein neuartiger Typus – ein deskriptiv bereit gestellter View-Baustein. Der Control-Baustein ist in unserem Fall eine JavaBean vom Sub-Typ 'managed'. Letzteres bedeutet, Aufgaben wie das Erzeugen der benötigten Instanz, deren Löschen und vor allem das Verbinden zu aktuellen Parametern aus dem View-Baustein werden von der Laufzeit-Umgebung realisiert. Damit verbunden ist u.a. auch eine Überprüfung, ob im Handler entsprechende get- und set-Methoden für diese Parameter angelegt sind. Die Kopplung zwischen dem logischen Namen des Handlers im View-Element und dem Control-Baustein wird in der 'faces-config.xml' notiert.
In dieser Datei ist auch beschrieben, wie die Navigation in Auswertung eines Login erfolgt. Der Handler liefert als Ergebnis dieser Auswertung eine Zeichenkette – 'success' oder 'failure'. Sie wird, wiederum von der Ablaufsteuerung, zur Auswertung der Navigationsregeln in 'faces-config.xml' benutzt und zum Aufruf der angegebenen Folgeseite verwendet.

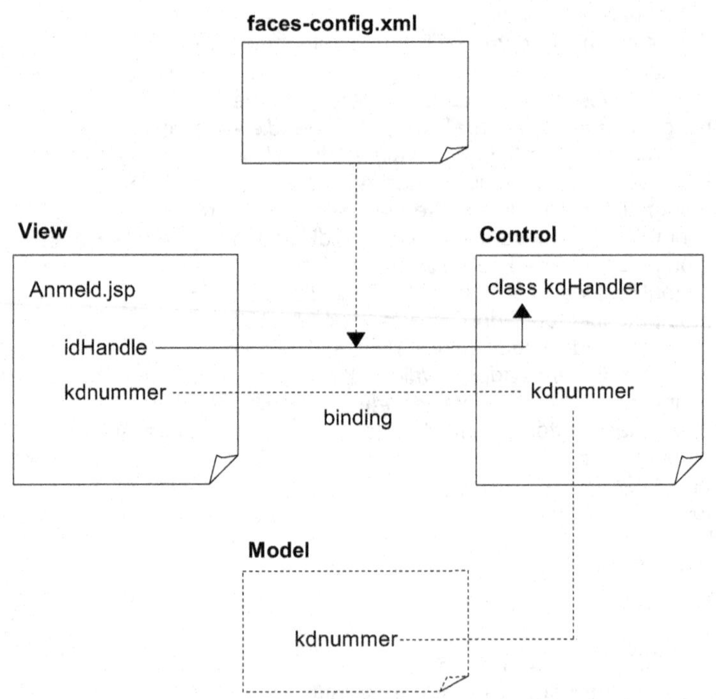

Abb.5.16 Sub-Architektur der JSF-Komponente

```
<?xml version="1.0"?>
<!DOCTYPE faces-config PUBLIC
  "-//Sun Microsystems, Inc.//DTD JavaServer Faces Config 1.1//EN"
  "http://java.sun.com/dtd/web-facesconfig_1_1.dtd">
```

- Fortsetzung faces-config-Code -

```
<faces-config>
        <managed-bean>
                <managed-bean-name>idHandle</managed-bean-name>
                <managed-bean-class>
                        beans.kdHandler
                </managed-bean-class>
                <managed-bean-scope>session</managed-bean-scope>
        </managed-bean>
        <navigation-rule>
           <description>Login</description>
           <from-view-id>/jsfpages/Anmeld.jsp</from-view-id>
              <navigation-case>
                <from-outcome>success</from-outcome>
                <to-view-id>/jsfpages/meldok.jsp</to-view-id>
              </navigation-case>
              <navigation-case>
                <from-outcome>failure</from-outcome>
                <to-view-id>/jsfpages/meldfail.jsp</to-view-id>
                      </navigation-case>
        </navigation-rule>
        <navigation-rule>
           <description>Anmeldung</description>
           <from-view-id>/jsfpages/Anmeld.jsp</from-view-id>
              <navigation-case>
                <from-outcome>nichtimpl</from-outcome>
                <to-view-id>/jsfpages/nichtimpl.jsp</to-view-id>
              </navigation-case>
              <navigation-case>
                <from-outcome>failure</from-outcome>
                <to-view-id>/jsfpages/meldfail.jsp</to-view-id>
              </navigation-case>
        </navigation-rule>
</faces-config>
```

Somit ist eine Entkopplung des Web-Contents von der Präsentations- bzw. Navigations-Struktur möglich, was die Flexibilität beim Aufbau oder Verändern von Anwendungen sicherlich erhöht. In einer zweiten Variante lässt sich diese entsprechende Zeichenkette auch direkt im View-Baustein notieren, damit hätten wir dann jedoch wieder eine hart codierte Link-Struktur wie in klassischen HTML-Seiten.
Die 'funktionale Sicht' auf den aktuellen Stand unserer Web-Applikation mittels UML zeigt eine Erweiterung um den Komplex 'Bestellen', der durch die Realisierung weiterer Anforderungen ins System gelangt. Für einen Blick ins Innere dieses Teil-Systems bedienen wir uns (wieder) einer dem Zustands-Übergangs-Diagramm entlehnten Darstellung (Abb.5.17). Die Skizze zeigt die verwendeten Komponenten- und Kopplungs-Typen. Als Kopplungen werden wirksam der Steuerfluss, der den jeweiligen Zustands-Übergang herbei führt, und die Zugriffe auf die unterschiedlichen Daten. Die Angebots-Seite ist mittlerweile um eine Funktion erweitert worden, welche die Übernahme von angezeigten Titeln in den sogenannten Warenkorb ermöglicht. Um die Interaktion dabei flüssig zu halten, wird zu diesem Zweck eine AJAX-Verbindung (XMLHttpRequest) verwendet.

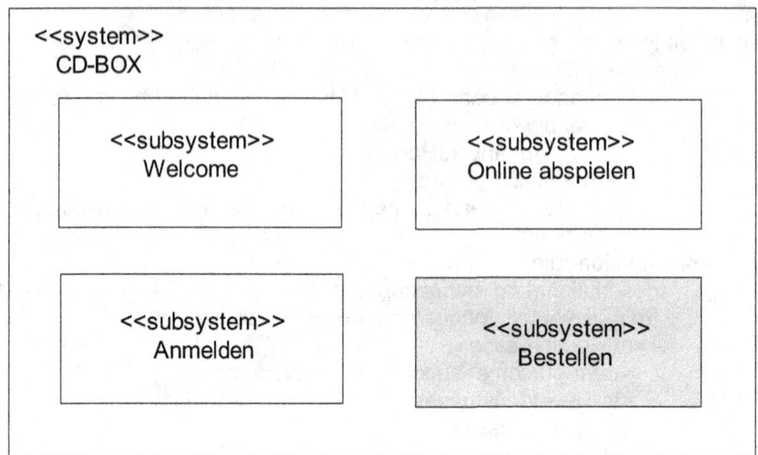

Beachtung finden sollte der Umstand, dass sowohl eine JSP- als auch eine JSF-Komponente vorhanden ist. Eine derartige Mischung unterschiedlicher Ansätze ist im Allgemeinen nicht unproblematisch, in unserem speziellen Fall aber weniger kritisch, da JSP- und JSF-Technik doch recht ähnlich sind. Sie kann dennoch von Vorteil sein, wenn z.B. die Verteilung der Kenntnisse und Erfahrungen im Entwickler-Team eine solche Architektur nahe legt. Sie kann weiter vorteilhaft genutzt werden, wenn eine vorhandene Anwendung verändert werden soll. Die Koexistenz und Verträglichkeit verschiedener Ansätze ermöglicht dann, suksessiv jeweils Teil-Systeme umzustellen, bis die Gesamtheit auf dem gewünschten Stand ist.
Das Servlet 'ControlWk' übernimmt sowohl Aufbau und Verwaltung des Warenkorbs als auch dessen Ausgabe, wenn der Benutzer die entsprechende Schaltfläche betätigt hat.

```
/**
 * Servlet implementation class for Servlet: ControlWk
 */
import java.io.*;
import java.util.*;
import javax.servlet.*;
import javax.servlet.http.*;
import beans.CDDAO;

public class ControlWk extends HttpServlet implements Servlet
 { public void doPost(HttpServletRequest req, HttpServletResponse resp)
                        throws ServletException, IOException
   { HttpSession sess  = req.getSession(true);
     List wk = (ArrayList) sess.getAttribute("wk");
     if (wk == null)
           { wk = new ArrayList<String>( );
             sess.setAttribute("wk", wk);
           }
```

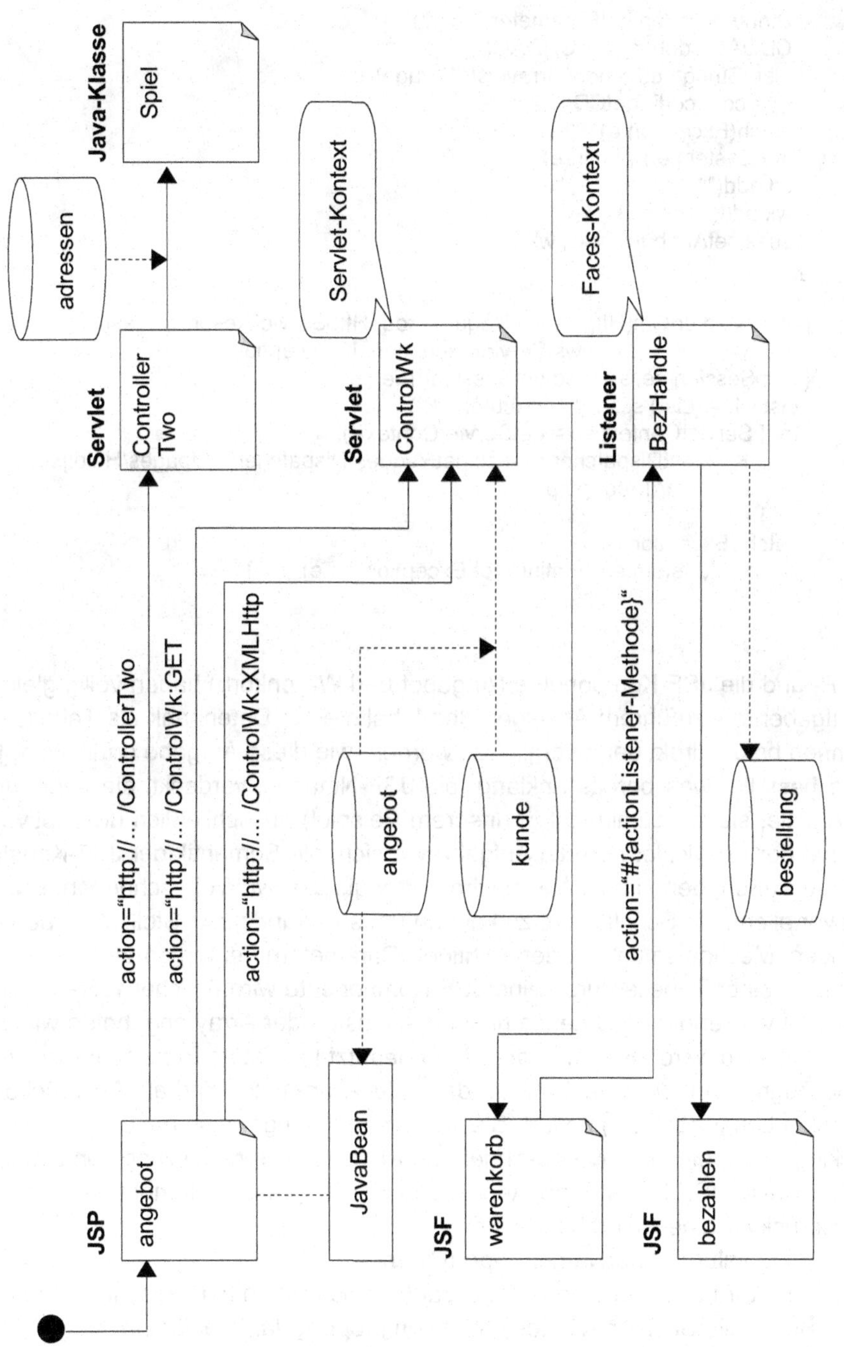

Abb.5.17 Ablauf-Struktur Teil-System 'Bestellen'

- Fortsetzung Servlet-Code -

```
    String nr  = req.getParameter("cdnr");
    CDDAO cddb = new CDDAO( );
    List<String> cd = new ArrayList<String>( );
    try { cd = cddb.getCD(nr); }
    catch(Exception e)
      { System.err.println(e); }
    cd.add("1");
    wk.add(cd);
    sess.setAttribute("wk", wk);
  }

  public void doGet(HttpServletRequest req, HttpServletResponse resp)
                        throws ServletException, IOException
  { HttpSession sess  = req.getSession(true);
    List wk = (List) sess.getAttribute("wk");
    try { ServletContext sc = getServletContext();
          RequestDispatcher rd = sc.getRequestDispatcher("/jsfpages/Help.jsp");
          rd.forward(req, resp);
        }
    catch (Exception e)
              {System.err.println("Got Exception " + e);      }
  }
}
```

Die JSP- und die JSF-Komponente (Angebot und Warenkorb) haben völlig gleichartige Aufgaben auszuführen: Anzeigen des Inhalts einer Datenbank als Tabelle. Somit können beide direkt darin verglichen werden, wie diese Aufgabe erfüllt wird. Und es wird bestätigt was bereits anklang, die JSF-Notation 'verdeckt' die imperativen Code-Anteile, sie ist (zumindest in unserem Beispiel) ausschließlich deskriptiv. Natürlich hat der Entwickler nun die Aufgabe vor sich, die Semantik der JSF-Konstrukte zu erschließen, denn in der Regel wird vorrangig die Syntax beschrieben. Das bedeutet vor allem, die Schnittstelle zu kennen um sachkundig die 'Stellschrauben' des verdeckten 'Mechanismus' mit den richtigen Parametern versorgen zu können. Für den Aufbau einer Tabelle durch eine JSF-Komponente wird üblicherweise erwartet, dass die zu verwendende Datensammlung als Liste oder Array angeboten wird. Die Variable 'bestellg' wird als temporäres Feld benutzt und ist im Bezeichner frei wählbar. Die Zugriffe auf die Daten mittels der Value-Parameter sind als Ausdrücke der 'Expression Language' (EL) notiert. Sie verweisen vorzugsweise auf eine sogenannte Backing Bean, eine in Java geschriebene Klasse zur Bereitstellung von Daten für eine JSF-Seite. JSF-EL ist eine Anpassung der 'Expression Language' von JSP. Der Ausdruck für einen Wert hat die Form

value="#{varName.propertyName}".

Für varName wird erwartet eine scoped Variable oder eben der logische Name einer Backing Bean. Die Suche nach dem Wert von propertyName erfolgt in

HttpRequest
HttpSession
ServletContext
Backing Bean.

```
<%@ page session="false" contentType="text/html;charset=utf-8"%>
<%@ taglib uri="http://java.sun.com/jsf/html" prefix="h" %>
<%@ taglib uri="http://java.sun.com/jsf/core" prefix="f" %>
<!DOCTYPE HTML PUBLIC "-//W3C//DTD HTML 4.01 Transitional//EN">
<html>
<LINK href="templates/Seite.css" rel="stylesheet" type="text/css">
<body>
<f:view>
 <h:form id="form1" style="width: 100%;">
  <h:panelGrid columns="2" styleClass="borderTable"
                              headerClass="panelHeading">
  <f:facet name="header">
   <h:outputText value="Inhalt Warenkorb" />
  </f:facet>
  <h:outputLabel for="kdnummer" value="Kunde:" />
        <h:inputText id="kdnummer" value="gast" />
  <h:panelGroup />
  </h:panelGrid>
 </h:form>
 <h:dataTable id="wki" style="width: 60%"
          styleClass="standardTable" headerClass="standardTable_Header"
          rowClasses="standardTable_Row1,standardTable_Row2"
          columnClasses="standardTable_Column"
          var="bestellg" value="#{sessionScope.wk}" >
   <h:column>
  <f:facet name="header">
   <h:outputText value="Titel" />
  </f:facet>
  <h:outputText value="#{bestellg[0]}" />
  </h:column>
  <h:column>
   <f:facet name="header">
   <h:outputText value="Preis" />
   </f:facet>
   <h:outputText value="#{bestellg[1]}" />
  </h:column>
  <h:column>
   <f:facet name="header">
   <h:outputText value="Anzahl" />
   </f:facet>
   <h:form>
   <h:inputText id="Anzahl" value="#{bestellg[2]}" size="6" required="true" >
    <f:validateLength minimum="1" maximum="2" />
   </h:inputText>
   </h:form>
  </h:column>
 </h:dataTable>
 <h:form>
  <h:commandButton value="Bestellen" action="#{bezHandle.kparam}" >
  </h:commandButton>
 </h:form>
 <h:messages showDetail="true" />
</f:view>
</body>
</html>
```

In unserem Fall der Tabelle holen wir uns die Daten aus der Session, die wir im Servlet 'ControlWk' mit dem Inhalt des Warenkorbs anlegen und verwalten. Mit der Matrix in Abb.5.18 ist die Absicht verbunden, die Wirkung von Werten für EL-Ausdrücken übersichtlich zu machen (natürlich gelingt es dabei nicht, die Vielfalt der möglichen Varianten in der Anwendung zu zeigen).

Wert-Typ	Semantik	Beispiel-Code
Anzeige-Wert	Output-/Input-Anzeige	<h:outputText value="PREIS" />
Submit-Wert	Übertragung	<h: inputText value="#{varN.propN}" />
Methoden-Wert	Methoden-Aufruf	<h: commandButton value="#{beanN.methN}" />

Abb.5.18 Kopplung JSF-Seite - Programm-Code

Mit der Schaltfläche 'Bestellen' wird die Fortsetzung der Interaktion möglich. Der erste Teilausdruck für 'value' verweist in diesem Fall nun doch auf eine Backing Bean, deren logischer Bezeichner in der faces-config.xml dem Namen der Klasse zugeordnet wird.

5.5.2 Event Handling mit JavaServer Faces

Ereignisse sind verbunden mit Aktionen der Benutzer auf View-Elementen der Benutzungs-Oberfläche. Die Bearbeitung von Ereignissen – das Event Handling – ermittelt in der Regel ein zugehöriges Ergebnis und führt zur Reaktion. Somit ist das Grundschema des Event Handling wie folgt zu skizzieren.

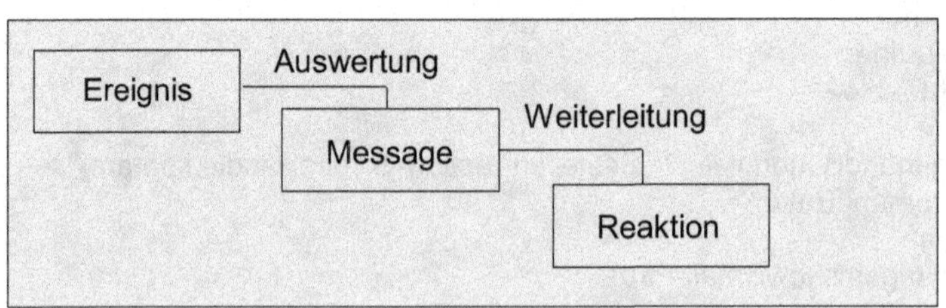

Abb.5.19 Grundschema Ereignis-Behandlung

Event Handlers sind die Programm-Abschnitte in der Anwendung zur Bearbeitung von Ereignissen.
Die Verwendung von Event Handlers führt zu einer speziellen Architektur, da die Ablauf-Struktur nun ganz auf die Bearbeitung von Ereignissen zugeschnitten wird (Abb.5.20). Zunächst fällt eine Arbeitsteilung insofern auf, dass eine Auslagerung

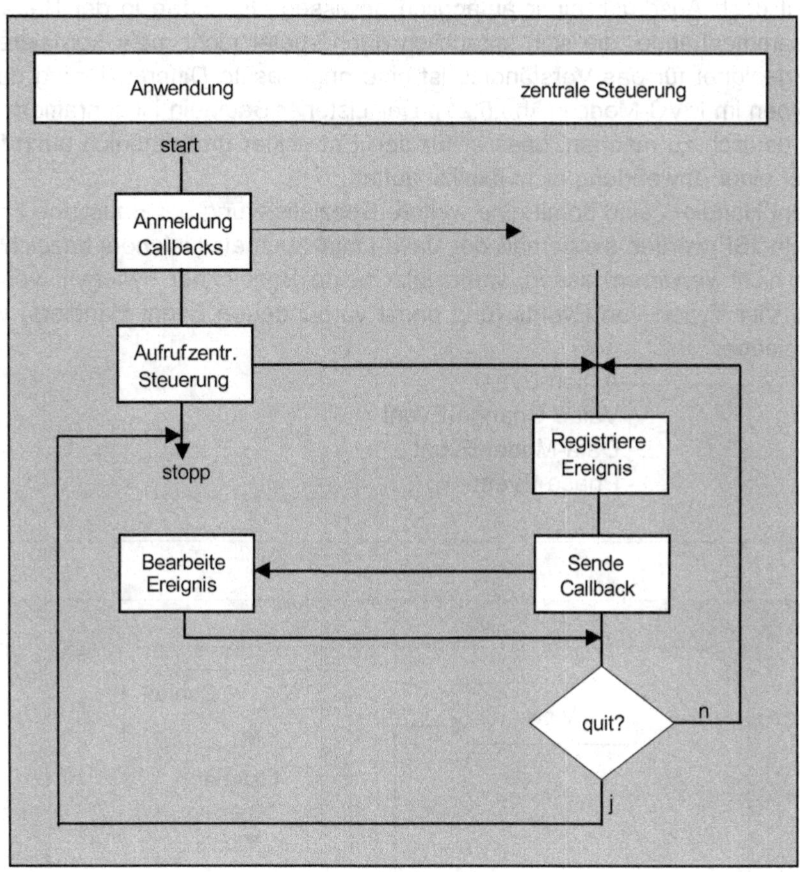

Abb.5.20 Ablauf-Struktur Event Handling

des Erkennens von Ereignissen in eine 'zentrale Steuerung' erfolgt. Diese ist vom Entwickler nicht selbst zu verfassen, sondern wird als vorgefertigter Baustein der Anwendung hinzugefügt. Die Anwendung muss die Event Handlers bei dieser Komponente in Form von 'Callbacks' anmelden. Damit wird für die zentrale Steuerung ersichtlich, wohin die entsprechende Nachricht bei Auftreten eines Ereignisses zu senden, d.h. welcher Event Handler aufzufrufen ist. Somit sind die Event Handlers auch in gewissem Sinne isolierte Code-Snippets, da eine 'klassische' sequentielle Ausführung des Codes nicht mehr gegeben ist. Die gezeigte Struktur ist für lokale Anwendungen entwickelt worden. Sie skizziert das grundlegende Prinzip, die

Implementierung kann dann unterschiedlich ausfallen. So gibt es die typ-freie Bindung (ursprüngliche callbacks) oder auch die typ-sichere Bindung z.B. als Signal-Slot-Kombination, was aber eher die Entwickler von Tools oder Frameworks interessieren wird.
Für die zentrale Steuerung hat sich mittlerweile die Bezeichnung 'Listener' durchgesetzt. Eine Ausnahme macht dabei die Java-Terminologie. Hier werden, zumindest für den Einsteiger doch ein wenig irritierend, die Event Handlers als Listener geführt. Vielleicht doch Ausdruck einer anfänglich gewissen Unschärfe in der Betrachtung der Zusammenhänge, die sich sprachlich dann später nicht mehr korrigieren ließ. Besser geeignet für das Verständnis ist eine angepasste Differenzierung der Baustein-Typen im MVC-Modell (Abb.5.21). Der Listener-Baustein ist schraffiert umrandet um deutlich zu machen, dass er für den Entwickler und natürlich auch für den Benutzer einer Anwendung nicht explizit auftritt.
Die Event Handlers sind somit eine weitere Spezialisierung der Bausteine im MVC-Modell. In JSF werden sie gemäß der 'Java-Linie' auch als Listeners bezeichnet, also bitte nicht verwirren lassen, wenn jetzt beide Bezeichner synonym verwendet werden. Vier Typen von Events (und damit verbundenen Event Handlers) werden unterschieden:

- Action-Event
- Value-Change-Event
- Data-Model-Event
- Phase-Event.

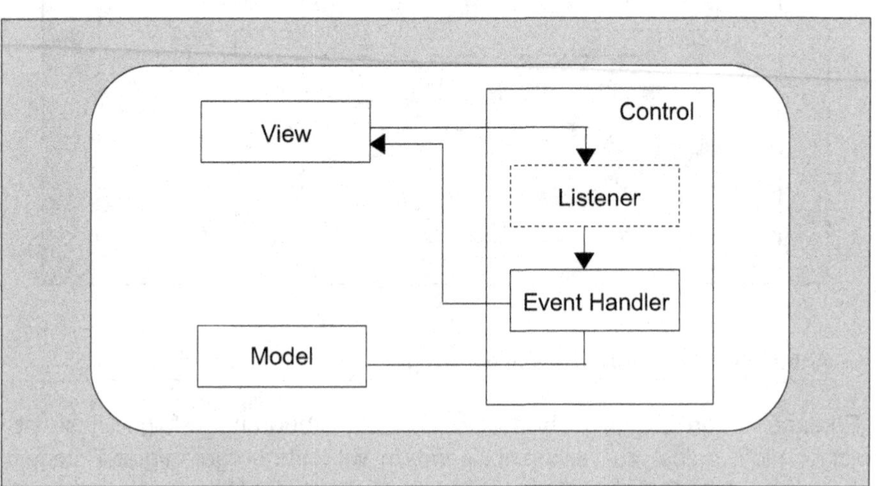

Abb.5.21 Differenzierung der Baustein-Typen im MVC

Anhand eines in der Beispiel-Anwendung 'CD-BOX' verwendeten Event Handler für den Ereignis-Typ 'Action Event' werden nun einige grundlegende Merkmale diskutiert. Die Kopplung der Komponenten JSF-Seite und Event Handler ist auf zwei Ar-

	Implementierung	JSF-Attribut
Fall 1	**Klasse mit Action-Listener Methode** public **void** handleAct(**ActionEvent ae**) { // handle event }	actionListener
Fall 2	**Klasse mit beliebiger Methode** public **String** handleAct( ) { // handle event return"<string>"; }	action

Abb.5.22 Kopplung JSF-Seite -ActionListener

ten möglich (s. Abb.5.22). Schaut man etwas genauer auf den Fall 2 so zeigt sich, dass ein solcher Event Handler in seiner Gestaltung mit einer 'gewöhnlichen' Backing Bean übereinstimmt. D.h. JSF bringt hier wieder ein Stück Vereinfachung und Flexibilität hervor.

Für das Beispiel wird der Fall 2 eingesetzt, der Event Handler – über das Attribut 'action' angekoppelt - ist wie folgt aufgebaut.

```
package listeners;
import java.util.*;

import javax.faces.event.*;
import javax.faces.context.*;
import javax.faces.component.*;
// import javax.faces.application.*;
// import javax.faces.component.html.HtmlOutputText;
import javax.faces.component.html.HtmlDataTable;
import javax.servlet.http.*;
import javax.servlet.ServletContext;

public class BezHandle
{ private FacesContext fc   = null;

  public String kparam( )
  { fc = FacesContext.getCurrentInstance( );
    HttpSession sess  = (HttpSession)fc.getExternalContext().
                                              getSession(false);
    ServletContext sc = (ServletContext) fc.getExternalContext().getContext();
    List wk = (ArrayList) sess.getAttribute("wk");
    System.out.println(wk);
    return "success";
  }
}
```

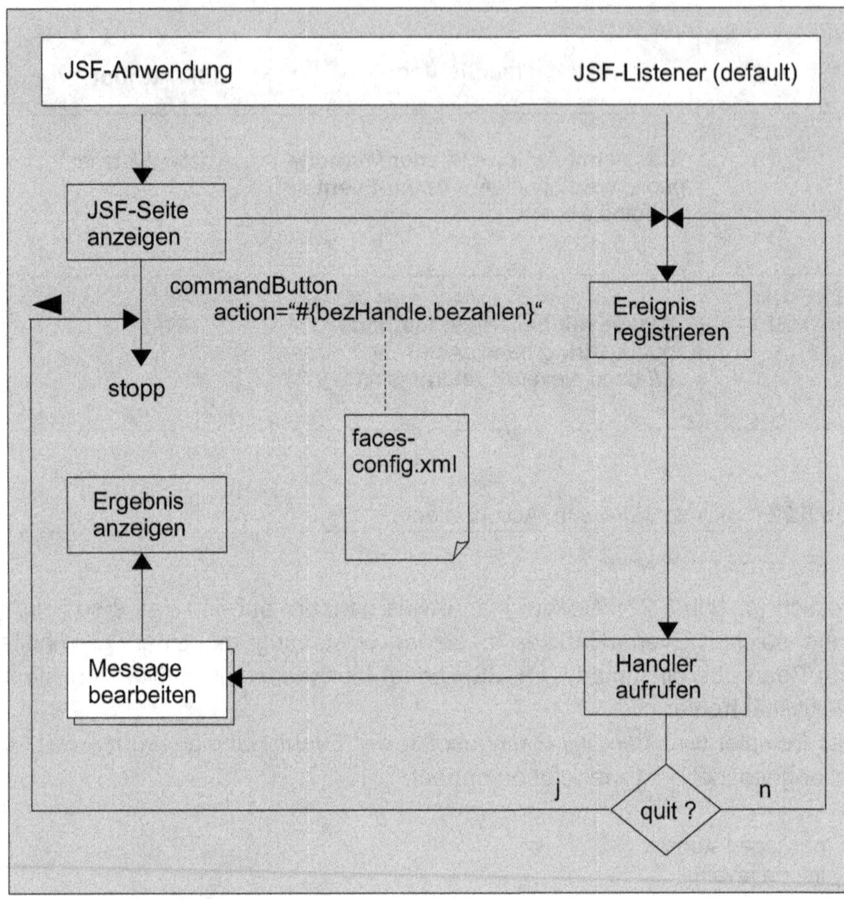

Abb.5.23 JSF - Action Event

In der Abb.5.23 ist nun die Ablauf-Struktur des Event Handling auf die JSF-Gegebenheiten (zumindest für Action Events) übertragen worden. Und, verallgemeinernd gesprochen, finden wir das ursprünglich für lokale Anwendungen entwickelte Prinzip nunmehr 'globalisiert' vor, d.h für Web-Anwendungen transformiert vor. Die zentrale Steuerung wird von einem implizit registrierten ActionListener (default) übernommen.

Das Servlet – in einer JSP-Umgebung gewissermaßen die zentrale Anlaufstelle für die Steuerung der Programmausführung – verliert in JSF ein wenig an Bedeutung. Event Handler sind anderen JSF-Komponenten gleich, die Architektur der Ereignis-Verarbeitung wird mit JSF übersichtlicher.

So können wir an dieser Stelle folgendes Fazit ziehen. Sowohl Auf- als auch Ausbau einer Anwendungs-Architektur folgen unserem bewährten 'Komponenten-Dreisatz':

- Baustein (konstituierendes Element) erstellen
- Daten-Kopplung einrichten
- Ablauf-Struktur (zwischen den Bausteinen) einrichten.

Kapitel 6

Präsentation plus Applikation

6.1 Enterprise Application

Unternehmensweite Anwendungen sind im Allgemeinen bestimmt durch eine recht hohe Komplexität. Eines der bekannten Mittel zu deren Beherrschung ist die Modularisierung. So ist die Zerlegung in Bausteine und ihre Spezialisierung hinsichtlich der Art der Aufgaben, die innerhalb der Gesamtheit übernommen werden, ein kritischer Faktor bei der Entwicklung von Enterprise Application-Architekturen. Technologische Ansätze findet man auf diesem Feld recht unterschiedliche; wichtig sind vor allem Randbedingungen folgender Art.

- Gut strukturierte, d.h. auch modularisierte, Programme (Anwendungen) haben weniger Fehler und sind leichter zu verwalten [vgl. Gesetz von Dijkstra, Mills & Wirth in Endres & Rombach 2003].
- Je größer und stärker dezentralisiert eine Anwendung ist, desto höher ist das Potenzial einer Wiederverwendung von Komponenten [vgl. Gesetz von Lanergan a.a.O.].
- Produktivität und Zuverlässigkeit der Software-Entwicklung sind abhängig von der Länge des Programmtextes und unabhängig von dem Niveau der eingesetzten Sprache [vgl. Gesetz von Corbato a.a.O.].

Für Entwickler ist in der Vorbereitung eine der wichtigsten Aufgaben, ein geeignetes Instrumentarium zur Handhabung der Modularisierung – in der Mehrzahl der Fälle ein Ensemble aus Teil-Technologien – auszuwählen. J2EE darf dabei sicherlich als wegweisend angesehen werden und wird hier bevorzugt als 'Transportmittel' für weitere Überlegungen zur Architektur eingesetzt.

6.2 Lastverteilung

Die Teil-Aufgaben innerhalb einer Enterprise Application können, entsprechend modularisiert, recht variabel auf Client und Server verteilt werden. Eine schematisierte Vorstellung dazu wird von Dumke [Dumke u.a. S.149] weitergegeben.
Eigentlich wird hier die physische Verteilung der implementierten Komponenten diskutiert. Unser Standpunkt sollte jedoch der Typ des Informations-Systems, bezogen auf die Art der Anwendung, sein. D.h., die logische Strukturierung, also das Architektur-Modell, müsste von der o.a. Aufteilung unabhängig sein?
Die Diagonale trennt Client und Server. Von links nach rechts fortschreitend wird nun deutlich gemacht, welche Teil-Aufgaben bzw. Subsysteme der gesamten WWW-Anwendung jeweils für den Client (oberhalb) und für den Server gedacht sind. Somit ergibt sich pro Spalte ein (schematisierter) Typ der 'Lastverteilung'. Auch

Verteilte Präsentation	**Entfernte Präsentation**	**Kooperative Verarbeitung**	**Entfernte Datenbank**	**Verteilte Datenbank**
Präsentation	Präsentation	Präsentation	Präsentation	Präsentation
	Steuerung	Steuerung	Steuerung	Steuerung
Steuerung		Applikation	Applikation	Applikation
Applikation	Applikation		DB-System	DB-System
		Applikation		Datenbank
DB-System	DB-System	DB-System		
Datenbank	Datenbank	Datenbank	Datenbank	Datenbank

für den Fall, dass die Komponenten-Angaben in den Feldern der Matrix – etwas anders benannt oder auch aufgeschlüsselt werden, wird doch stets anschaulich belegt, dass vielfältige Kombinationen der Zusammenarbeit von Client und Server realisierbar sind. Mit Blick auf die Client-side ergeben sich in einer solchen Systematik zwei Eckpunkte:

- Thin Client Application
- Rich Client Application.

Thin geht zurück auf die Verwendung eines Gegensatzes, der als Fat Client bezeichnet wurde. Dieser hat sich mittlerweile (sprachlich und technologisch) zum Rich Client entwickelt.
Als die wesentlichen Differenzierungspunkte der Ableitung von Überlegungen zur Gestaltung adäquater Architekturen werden nun hier gesehen:

- Aufgabenverteilung
- Kopplungsmechanismen.

Damit ist kenntlich gemacht, dass neben der Variation der Anteile an Arbeit für Client und Server auch die Kopplung zwischen diesen unterschiedlich ausgelegt werden kann.

6.3 Komponenten-Kopplung

Die Struktur-bestimmenden Beziehungen sind, neben den Funktions-tragenden Komponenten, die 'zweite Säule' der Architektur. Schon mit der Abbildung 1.2 wurde herausgearbeitet, dass wir dabei zwischen Aufbau- und Ablauf-Organisation von Anwendungen zu unterscheiden haben. Das differenzierende Merkmal ist dabei die Semantik der Beziehung. In einer (hierarchischen) Aufbau-Organisation bedeutet eine Beziehung zwischen Komponenten im Allgemeinen 'besteht aus' (von oben nach unten gelesen) bzw. 'gehört zu', wenn die Verbindung von unten nach oben in terpretiert wird. So würden wir in der Abb.6.1 lesen, dass die Komponente K1 sich zusammensetzt aus K11, K12 und K13 bzw. könnten wir feststellen, dass K11, K12 und K13 zu K1 gehören. Diese Semantik der Beziehung, in Hierarchien auch als deren Basis bezeichnet, wird in aller Regel implizit angenommen, wenn nicht explizit etwas anderes erklärt ist. Bei expliziter Zuordnung von Semantik zu Beziehungen wird oft auch von Rollen gesprochen.

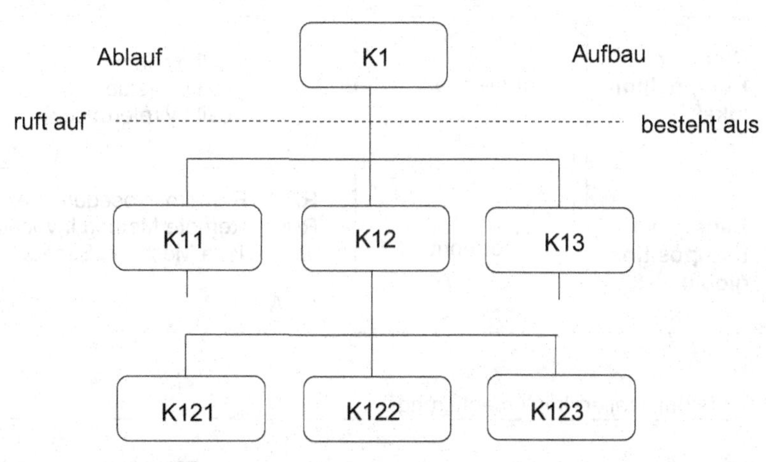

Abb.6.1 'Rolle' von Beziehungen

Betrachten wir die Darstellung in 6.1 als Ablauf-Organisation, ist die Semantik der Beziehung zwischen den Komponenten 'ruft auf' bzw. 'wird gerufen von'. Es ergibt sich somit eine zeitliche Position, gegeben durch die beabsichtigte Reihenfolge des Aufrufs bei der Ausführung der Anwendung.

Gerade die Beziehungen zwischen den Komponenten sind es, die entscheidend die Komplexität einer Anwendung beeinflussen. So lässt sich mathematisch belegen, dass mit hierarchischen Strukturen Systeme weniger komplex geraten als in anderen Fällen [Gesetz von Simon in Endres & Rombach 2003].

Die Funktions-tragenden Komponenten (Bausteine) einer Anwendung – also die zu verbindenden Elemente – sollen noch ein wenig charakterisiert werden.

Komponente
Zusammenfassung von Anweisungen zu einer modularen Einheit
mit Schnittstellen und für den Benutzer erkennbarem Bezug
zu den funktionalen Anforderungen.

So ist z.B. eine Komponente 'Bereitstellen von Daten aus einer Datenbank' recht leicht zuzuordnen. Einzelne Anweisungen werden dagegen nicht als Komponenten eingestuft.

Die mit der o.a. Definition eingeführten Schnittstellen können recht unterschiedlich implementiert werden. Um ein wenig Ordnung in die vorhandene und sicherlich auch noch zunehmende Vielfat zu bringen, wird die Zusammenstellung in Abb.6.2 verwendet.

Anwendung	Adress-Raum	Kopplungs-Mechanismus
Baustein-Komposition lokal	gemeinsam	call by name call by value call by reference
Baustein-Komposition global	getrennt	RPC - Remote Procedure Call RMI - Remote Method Invocation JMS - Java Message Service ... SOAP

Abb.6.2 Schnittstellen-Implementierung

Als Hauptkriterium zur Unterscheidung von Kopplungs-Mechanismen gilt hier die Positionierung der Kollektion der Bausteine einer Anwendung: Wird eine solche Kollektion in einem gemeinsamen Adress-Raum ausgeführt oder sind die Bausteine über verschiedene Adress-Räume verteilt.
Derartige Verbindungen zwischen den Bausteinen werden auch verknüpft mit der Vorstellung der losen bzw. festen Kopplung.

Lose Kopplung
Der importierende Baustein benötigt wenig 'Kenntnisse'
zu Schnittstellen-Parametern wie
- Methoden-Signatur
- Protokoll
- Ergebnis-Typ.

Feste Kopplung
Der importierende Baustein implementiert 'Kenntnisse'
zu Schnittstellen-Parametern wie o.a.

Die Austauschbarkeit von Komponenten und der dabei zu berücksichtigende Einfluss auf die Baustein-Komposition ist ein weiterer Faktor im Zusammenhang mit der Kopplung.
Ein weiteres 'Grundgesetz' der Software-Entwicklung lautet: Eine Architektur ist stabil, wenn die Kohäsion stark und die Kopplung schwach ist. Mit Kohäsion ist hier,

in Anlehnung an die Physik, die innere Bindungskraft eines Moduls gemeint. Sie wird bestimmt durch die 'Aufgaben-relevante Nähe' der einzelnen Elemente innerhalb eines Moduls. Werden also Elemente einer Aufgabe wie z.B. Aktualisierung des Inhalts eines Warenkorbs in einem Modul vereint, so ist die Kohäsion zwischen diesen hoch. Somit weist Kohäsion auf die (logische) Struktur in einem Modul hin.
Die Kopplung von Komponenten ist gerichtet. Für die Ablauf-Struktur ist demzufolge von Bedeutung, WER ruft WEN auf. Der vorherrschende Entwicklungsprozess wird so gesehen, dass der Architekt einer Anwendung die Richtung der Verbindung festlegt. Eine Ausnahme bildet das Prinzip 'Inversion of Control'. In diesem Fall wird von einer vorgefertigten komplexen Komponente, die der Entwickler zum Bestandteil der Anwendung macht, der Steuerungsablauf vorgegeben. Die selbsgefertigten Bausteine werden in einen Rahmen 'eingehängt' und bei Bedarf angesteuert. Dieses Architektur-Muster geht zurück auf die sogenannte 'Normierte Programmierung' der 70er Jahre und wird nunmehr für moderne Anwendungen wiederbelebt und weiterentwickelt. Zahlreiche Container für Web-Module, die Bestandteile von Web- bzw. Application-Servern sind, arbeiten nach diesem Prinzip. Folgende Aufgaben werden in der Regel von solcherart Containern übernommen:

- Instanziierung zu verwaltender Objekte
- Behandlung von Abhängigkeiten weiterer Objekte
- Unterstützung des Lebenszyklus
- Konfigurations-Support.

Außerhalb der Verwendung von Containern, wie z.B. bei Frameworks, wird in diesem Zusammenhang oft auch von 'Dependency Injection' gesprochen.

6.4 Applikations-Architektur statisch

Model-Bausteine bilden den Kern einer Anwendung – sie enthalten die Verarbeitungs-Funktionalität. WAS eine Web-Anwendung zur Unterstützung von Geschäftsprozessen leisten kann, steckt somit vor allem in diesen Komponenten. Der alltägliche Umgang mit Links macht es für uns selbstverständlich, dass Daten im Internet verteilt sind. Für Anwendungs-Komponenten, die Verarbeitungs-Aufgaben übernehmen, ist eine Verteilung im Inter- oder auch in einem Intranet nicht in gleichem Maße allgegenwärtig. Die Enterprise JavaBean (EJB) ist ein Baustein-Typ, der für solche Anforderungen ausgelegt ist.
Das Attribut 'statisch' für die Architektur mit EJBs leitet sich ab aus der Vorstellung, dass zumindest die semantische Kopplung zu solchen Bausteinen von Dauer ist.
Für die rationelle Gestaltung des Entwicklungs-Prozesses wird dieser nun selbst insofern modularisiert, als die Gesamtheit zerlegt und in Teil-Projekten erarbeitet wird. Dieser Ansatz wird, bezogen auf J2EE, in der Abbildung 6.3 deutlich gemacht. Die Abkürzungen EAR, WAR und EJB JAR stehen für die Dateiformate, mit denen für die Gesamtheit bzw. für die Teile jeweils Deployments durchgeführt werden.

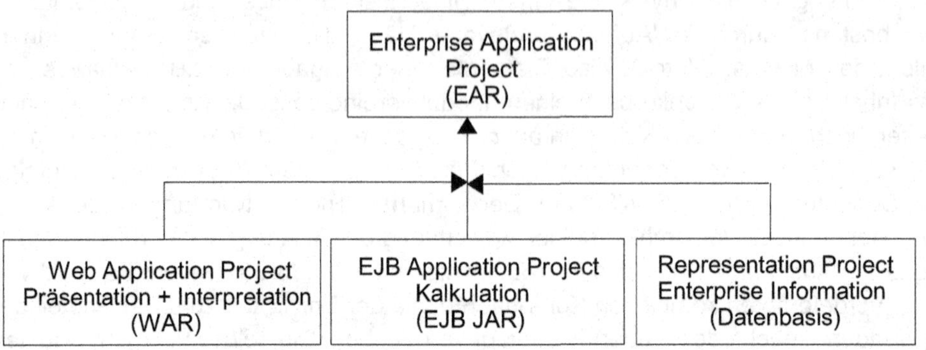

Abb.6.3 Projekt-Organisation

Arbeitsteilung, verbunden mit einer entsprechenden Spezialisierung auf die Entwicklung von Komponenten-Typen, lässt sich mit einem so 'modularisierten' Ansatz organisieren.
EJBs – gedacht als Instrument zur Rationalisierung bei der Entwicklung komplexer, verteilter Anwendungen – geben Unterstützung folgender Art:

- EJB-Container stellen (automatisch) Routine-Funktionen wie Sicherheits-Prüfungen und Transaktions-Management bereit.
- Die Beans enthalten die 'Business Logic' und entkoppeln damit die Präsentations-Funktionen des Client, auch von solchen Aufgaben wie Datenbank-Zugriff.
- EJBs sind wiederverwendbar, sodass gleiche Beans in unterschiedliche Anwendungen eingebaut werden können. Solche Anwendungen laufen auf jedem J2EE-konformen Server.

Solche Vorteile werden dann ausgenutzt, wenn

- Web-Anwendungen skalierbar sein sollen.
  In diesem Fall können EJBs auf unterschiedliche Rechner verteilt und so auf eine wachsende Anzahl von Clients eingestellt werden. Die Platzierung der EJBs bleibt für die Clients transparent.
- Transaktionen für Datenintegrität sorgen sollen.
  EJBs erlauben parallelen Zugriff auf Objekte, die von verschiedenen Clients benutzt werden.
- Web-Anwendungen mit unterschiedlichen Clients arbeiteten.
  EJBs können aus verschiedenartigen Komponenten angesteuert werden.

In Abhängigkeit vom Verwendungszweck sind EJBs ihrem Typ nach verschieden. (Zur Beachtung: Entity Beans sind mittlerweile ersetzt worden durch Java Persistence API entities.)

EJB-Typ	Charakteristik
Session	Implementierung einer Teil-Aufgabe der Anwendung. **Stateful** Verwaltung des inneren Zustands der Bean. **Stateless** Ohne Verwaltung der Werte von Zustands-Variablen.
Message Driven	Implementierung eines (asynchronen) Listeners für einen spezifischen Nachrichten-Typ.

Abb.6.4 EJB-Typen

Der schematische Aufbau von EJBs ist in der Abb.6.5 zu erkennen. Bemerkenswert ist sicherlich die Differenzierung der Schnittstelle in Home und Remote Interface. Die Einbindung solcher Bausteine kann demzufolge entweder lokal oder verteilt erfolgen. Lokal soll anzeigen, dass die EJB innerhalb derselben Java Virtual Machine (JVM) ausgeführt wird wie die einbindende Komponente. Remote hingegen verweist darauf, dass die EJB auf einem anderen Rechner platziert ist. Für die aufrufende Komponente ist die Lokalsierung der EJB transparent, d.h. explizite Kenntnis zum Installationsort ist nicht erforderlich. Neben lokal oder remote kann auf eine EJB auch wie auf einen Web Service zugegriffen werden, was hier jedoch nicht näher betrachtet werden soll.

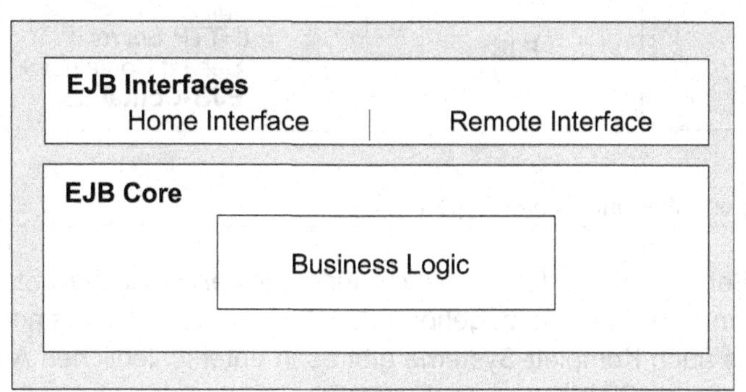

Abb.6.5 EJB-Schema

Der Aufruf einer EJB-Methode in einer Bean durch einen Client erfolgt in jedem Fall über die Bean-Schnittstelle. Sie definiert die Methoden, die von außen für andere

Komponenten 'sichtbar' sind. Für eine EJB sind folgende Dateien bereitzustellen:

Business Interface
definiert die aufrufbaren Methoden.
Enterprise Bean Klasse
implementiert die aufrufbaren Methoden.
Helper Klassen
evtl. zur Unterstützng der EJB z.B. bei der Behandlung von Ausnahmen oder zusätzlicher Funktionen.

Enterprise JavaBeans benötigen für die Ausführung ebenfalls eine spezielle Laufzeit-Umgebung, den EJB Container. Somit nimmt die Komplexität der Architektur von Plattformen für Web-Anwendungen mit der Kombination von Komponenten-Typen zu und wir haben mittlerweile folgenden Stand erreicht (Abb.6.6).

Architektur Stufe	**Komponenten-Typ**	**Server-Typ**
A	HTML-Seite	HTTP Server
B	JSF, JSP, Servlet	Web Server (HTTP Server + **Servlet Container**)
C	EJB	Application Server (HTTP Server + Servlet Container + **EJB-Container**)

Abb.6.6 Komponenten und Server-Typen

In der Spalte 'Server-Typ' sind zunächst die für die jeweilige Ausbau-Stufe erforderliche Kombination und dann die zugehörenden Teil-Systeme (Container) aufgeführt. Sowohl Teil- als auch Komplett-Systeme gibt es in unterschiedlichen Ausführungen, sodass die Palette an Plattformen doch ziemlich umfangreich und evtl. auch verwirrend ist.

Die Verbindung zwischen einer Komponente und dem entsprechenden Container zu codieren ist relativ aufwendig und in starkem Maße sich wiederholend. So sinnt man auf Vereinfachung, speziell bei den Routinearbeiten. Für EJBs des Levels 3.0 wurde zu diesem Zweck die Möglichkeit der Annotation in Java verfügbar gemacht. Sie besteht im Wesentlichen aus einigen Schlüsselwörtern, die in den Quelltext von Java-

Komponenten geschrieben werden. Daraus werden dann die erforderlichen Angaben u.a. fürs Deployment und die Organisation der Arbeit innerhalb des Containers generiert. So schreibt der Entwickler z.B. keinen Deployment Descriptor mehr, sondern überlässt dies dem verwendeten Tool.
Bezüglich des Ausbaus unserer Anwendung zeigt die Abbildung 6.7 die jetzt hinzugekommene Funktionsgruppe 'Bezahlen + Liefern'. Diese wird verbunden mit dem Komponenten-Typ 'EJB'.

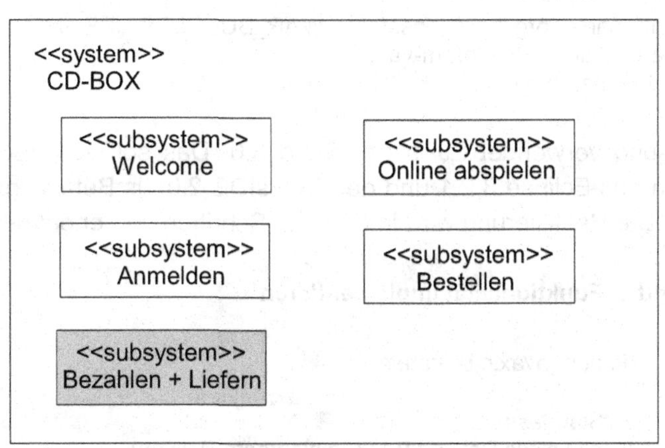

Abb.6.7 Funktions-Komplexe der CD-BOX

Bei der Umsetzung dieses Vorhabens folgen wir der o.a. Intention, komplexe Entwicklungsaufgaben in Teil-Projekte zu zerlegen. Diese werden einzeln und u.U. getrennt voneinander bearbeitet und die Teilergebnisse dann zur Gesamtlösung zusammengesetzt. Wir richten einerseits ein EJB-Projekt ein und erweitern andererseits die bisher entwickelte Anwendung um geeignete Präsentations-Komponenten für das Subsystem 'Bezahlen + Liefern'. Dabei werden wir die Entwicklungsarbeit in folgenden Schritten ausführen.

- Funktionalität implementieren
- Kopplung präparieren
- Baustein installieren (deploy).

Mit der Tabelle zur Entwicklungs- und Anwendungs-Plattform ergibt sich wieder ein Orientierungspunkt zur verwendeten Software.
JBoss 4.2.1 ist ein Application Server, der die in der o.a. Tabelle (Abb.6.6) genannten Stufen A bis C in einem Produkt vereint. Er bringt eine JSF-Bibliothek mit, was zu einem Konflikt mit dem in unserem Beispiel eingelagerten MyFaces führt. Zur Lösung dieser Unverträglichkeit ist in die web.xml folgende Eintragung aufzunehmen.

Entwicklungs-Plattform		**Anwendungs-Plattform**	
Produkt	Version	Produkt	Version
Firefox	2.0	Firefox	2.0
JBoss	4.2.1	JBoss	4.2.1
JavaSDK EE	5	JAVA JRE	1.5
JBossIDE-ALL2.0			

```
<context-param>
<param-name>org.jboss.jbossfaces.WAR_BUNDLES_JSF_IMPL</param-name>
<param-value>true</param-value>
</context-param>
```

Unsere Lösung verwendet EJBs der Stufe 3.0. Das soll von JBossIDE-All, einer Kombination aus Eclipse 3.2.1 und der JBossIDE 2.0 als Beta-Version, bewerkstelligt werden. Die Realisierung wird in den o.a. Schritten vorgenommen.

Schritt 1: Funktionalität implementieren

```
import javax.ejb.Stateless;

@Stateless
public class DeliveryBean implements Delivery
{ public String deliver(String kunde)
  { // Business Methods
    return "deliver";
  }
}
```

Schritt 2: Kopplung präparieren

Auf der Server-Seite richten wir das Interface der EJB auf den entfernten Zugriff ein.

```
import javax.ejb.Remote;

@Remote
public interface Delivery
{ public String deliver(String kd) }
```

Auf der Client-Seite wird die Kopplung durch die Annotation für die beabsichtigten Methoden-Aufrufe eingerichtet.

```
import  javax.ejb.EJB;
public class LiefHandle
{ private String kunde;
  // weitere Definitionen
```

- Fortsetzung EJBClient-Code -

```
@EJB
private static Delivery delivery;
public void LiefHandle( ) {                                          }
public String lieferg( )
{  try { String liefer = delivery.deliver("Lieferdaten"); }
   catch(Exception ex)
        { System.out.println("Exception" + ex);              }
   return "success";
}

// Set- und Get-Methoden für Datenfelder
}
```

Schritt 3: Baustein installieren

Der Bean-Provider sorgt nun, evtl. im Zusammenwirken mit dem Server-Administrator dafür, dass eine Archivdatei mit der Bean ins Deployment-Verzeichnis gestellt wird. Ein Deployment Descriptor ejb-jar.xml ist für eine EJB3.0-Anwendung nicht zwingend erforderlich. Er ist aber in der Entwicklungsphase eine gute Unterstützung beim Auffinden von Fehlern.

Die Annotationen ermöglichen dem Programm-Entwickler, Metadaten in den Quell-Code einzuarbeiten. Damit die Container unterschiedlicher Hersteller gleichartige Interpretationen dieser Daten vornehmen können, muss hier eine Standardisierung vorliegen. Für EJB 3.0 z.B gilt die JSR 220.

6.5 Applikations-Architektur dynamisch

Das An- bzw. Abkoppeln von Bausteinen nach deren Implementierung verleiht einer Architektur Dynamik. Wir finden hier eine globale Analogie zum lokalen Prinzip des 'late binding'.
Zentrale Schubkraft für die Entwicklung hin zu dynamischen Applikations-Architekturen ist sicherlich die Forderung nach flexibler Gestaltung von Geschäftsprozessen. Hier sind Prozesse gemeint, die Rechner-gestützt ausgeführt werden und hinreichend komplex sind. Komplexität und Flexibilität sind dabei insofern nicht mehr vereinbar, als eine jeweilige Neuentwicklung der Software nach dem Prinzip der statischen Applikations-Architektur 'just-in-time' nicht mehr möglich ist.
Flexibilität macht sich in unterschiedlichen Ausprägungen erforderlich wie

- Erneuern einzelner Prozess-Schritte durch effektivere Verfahren
- Veränderung in der Organisation der Wertschöpfungskette
- Verbindung von Inseln unterschiedlicher Technologien
- Aufnahme neuer Technologien
- … .

So basieren z.B. heutige drahtlose Systeme, die Prozesse, mobile Endgeräte und Rechenzentren funktional integrieren, auf solchen dynamischen Applikations-Architekturen. Mit Hilfe derartiger Middleware werden verschiedenartige Backend-Systeme mit mobilen Endgeräten unterschiedlicher Art sowie deren Anwendungen verbunden.

Was sich als Anforderung so schlicht formulieren lässt, erfordert – man kann schon sagen, wie üblich – zunächst zusätzlichen Aufwand und in der Regel auch Veränderungen in der Organisation der Software-Entwicklung. Der Aufwand geht zurück auf neuartige Technologien in Entwurf und Implementierung. Organisatorische Veränderung bedeutet vor allem ein neues 'Geschäfts-Modell' für den Einsatz von Software. Dieses wird als Prinzip in der Abbildung 6.8 dargestellt.

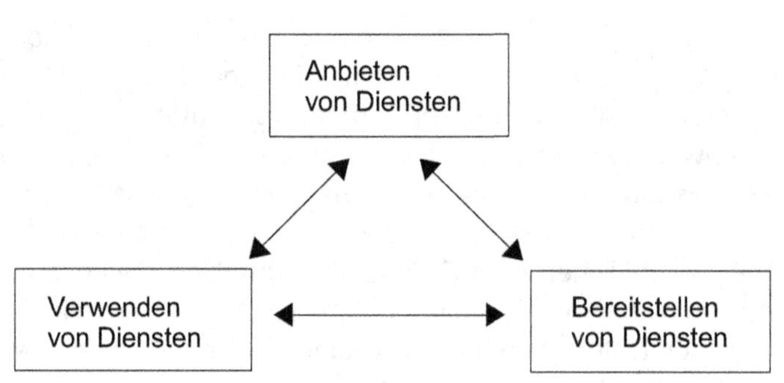

Abb.6.8 Geschäfts-Modell Software-Einsatz

Aus der Abb.6.8 ist abzuleiten, dass einzelne Schritte von Geschäftsprozessen jetzt von Software-Bausteinen unterstützt werden, die sogenannte Dienste realisieren. Solche Dienste werden im Internet publik und damit gewissermaßen jedermann zugänglich gemacht. Auffinden und Einbinden von Diensten erfordert eine entsprechende Vermittlung zwischen Bereitstellung und Verwendung. Somit können Bereitstellung und Verwendung u.a. soweit entkoppelt werden, dass zwischen Entwickler- und Benutzer-Team keine direkte Verbindung mehr erforderlich ist.

> **Applikations-Architektur dynamisch**
> ist bestimmt durch Einbindung von Bausteinen zur Ausführungszeit,
> wobei diese Komponenten im Internet – transparent für den Benutzer –
> verteilt sind.

Funktionale Anforderungen an bereitgestellte Dienste werden durch eine Schichten-Architektur wie in Abb.6.9 modelliert.

Eine solche Architektur erfordert selbstverständlich eine entsprechende Infrastruktur und den damit verbundenen Aufwand. Die W3C Web Service Architecture Working Group ließ sich bei dem Bemühen um eine entsprechende Standardisierung von

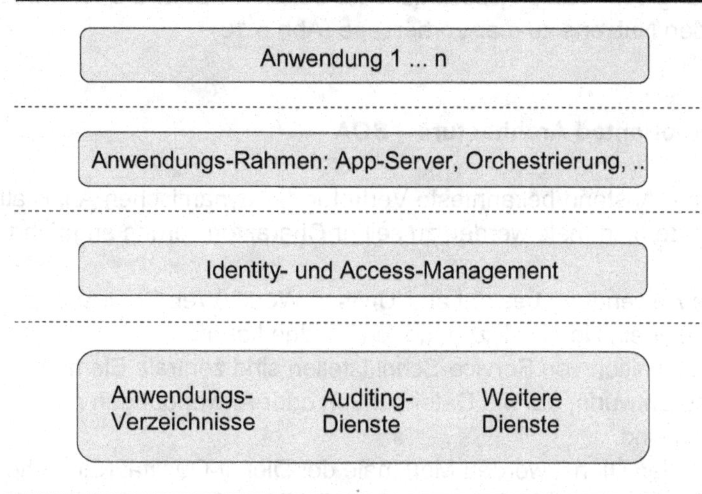

Abb.6.9 Schichten-Architektur für Dienste

Orientierungen folgender Art leiten:

- Die Architektur ist modular aufgebaut und ermöglicht damit die Kombination einer Reihe unterschiedlicher Technologien.
- Alle Technologien sind XML-basiert.
- Die Web Service Architecture ist nahtlos in die Web-Architektur integriert. D.h., Services werden als adressierbare Ressourcen behandelt und sie arbeiten mit Proxys zusammen.
- Die Architektur ist ebenso erweiterbar wie das WWW. Es ist eine Vielzahl von Kommunikationsprotokollen und Dokumentenformaten zu unterstützen. XML-Vokabulare sind mittels XML Namespaces kombinierbar. Produkte unterschiedlicher Hersteller können zusammenarbeiten.
- Der Fokus liegt auf Einfachheit, Modularität und Dezentralisierung.
- Web Services sind sicher und verlässlich nutzbar.
- Web Services sind im Sinne eines Netzwerkmanagements verwaltbar.

Bereich	**Prozess-Effizienz**	**Anwendungs-Produktivität**	**Flexibilität-IT-Struktur**	**Innovations-Fähigkeit**
Nutzen-Potenzial	sehr groß	groß	gering	sehr gering

Abb.6.10 Nutzen-Potenzial für dynamische Applikations-Architektur

Die Anwendung von 'Value Assessment' für solcherat Software führt bezüglich des zu erwartenden Nutzens zu o.a. Vorhersage (Abb.6.10).

6.5.1 Service-oriented Architecture – SOA

SOA ist der mit Abstand bekannteste Vertreter der dynamischen Applikations-Architektur. Folgende Merkmale werden zu seiner Charakterisierung angeführt:

- Eine Anwendung besteht aus 'Units of Work' (Web Services), auf die über ein Netzwerk zugegriffen werden kann.
- Die Definition von Service-Schnittstellen sind zentrale Elemente eines Entwurfs, die wie Datenbanken oder Anwendungen anzusehen sind.
- Für jeden Dienst werden Merkmale der Dienst-Qualität (Sicherheit, Performance, Verfügbarkeit, ...) explizit identifiziert und definiert.
- Die Software-Infrastruktur ist für die Verwaltung von Zugriffen, die Kontrolle der Ausführung sowie der Qualität zuständig.
- Alle Services und zugehörigen Meta-Daten werden in einem Repository katalogisiert und stehen netzweit zur Verfügung.
- Protokolle und Strukturen basieren weitestgehend auf Industrie-Standards.

Schaut man – mit funktionalem Blickwinkel – auf SOA, so lässt sich folgende abstrakte Schichten-Architektur herleiten (Abb.6.11).

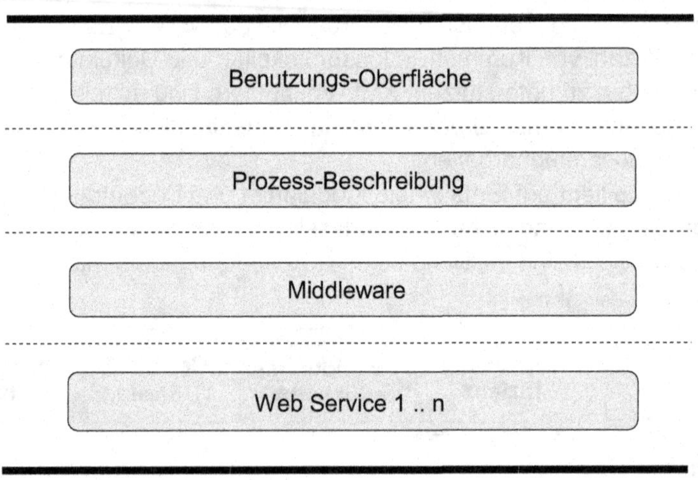

Abb.6.11 Schichten-Architektur SOA

Die Anwendungs-konstituierende Komponente ist dabei der Web Service.

Web Service
ist ein (komplexer) Software-Baustein, der im World Wide Web verfügbar ist und über spezielle Schnittstellen mit anderen Komponenten zusammenarbeiten kann (s.d. W3C Web Services Architecture Working Group).

Der Aufbau eines Web Service folgt dem in der Abb.6.12 angegebenen Schema.

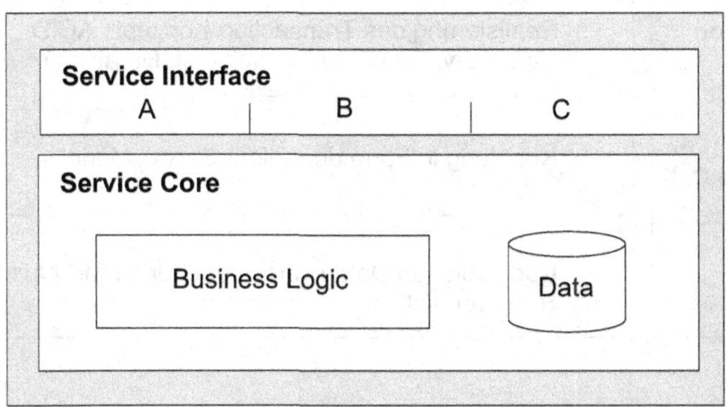

Abb.6.12 Schema Web Service

Middleware
ermöglicht die Kopplung von Software-Bausteinen, unabhängig von deren Programmiersprache, von den Kommunikations-Protokollen und von der Plattform, auf der die Komponenten ablaufen.

Wir finden hier die Weiterführung der Gedanken zur globalen Baustein-Komposition im Abschnitt 6.3. Für die Implementierung einer solchen Kopplung gibt es eine Palette von Möglichkeiten. Die Orientierung an sogenannten Basis-Techniken führt zu folgender Unterscheidungen.

Prozess-Beschreibung
ist das Beschreibungs-Modell eines Prozesses.

Prozess
ist der Ablauf einer (zusammengesetzten) Arbeitsaufgabe der relevanten Realität.

Die IT-bezogene Arbeit mit Beschreibungs-Modellen von Geschäftsprozessen bringt ein spezifisches Arbeitsfeld, das Business Process Management, hervor. Und innerhalb dieses Zweiges gibt es Differenzierungen, um der Vielfalt der Anforderungen gerecht werden zu können. Eine solche Unterteilung in BPM-Typen gemäß der anvisierten Hauptfunktion zeigen wir in der Abb.6.14 auf. Die Notationsformen für Prozess-Modelle sind – bedingt durch BPM-Typ, Anbieter von Sprachen und Tools sowie weiterer Aspekte – recht vielfältig.

Basis-Technik	Charakteristik
Component Oriented	Verschiedene Anwendungen werden als ein Gesamtsystem verfügbar.
Message Oriented	Die Kopplung erfolgt mittels Message Queues, die von der Middleware verwaltet werden.
Transaction Oriented	Realisierung des Transaction-Konzepts ACID (Atomicity, Consistency, Isolation, Durability).
Remote Procedure Call	Kopplung in Form des Client-Server-Modells.
Data Oriented	Kopplung von Daten verschiedener DBMS plus Synchronisation.

Abb.6.13 Basis-Techniken Middleware

BPM-TYP	Charakteristik
Verwaltung von Arbeitsabläufen	Zuweisung menschlicher Aktivitäten verbunden mit Statusmeldungen zum Bearbeitungsstand
Dokumenten- und Bilder-Verwaltung	Verteilung von Dokumenten (z.B. auf Arbeitsplätze).
Tools zur Prozess-Modellierung	Modellierung der Prozess-Aspekte und Verbindungen.
Application Server	Steuerung der Interaktion von System zu System (u.U. mit Integrations-Broker).
Plattform für Geschäfts-Regeln	Modellierung und Verwaltung von Entscheidungs- und Diagnose-Logik.

Abb.6.14 BPM-Typen

Die Umsetzung einer Prozess-Beschreibung führt zu einem Workflow, dessen Bestandteile eben die spezifizierten Services sind. Somit sind Workflow-Systeme (Workflow Management Systems - WFMS) eine unabdingbare Komponente von SOA-Anwendungen. Ein solcher Workflow ist die Abbildung von Geschäftsprozessen auf IT-Systeme bzw. Teilsysteme. So wird mit der Prozess-Beschreibung die Verbindung zwischen Geschäfts- und IT-Vorgängen hergestellt und die Möglichkeit zur flexiblen Reaktion auf Veränderungen in den realen Abläufen eingerichtet. Die Unterstützung mittels automatisierter Workflows ist in der industriellen Produktion seit geraumer Zeit sehr erfolgreich.

Die 'Bezugsquellen' für die Konstruktion (und Ausführung) einer SOA-Anwendung sind – aufbauend auf dem bereits angegebenen Geschäfts-Modell Software-Einsatz, (Abb.6.8) – wie folgt organisiert.

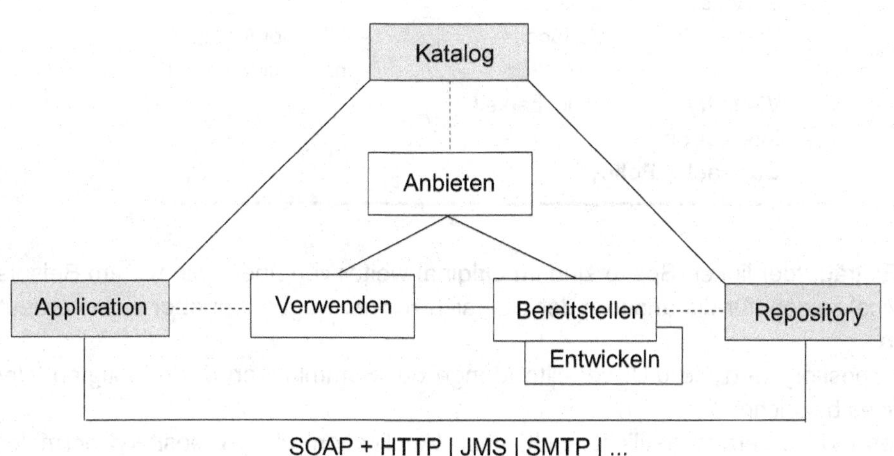

Abb.6.15 SOA-Komponenten

Service Appl. := Service 1 + Service 2 + ... + Service j.
Notation := Prozess-Beschreibung in **BPEL**.
Katalog := Web Service Description 1 +
Web Service Description 2 +
...
Web Service Description k.
► UDDI := Universal Description, Discovery and Integration.
Notation := **WSDL** - Web Service Description Language.
Repository := Service 1 + Service 2 + ... + Service l.
Notation := Programmiersprache | ... .
SOAP = Simple Object Access Protocol
ist ein Netzwerk-, Transport und Programmiersprachen-neutrales Protokoll für den Abruf eines Service vom Repository durch eine Application.

Die Anwendung von Web Services (Application) ist hier verkürzend auf die Prozess-Beschreibung reduziert. Dies ist sicherlich leicht zu erkennen, denn mittlerweile haben wir herausgearbeitet, dass eine komplette SOA-Anwendung erst mit Hilfe weiterer Komponenten zustande kommt (s.Abb.6.12).
Ein Katalog (UDDI) ist im allgemeinen Fall erforderlich, d.h. wenn Anbieter und Anwender von Services nicht direkt in Verbindung stehen. Im Falle eines unmittelbaren Austausches ist es durchaus denkbar, dass ohne einen solchen Katalog gearbeitet wird. Eine Web Service Description enthält dem OASIS-Referenzmodell [OASIS 2006] zufolge Angaben zum Service selbst sowie zur Zusammenarbeit mit ihm.

Service Description

Service	Funktion	
	Interface	- Behavior Model
		- Information Model
Visibility	Erreichbarkeit	
Interaction		
Contract & Policy		

Die Einträge der linken Spalte sind im Original weiter verfeinert, wie wir am Beispiel 'Service' zeigen, für die anderen der Übersichtlichkeit wegen hier aber nicht verdeutlichen.
Mit Repository wird die u.U. verteilte Menge der Sammlungen der benötigten Web Services bezeichnet.
Dieses Modell veranschaulicht auch, dass 'Application' und 'Repository' normalerweise physisch voneinander getrennt sind, was sowohl den Zugriff über die angedeuteten Protokolle SOAP + HTTP | ... SMTP als auch die Mitwirkung der in der abstrakten Architektur angegebenen Middleware weiter verdeutlicht.
Auch die hier entwickelte, auf das Wesentliche zurückgeführte, Darstellung von SOA lässt erkennen, dass sehr viele und recht unterschiedliche Aspekte beachtet

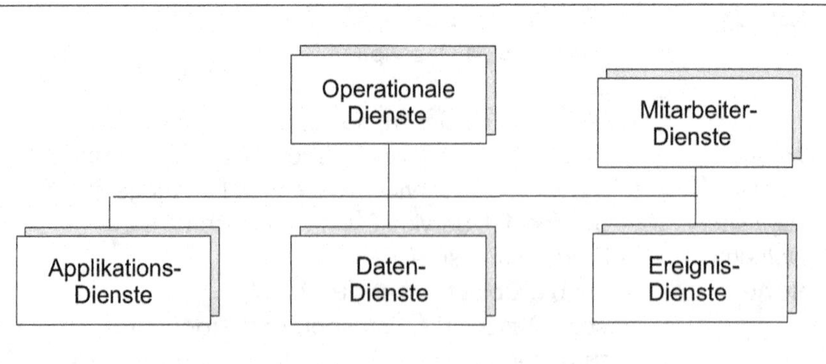

Abb.6.16 Dienste-Hauptgruppen

werden müssen. Um die damit verbundenen Aktivitäten nicht übermäßig divergieren zu lassen, werden von großen Software-Entwicklern Referenz-Modelle vorgeschlagen. Darin werden Dienste vorzugsweise in Funktions-Gruppen eingeteilt und diese dann zu einem Schichten-Modell zusammengefügt. Unabhängig von der jeweiligen Gestaltung des Modells orientieren wir uns an folgenden Hauptgruppen operationaler Services (Abb.6.16). Als Beispiel eines solchen Vorschlags für ein Referenz-Modell greifen wir hier die 'SOA Foundation', wie von High [High u.a. 2005] für IBM beschrieben, auf.

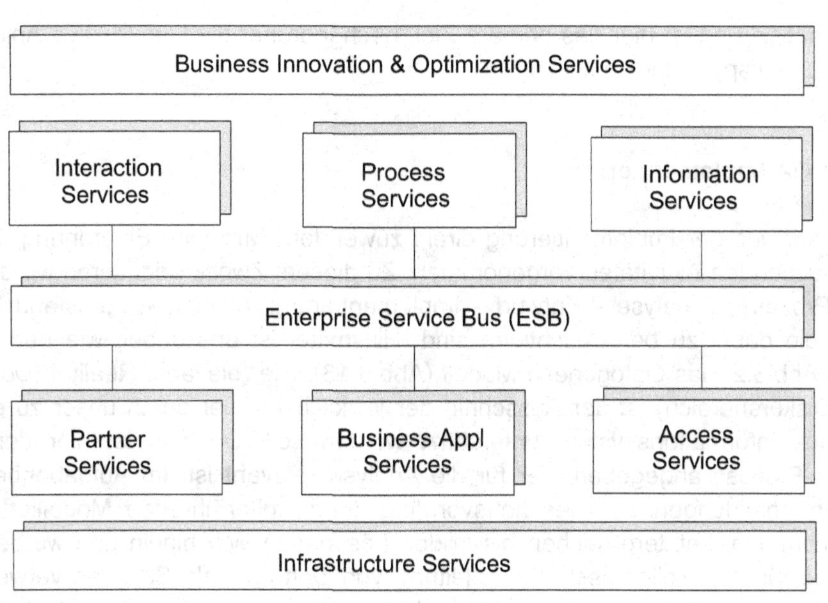

Abb.6.17 Referenz-Modell nach High

Interaction Services
ermöglichen das Zusammenwirken von Menschen mit Prozessen und Informationen. Sie realisieren somit die Präsentations-Komponenten.

Process Services
parametrisieren (orchestrieren) und automatisieren die zu unterstützenden Geschäfts-Prozesse und realisieren somit die sogenannte Geschäfts-Logik.

Information Services
verwalten unterschiedliche Daten-Inhalte und -Formate in vereinheitlichter Form. Sie bilden die Komponenten des Enterprise Information System.

Enterprise Service Bus
ist die Vermittlungs-Komponente für die Zusammenarbeit von Services, unabhängig von deren Lokalisierung in der Anwendung.

Partner Services
richten den Zugriff auf Dienste ein, die nicht von der eigenen Organisation bereitgestellt werden.
Business Application (Appl) Services
realisieren bestimmte Kerne, d.h. die grundsätzlichen Bausteine der Geschäfts-Logik. Sie sind nicht weiter zerlegbar, wohl aber als Komponenten für den Aufbau komplexerer Prozesse geeignet.
Access Services
integrieren andere Anwendungen, bevorzugt wird hier an die sogenannten Legacy-Systeme gedacht, in eine SOA.

Systematisierung ist hier das primäre Ziel, nachgeordnet die konstruktive Anleitung zum Aufbau spezieller Architekturen.

6.5.2 SOA-Implementierung

Bevor wir uns der Implementierung direkt zuwenden, wird eine Einordnung der zu untersuchenden Aktivitäten vorgenommen. Zu diesem Zweck orientieren wir die Arbeits-Prozesse 'Analyse - Entwurf - Implementierung' an den Gegenstandsbereichen, die dabei zu berücksichtigen sind. Hilfsmittel ist uns dabei, wie bereits im Kap.3 Abb.3.2, das Ontogenese-Modell (Abb.6.18). Die relevante Realität (Domäne oder Diskursbereich) ist der Ausschnitt der Wirklichkeit, der durch unser zu entwickelndes Informationssystem unterstützt werden soll. Deshalb ist hier der Geschäfts-Prozess angegeben, der für die Analyse relevant ist. Im Aufgabenbereich werden Abbildungen der Geschäftsvorgänge und weiterführende Modellierungen vorgenommen. Letztere reichen bis in den Lösungsbereich hinein und werden als Eingabe für den Teilprozess zur Ableitung von Software als Services verwendet. Software Services sind in der Regel recht komplexe Bausteine, die selbst wieder aus Komponenten zusammengesetzt werden. Die komplette Implementierung wird dann als SOA-Anwendung eingesetzt, wodurch die ursprüngliche nun zur veränderten Realität wird. Sie kann dann, bei erforderlichen Veränderungen oder einer Neuentwicklung, zur relevanten Realität werden. Verfolgt man diesen Weg gedanklich, ergibt sich ein so häufig zitierter Software-Lebenszyklus. Die diesen Weg markierenden Produkte sind relativ grobkörnig, für eine Orientierung jedoch gut geeignet. Business Process Management sowie Service Management sind im Diagramm gewissermaßen als Aktivitäten im Hinergrund gekennzeichnet um deutlich zu machen, dass im Zusammenhang mit der Software-Entwicklung weitere Aufgaben zu übernehmen sind.
Eine Implementierungs-Architektur muss natürlich auch für SOA den Einfluss der Plattform berücksichtigen, die zur Abarbeitung vorgesehen ist. Mit Bezug auf die abstrakte Schichten-Architektur (Abb.6.11) wird nun eine diesbezüglich relevante Menge von Implementierungs-Aspekten untersucht. Wir bleiben auf der Linie, zur Demonstration von Architektur-Ansätzen und -Prinzipien Java- bzw. J2EE-Anwendungen zu verwenden.

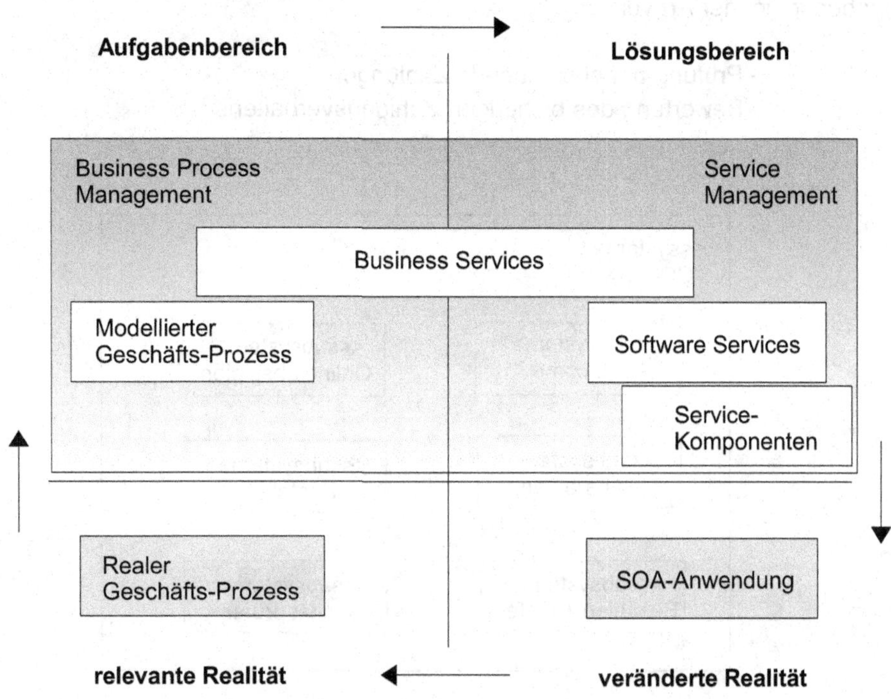

Abb.6.18 Einordnung Service-Implementierung

Die Anforderung an unser Demo-System 'CD-BOX' wird erweitert um den Wunsch nach Prüfung der Bonität im Zusammenhang mit der Funktion 'Bezahlen' (Abb.6.19). Wir beginnen mit der Implementierung eines entsprechenden Dienstes. Diese Art des Herangehens – nämlich bottom-up – ist dem im Allgemeinen vorzuziehenden top-down approach entgegengesetzt. In unserem Fall deshalb vertretbar, weil die Architektur der gesamten Anwendung als bereits gegeben angesehen wird und lediglich eine kleine Gruppe von Bausteinen in diese eingefügt werden soll. Dennoch wollen auch wir uns an die Arbeitsschritte zur Entwicklung von Diensten erinnern:

- Service-Identifikation
- Service-Spezifikation
- Service-Realisierung.

Die Identifikation des Dienstes ist, so unterstellen wir jetzt, hervorgegangen aus der Analyse der Domäne und der Dekomposition der Gesamtheit in Teil-Aufgaben.

Die Spezifikation des Dienstes sieht im Rahmen der funktionalen Anforderungen Aufgaben folgender Art vor:

- Prüfung auf ausstehende Zahlungen
- Bewertung des bisherigen Zahlungsverhaltens
- ... .

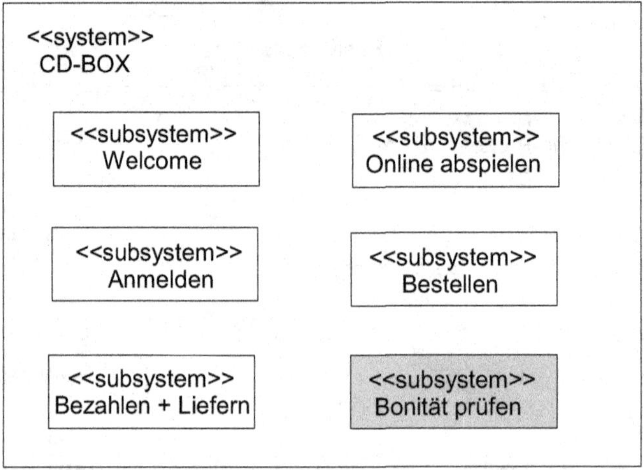

Abb.6.19 Funktions-Erweiterung für CD-BOX

Für weiterführende Aufgaben kann man sich sicherlich leicht die Nutzung von Diensten externer Anbieter (Banken, Kreditkarten-Unternehmen, ...) vorstellen. Zunächst brauchen wir jedoch (nun nachträglich) eine Entscheidung darüber, welche Komponente der vorliegenden Anwendung als Client für den Web Service fungieren soll. Die Achitektur unserer Anwendung wird wie folgt verändert:

- Die EJB-Komponenten werden aufgegeben.
- Die Funktions-Komplexe 'Bezahlen + Liefern' sowie 'Bonität prüfen' werden Service-Komponenten übertragen.

Entwicklungs-Plattform			**Anwendungs-Plattform**	
Produkt	Version		Produkt	Version
Firefox	2.0		Firefox	2.0
Tomcat	5.0		Tomcat	5.0
JavaSDK EE	5		JAVA JRE	1.5
Eclipse	3.3	(WTP-All-In-One-R2.0)		
ActiveBPEL			ActiveBPEL	
Designer	4.1		Engine	4.1

Die Abarbeitung von Web Services erfolgt in Containern vom Typ B (s.d. Abb.6.6), was die Anforderung an Entwicklungs- und Laufzeit-Umgebung entsprechend beeinflusst. Der bevorzugte Container ist 'AXIS', selbst als Anwendung für einen Server ausgelegt. Dieser Container wird dem Server entweder explizit hinzugefügt oder implizit mit der Anwendung des Entwicklers übergeben.
Für unsere Entwicklung verfolgen wir nachstehende Linie: Die Service-Anwendung ist vom Typ JAX-WS. JAX steht für Java API für XML-Web-Services; eine Technologie, die als Quasi-Standard Plattform-unabhängig ist. Die wesentlichen Merkmale für JAX-WS sind:

- XML als Kommunikation zwischen Client und Service
- Services (und u.U. auch Clients) sind Java-Klassen
- Erzeugen und Parsen von SOAP-Nachrichten werden nicht vom Entwickler ausgearbeitet
- Message-orientierte und RPC-orientierte Services möglich.

Sowohl für die Entwicklung als auch für die Nutzung von Web Services sind Kenntnisse zu Funktionalität und Randbedingungen vonnöten. Diese werden in der Web Service Description (WSD) komprimiert abgelegt. Deshalb empfiehlt sich die WSD als 'Kristallisations-Kern' für die Anwendung oder auch die Implementierung von Diensten. Je nach Situation stammt eine WSD aus unterschiedlichen Quellen.

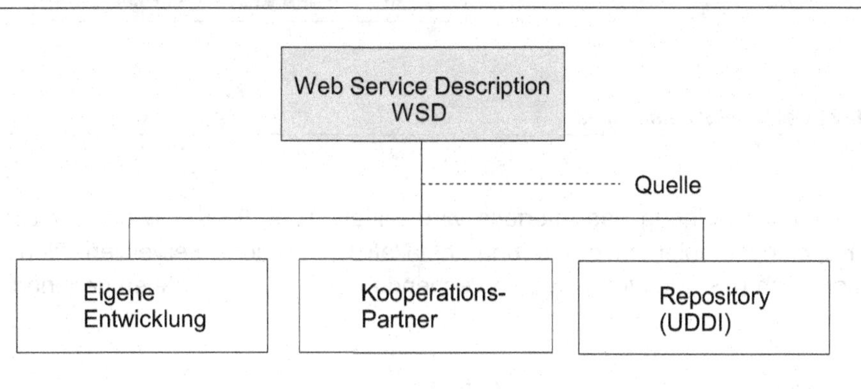

Abb.6.20 WSD-Quellen

Die Implementierung eines Dienstes einschließlich SOAP-Verbindung bedarf einer stattlichen Anzahl technologischer Fakten und Details. Diese in XML zu notieren ist auch für geübte Entwickler zeitraubend und fehleranfällig. Das drängt zu der Überlegung, für die Entwicklung solche Tools zu verwenden, die entsprechende Komponenten generieren.
Für unsere Beispiel-Anwendung betrachten wir jetzt die o.a. Beschreibung zur Erweiterung der Funktionalität als hinreichend präzise Anforderungs-Spezifikation. Diese wird, mittels des grafischen WSDL-Editors in eine WSD umgesetzt, die im vorliegenden Fall aussieht wie in Abb.6.21. (Der Umgang mit dem Editor und sei-

ne Zusammenarbeit mit weiteren Schritten der Service-Entwicklung sind doch gewöhnungsbedürftig.) Der größere Teil dieser grafischen Beschreibung ist dem Interface von 'CheckOf' zugeordnet. Hier werden die einzelnen Methoden des zu entwicklenden (oder bereits vorliegenden) Dienstes mit ihren Parametern deklariert. In einem gesonderten Feld (documentation pane) lässt sich eine verbale Charakterisierung der Methoden hinzufügen. Der Dienst selbst spielt optisch eine untergeordnete Rolle. Damit wird signalisiert, dass der Focus auf dieser Stufe auf dem Interface liegt, der Dienst wird daraus abgeleitet.

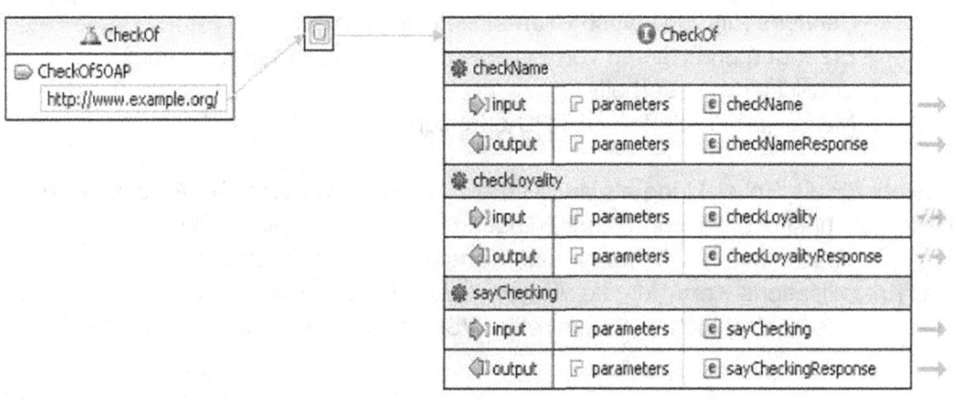

Abb.6.21 Demo-WSD als Grafik

Nach Vervollständigung des Interface wird mittels Tool die Reihe der zur Dienst- und Kopplungs-Implementierung und Installation auf dem Server erforderlichen Komponenten (als Skeletons für entsprechende Klassen) und Dateien generiert. Wir erhalten:

Datei	Aufgabe
CheckOf.wsdl	Web Service Description
CheckOf.java	Dienst-Interface
CheckOfService.java	Dienst-Interface (intern)
CheckOfSoapBindingImpl	Progr.-Logik für den Dienst
CheckOfSoapBindingStub	Progr.-Logik der SOAP-Schicht
CheckOfSoapBinding-Skeleton	SOAP-Stub
CheckOfServiceLocator	Lokalisierung des Dienstes
+ Deployment Deskriptoren ...	

Hier sind vor allem Elemente zur Realisierung von Verbindungen zwischen Client und Web Service separiert und in Wrapper-Klassen verpackt worden. Dennoch lädt eine solche Liste nicht gerade dazu ein, all diese Dateien selbst zu erstellen und mit den geeigneten Inhalten aufzufüllen.
Eine WSD-Implementierung in XML definiert Dienste als Netzwerk-Endpunkte oder Ports. Ein WSDL-Dokument ist die Zusammenfassung aller relevanten WSDs.
Die WSD trennt die logische Definition der Endpunkte und Nachrichten von der physischen Platzierung im Netzwerk und vom Datenformat der Kopplung. So wird nach der Aufzählung der involvierten Daten-Typen und Operationen erst mittels

```
<wsdlsoap:address location="http://<host>:<port>/<context>/services/<name>"/>
```

angegeben, wo der Service mit den entsprechenden Methoden zu erreichen ist. Insgesamt finden in einer WSD Elemente folgender Art Verwendung:

Typ
Definition der Daten-Typen unter Verwendung bestimmter Typ-Systeme wie XSD.
Nachricht
Definition der Daten-Typen, die ausgetauscht werden.
Operation
Beschreibung einer Aktion, die der Service übernehmen kann.
Port-Typ
Menge von Operationen, die vom Service unterstützt werden.
Binding
Definition einer Kopplung mittels Protokoll und Port-Typ.
(Das Protokoll ist üblicherweise SOAP und für die Daten-Formatierung wird 'literal' benutzt.
Port
Definition eines Endpunkts mittels Kopplung (Binding) und Netzwerk-Adresse.
Service
Sammlung zusammengehörender Endpunkte.

Mit der Eclipse-Funktion 'Web Service erzeugen' wird eine Folge von Teilschritten aufgerufen:

'**develop - assemble - deploy - install - start**'.

Durch Generierungsabschnitte innerhalb dieser Kette kann dem Entwickler viel Routine-Arbeit abgenommen werden. Voraussetzung ist wie immer, dass dieser Prozess ohne jedwede 'Verirrung' abläuft. In der Regel brauchen die Tools jedoch ab und an Unterstützung bzw. korrigierende Hinweise. So ist z.B. zu beachten, dass in der von uns eingesetzten Eclipse-Version ein benötigter Deployment-Deskriptor *server-config.wsdd* (mit Hilfe der Ant-Files) nur generiert wird, wenn als Ziel-Server 'Tomcatx' ausgewählt worden ist.
Wir richten zur Ausarbeitung der Service-Komponenten wiederum ein eigenständiges Projekt (Name: CDS-EPR-WSxx, Typ: Dynamisches Web Project) ein. Mit dem

o.a. Einstiegspunkt gestaltet sich unsere Service-Entwicklung anhand nachstehend skizzierter Linie (dabei ist nach dem Schritt 1 ein iterativer Ablauf zu erwarten):

Schritt 1: Web Service Description spezifizieren
Aus der Anforderungs-Spezifikation leiten wir eine adäquate WSD ab (s.o). Hier ist es zweckmäßig, den gesamten Zyklus 'develop .. start' ausführen zu lassen, damit alle erforderlichen Komponenten angelegt werden.

Schritt 2: Funktionalität für Web Service präparieren
Soweit noch nicht ausgearbeitet, werden nun in der Datei CheckOfSOAPImpl.java die generierten Stubs für die Methoden-Definitionen mit den für die jeweilige Operation erforderlichen Anweisungen aufgefüllt.

```
/**
 * CheckOfSoapBindingImpl.java
 * This file was auto-generated from WSDL
  * by the Apache Axis 1.4  WSDL2Java emitter.
 */
package DefaultNamespace;
public class CheckOfSoapBindingImpl implements DefaultNamespace.CheckOf
{ public java.lang.String sayChecking(java.lang.String name)
                                        throws java.rmi.RemoteException
  { // SayChecking-Anweisungen
    return name;
  }
  public java.lang.String checkName(java.lang.String in)
                                        throws java.rmi.RemoteException
  { // CheckName-Anweisungen
    return in;
  }
  public java.lang.String checkLoyality(java.lang.String kunde)
                                        throws java.rmi.RemoteException
  { // CheckLoyality-Anweisungen
    return kunde;
  }
}
```

Schritt 3: Web Service (erneut) installieren
Das veränderte Projekt als WAR-File in das entsprechende Verzeichnis des Servers exportieren.

Schritt 4: Web Service Client präparieren
Als Anschlusspunkt für den Web Service wählen wir (wieder) die Klasse LiefHandle im Projekt CDS-EPR-WEB. Für eine Übersetzung ohne Fehlermeldungen ist ein entsprechender LInk zu der relevanten Ressource in CDS-EPR-WSTD einzurichten. Der Wert für die Location des Service wird aus der WSD besorgt, denn hier ist angegeben, wohin 'deployed' wurde.

```
package listeners;
import DefaultNamespace.CheckOf;
import DefaultNamespace.CheckOfServiceLocator;
import java.net.*;
import javax.xml.ws.WebServiceRef;

public class LiefHandle
{  private String kunde;
   private String name;
   private String strasse;
   private String ort;
   private String plz;
   private String cardname;
   private String cardnummer;
   private String carddatum;

   public String lieferg( )
   { try { CheckOfServiceLocator loc = new CheckOfServiceLocator( );
           CheckOf service = loc.getCheckOf( );
           String res = service.sayChecking("kunde");
           System.out.println("SAYCHECKING IS:  " + res);
       }
    catch (Exception e) {  System.out.println("EXCEPTION IS: " + e);  }

       return "success";
   }

  // Setter- und Getter-Methoden
}
```

Schritt 5: Web Service aufrufen

Nach dem Deployment für die veränderte Web-Anwendung CDS-EPR-WEB kann diese ausgeführt und dabei der Web Service mit aufgerufen werden.

Bei der Arbeitsrichtung bottom-up haben wir uns wie folgt orientiert:

Schritt 1: Web Service implementieren

Ausarbeiten des Quell-Codes für die Funktion des Web Service.
(Hier wiederum auf ein 'Demo-Minimum' reduziert.)
Die Realisierung des funktionalen Kerns unseres vorgesehenen Dienstes ist in Java recht unspektakulär. Die eingesetzte Technik ist uns bereits aus der Entwicklung von EJBs bekannt: die Annotation. Diese Einfügungen sind zur Laufzeit sichtbar und sorgen in Zusammenarbeit mit dem jeweiligen Container für die avisierte Funktionalität. Die Ausformung der Entwicklungs-Schritte ist relativ stark abhängig von den eingesetzten Werkzeugen.

```
import javax.jws.WebService;
@WebService
public class CheckOf
{ public String sayChecking(String name)
  { return name; }
}
```

Schritt 2: Web Service generieren

Mit der o.a. Eclipse-Funktion 'Web Service erzeugen' wird eine Folge von Teilschritten aufgerufen:

'develop - assemble - deploy - install - start'.

Sie lassen sich als Gesamtheit oder in Teilblöcken, die jeweils bei develop beginnen, ausführen.

Schritt 3: Kopplung präparieren

Im Client ist für eine Ansteuerung des Dienstes zu sorgen. Auch diese ist jetzt mittels Annotation einzurichten.

```
package listeners;
import  javax.xml.ws.WebServiceRef;
import  services.CheckOf;
public class LiefHandle
{ private String kunde;
  private String name;
  private String strasse;
  private String ort;
  private String plz;
  private String cardname;
  private String cardnummer;
  private String carddatum;
    @WebServiceRef
  (wsdlLocation="http://localhost:8080/CDS-EPR-
                    WS/services/CheckOf/CheckOfService?WSDL")
  static CheckOf service;
  public String lieferg( )
  {  try { String res = service.sayChecking("gast");          }
     catch(Exception e)
     { System.out.println("Unable to find CheckOf-Service"); }
 return "success";
  } // Setter- und Getter-Methoden
}
```

Die Gestaltung der Schnittstelle von Web-Services lässt im allgemeinen Fall die Wahl zwischen drei verschiedenenen Ansätzen [vgl. Liebhart 2007].

Ansatz	Charakteristik
Method-centric	Call + Return – ähnlich RPC - für einfache Parameter geeignet
Message-centric	Austausch strukturierter Daten - für komplexe Parameter geeignet
Resource-centric	Nur HTTP-Methoden (GET, POST, PUT)

Abb.6.22 Schnittstellen-Ansätze nach Liebhart

Unsere Anwendung hat u.a. das Merkmal, dass die Komponenten direkt miteinander in Verbindung gebracht werden. Diese Architektur ist dann möglich, wenn dem Anwendungs-Entwickler die Web Services bis hin zum Installationsort bekannt sind (logische Integration). Für komplexere SOA-Anwendungen ist diese Randbedingung nicht immer gegeben. Dann ist es zweckmäßig, die zahlreichen Kommunikations- und Überwachungs-Funktionen in eine eigenständige Software-Schicht – die Middleware – zu legen. Die bevorzugte Form dafür ist der Enterprise Serice Bus (ESB).

Enterprise Service Bus
ist eine zentrale Software-Komponente zur Virtualisierung
von Service-orientierten Kopplungs-Infrastrukturen.

Eine allgemeingültige Orientierung zur Funktionalität eines ESB wird mit der Java Business Integration Specification versucht (JSR 208). Hier sind Aufgaben wie folgt angegeben:

- Deployment von Anwendungs-Bausteinen
- Verwaltung des Lebens-Zyklus von Komponenten
- Kontrolle und Monitoring von Komponenten
- Routing und Messaging
- Kommunikations-Bus
  zur Integration verschiedenartiger Anwendungen mittels vorgefertigter Adaptoren
- Transformations- und Mapping-Schnittstellen
  für Format-Konvertierungen, Transformation von Nachrichten, verallgemeinerte Verarbeitungs-Logik
- Abarbeitung von Geschäfts-Regeln.

Die Integration mittels ESB ist Funktions-orientiert. Somit ist zu erwarten, dass auch ein Daten-orientierter Ansatz möglich ist. Die sogenannte Enterprise Information Integration basiert auf einer generellen Sicht auf die relevanten Unternehmensdaten.
Vergleicht man nun die Verwendung von Web Services mit der EJB-Technologie, so ist der große Schritt in Richtung dynamische Architektur nicht gleich auszumachen. Was wir finden ist ein anderer Typ des konstituierenden Bausteins. So muss es einen weiteren 'Mechanismus' geben, der Dynamik in der Architektur zulässt. Um diesen aufzuspüren, gehen wir im SOA-Schichtenmodell (Abb.6.11) weiter nach oben. Bisher haben wir uns auf den Ebenen Web Service und Middleware bewegt. Jetzt steigen wir auf in die Schicht der Prozess-Beschreibung. Letztere wurde bereits als Rechner-bezogenes Modell eines Geschäfts-Prozesses charakterisiert. Und wir haben darauf hingewiesen, dass diesbezügliche Modellierung und ihre Verwaltung zum Business Process Management führen. Wie kann nun eine solche Prozess-Beschreibung ausssehen? Allgemein gesprochen handelt es sich um ein Zustands-Diagramm, wie wir es in seinen grundlegenden Elementen – Sequenz, Selektion und Iteration – aus anderen Kontexten kennen. Hinzu kommen correlation sets zur Instanziierung, partner links zur Ankopplung von Aktionen (z.B. Services) und fault manager für die Behandlung von Fehlern.

Um die Kreativität der Tool-Entwickler auf diesem Gebiet ein wenig zu kanalisieren, wurde 2006 die Business Process Modeling Notation als OMG-Standard festgelegt [OMG 2006]. Die 'Core Elements' dieser Notation zeigt die Abb.6.24. Sie erfahren noch zahlreiche Verfeinerungen und Situations-spezifische Ausprägungen, die hier übergangen werden. Eine (fiktive) Anwendung dieser Notation zeigt Abb.6.23.

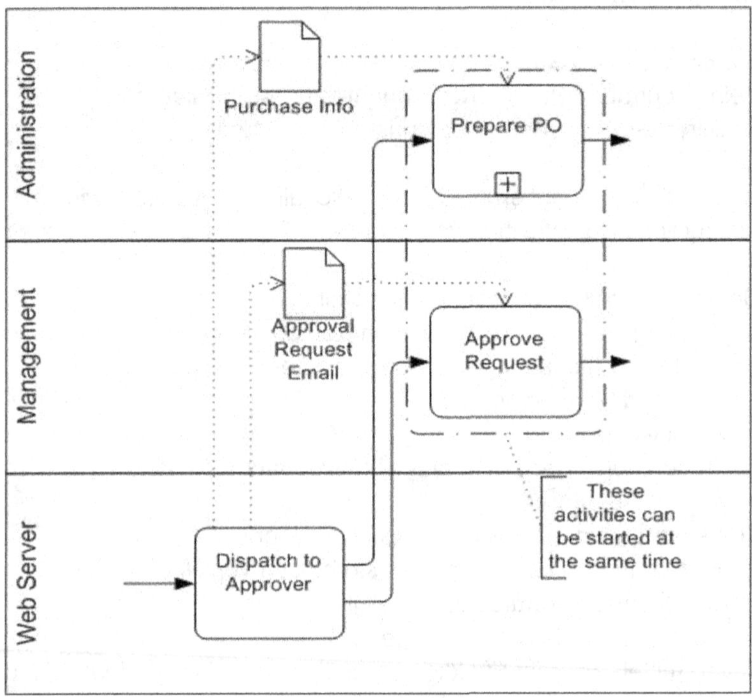

Abb.6.23 BPMN-Beispiel (aus White 2004)

In einem Pool werden dann die Aktivitäten einer Organisations-Einheit in einem Unternehmens modelliert.

Orchestrierung
wird der Vorgang genannt, in dem (innerhalb eines Pools) zusammengestellt wird, welche Services in die Anwendung einbezogen und in welcher Reihenfolge sie unter den jeweiligen Bedingungen aufgerufen werden.

Choreografie
ist die Modellierung der Zusammenarbeit verschiedener Organisations-Einheiten eines Unternehmens (und zeigt damit die Wechselwirkung zwischen verschiedenen Pools).

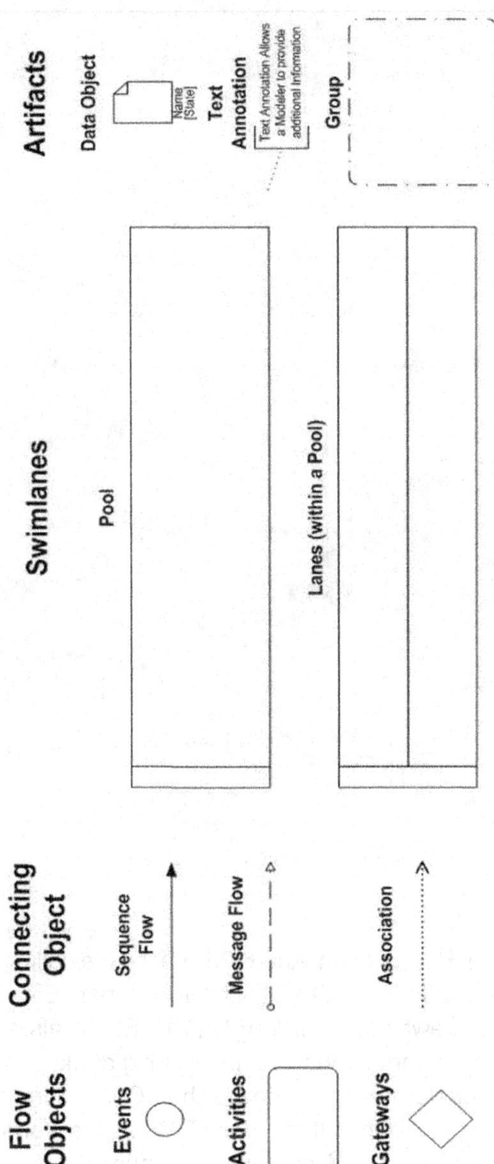

Abb.6.24 Core Elements in BPMN

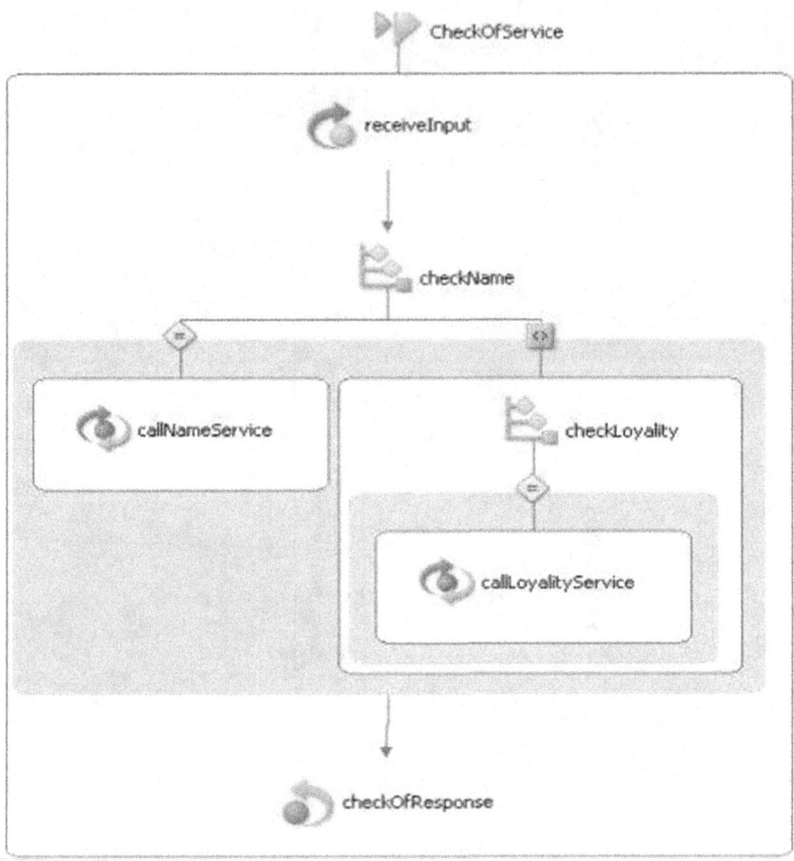

Abb.6.25 Modellierungs-Beispiel CheckOf

Die Modellierung in der Form wie in Abb.6.25 macht Flexibilität bei der Gestaltung von IT-gestützten Geschäfts-Prozessen leicht vorstellbar. Eine solche Grafik kann unmittelbar in BPEL umgewandelt werden. Und BPEL ist als ausführbare Sprache angelegt, d.h. BPEL-Programme können Server-seitig direkt ausgeführt werden. Natürlich bedarf es dafür wiederum eines spezifischen Containers, der BPEL Engine.

Ein zusätzlicher Ansatz, die Gestaltung der IT-Prozesse variabel zu machen ist, Business Process Rules aus den Algorithmen herauszulösen und extern zu notieren. Das Workflow Management System greift dann zur Ausführungszeit der Teilprozesse (Services) auf die jeweils aktuellen Regelmengen zu (s. Abb.6.26).

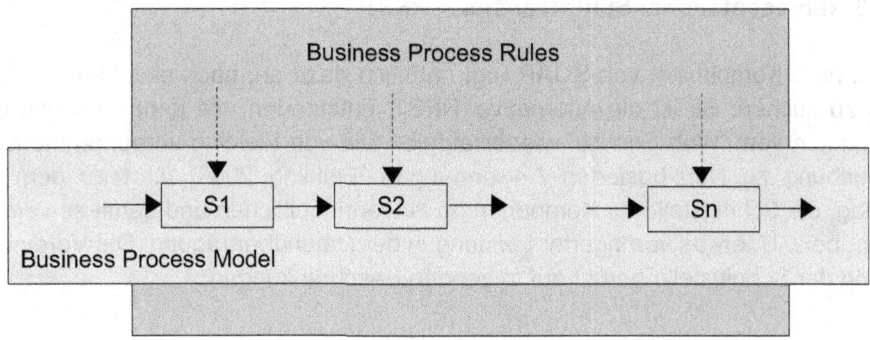

Abb.6.26 Flexible Gestaltung von Geschäftsprozessen

Die einzelnen Arbeitsfelder und Ergebnisse des Komplexes 'Entwicklung SOA' werden nun wieder zusammengesetzt zu einem Gesamtbild [s.d. Heutschi, Legner & Österle, 2006], welches gut geeignet ist, Teilbereiche und Komponenten sowie Beziehungen zwischen ihnen en bloc aufnehmen zu können.

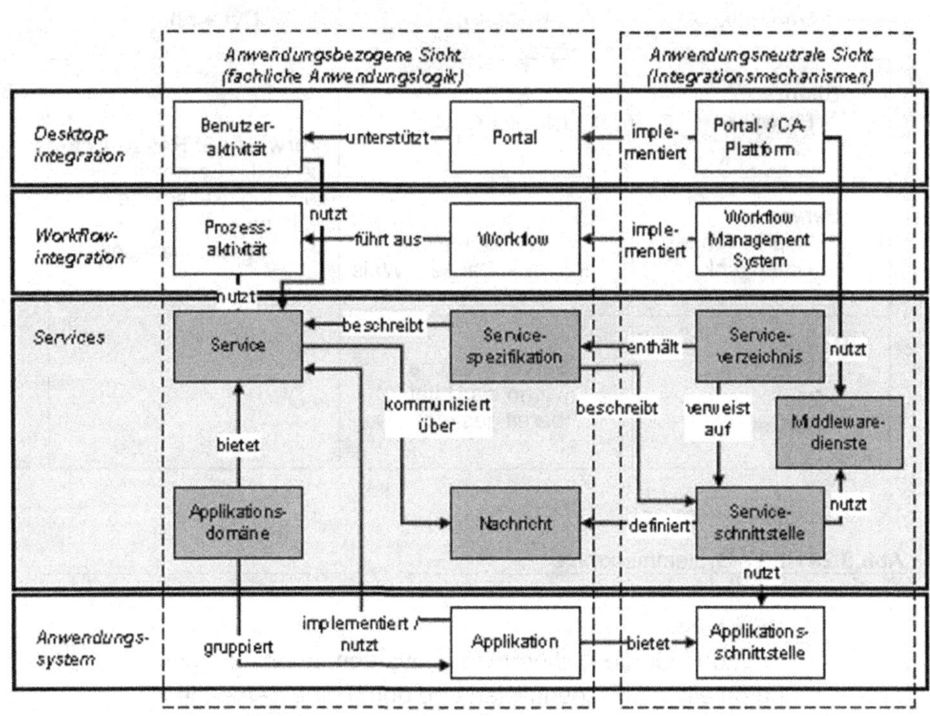

Abb.6.27 Gesamtbild SOA-Entwicklung

6.5.3 Representational State Transfer – REST

Die innere Komplexität von SOAP regt natürlich dazu an, nach einfacheren Lösungen zu suchen. So ist die Alternative 'REST' entstanden, die genau besehen den Gedanken vom 'Web Service' wieder aufgibt. Die von Fielding vorgenommene Untersuchung zu Netz-basierten Anwendungen [Fielding 2000] führt zu dem Vorschlag, die Schnittstelle für Komponenten zu vereinheitlichen und damit zu vereinfachen, bei u.U. etwas verringerter Leistung in der Datenübertragung. Die Vereinheitlichung der Schnittstelle beruht auf folgenden Beschränkungen:

- Identifikation von Ressourcen
  Eine Ressource ist ein Dokument, ein Bild oder auch ein Service (Servlet). Die Identifikation erfolgt mittels URI.
- Manipulation von Ressourcen mittels Repräsentanten
- Selbstbeschreibende Nachrichten
- Hypermedia als Mittel zur Beschreibung des Zustands der Anwendung.

Baustein	Kopplung	Dynamik
Client - Browser - ...	Client + Cache	**Verweis auf Ressource** := URI + Semantik d.h. log. Ressource d.h. phys. Ressource ist austauschbar
Server - Applikations- - Datenbank-	Server Connector Server + Cache + Wais	
Ressource - HTMLSeite - Bild - Servlet - ...	Server + Cache (wenn als Datei bereit gestellt)	

Abb.6.28 REST-Systemmerkmale

Ressource
trägt den für die Anwendung relevanten Inhalt. Sie muss durch einen URI identifiziert und durch eine Semantik eingeordnet werden können.
Die Bereitstellung erfolgt in einer Datei, einem Datenbank- oder Web- bzw. Applikations-Server.

Die Kurzbezeichnung REST ist ein Akronym der folgenden Begriffe:

Representation
ist die Darstellung (Instanz) einer Ressource, bestehend aus den relevanten Daten und zugehörigen Metadaten.

State
ist der aktuelle Zustand der Anwendung, gegeben durch den jeweiligen Repräsentanten.

Transformation
ist ein Zustands-Übergang der Anwendung durch Aufruf einer anderen Ressource.

REST soll verstanden werden als 'Design Pattern', nicht als Standard einer entsprechenden Organisation. Es gilt als Denkmuster zur Gestaltung dynamischer Anwendungen mit Web-Services bei Fokussierung auf die Kopplung bzw. Schnittstellen. Verwendung finden die Standards

- HTTP
- URI
- XML/HTML/GIF/JPEG/*etc.* (Resource Representations)
- text/xml, text/html, image/gif, image/jpeg, *etc.* (Resource Types, MIME Types)

Die abstrakte Architektur einer REST-Applikation ist in der Abb.6.29 skizziert. Es sind, vor allem der Übersichtlichkeit wegen, nicht alle Wiederholungen der erforderlichen Konnektoren angegeben.

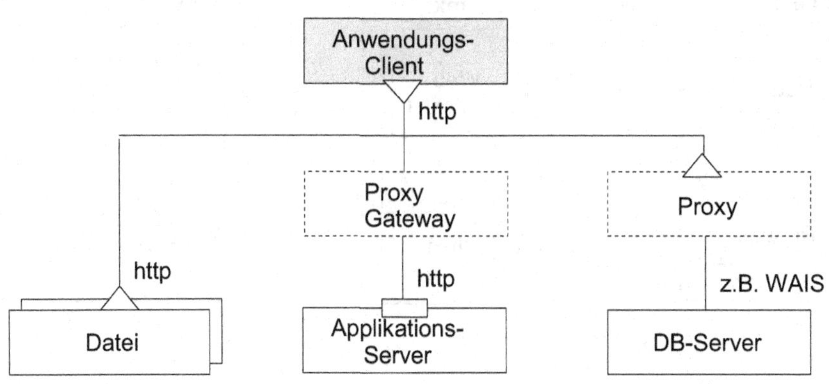

Abb.6.29 REST – abstrakte Architektur

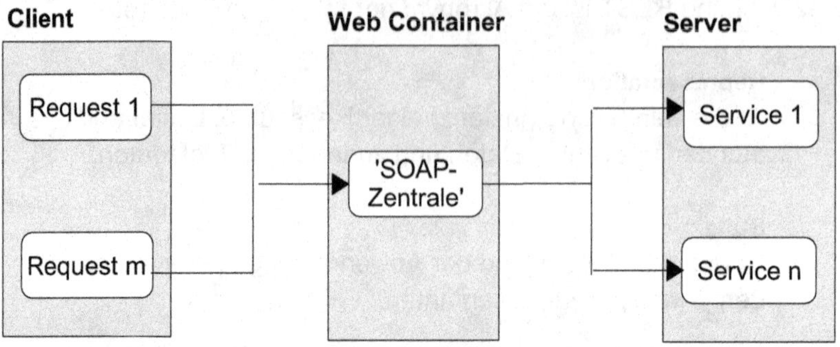

Abb.6.30 SOAP-Schema

Ein Vergleich der Zugangsschemata von SOA und REST stellt wesentliche Unterschiede heraus. SOA-basierte Anwendungen werden durch einen Baustein gesteuert, den wir hier 'SOAP-Zentrale' nennen (Abb.6.30). Die optische Schlichtheit der Darstellung darf nicht darüber hinwegtäuschen, dass dieser recht komplex werden kann. Für jeden Web Service wird vom Entwickler mittels WSDL quasi ein eigenes Anwendungs-Protokoll spezifiziert.

Das SOA Meta-Modell des W3C zeigt vier Teil-Modelle: 1. Service Oriented Model, 2. Message Oriented Model, 3. Policy Oriented Model, 4. Resource Oriented Model. Zumindest 2 und 3 liefern die Elemente für ein Anwendungs-Protokoll [vgl. Jacobs & Walsh 2004].

In REST wird HTTP als Anwendungs-Protokoll gesehen und auch verwendet. Daraus ergeben sich Einschränkungen wie o.a.; der Verarbeitungs-Mechanismus jedoch wird einfacher, die Verarbeitungs-Geschwindigkeit ist im Allgemeinen höher (Abb.6.31). Es genügt gewissermaßen das Resource Oriented Model.

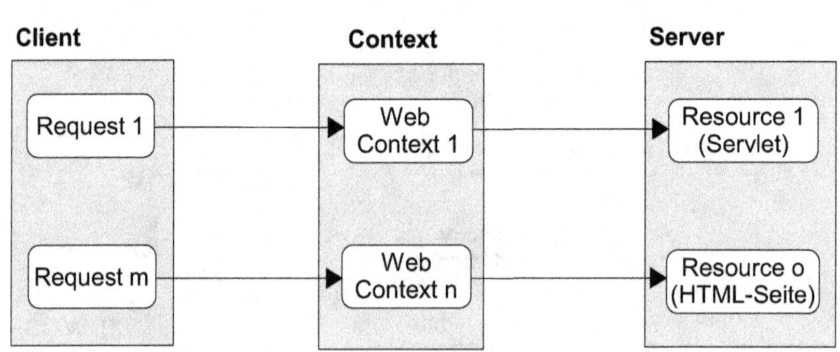

Abb.6.31 REST-Schema

HTTP als API wird in Java in dem Package java.net bereit gestellt. Um nun die Intentionen von REST zielsicher in Anwendungen umsetzen zu können, werden auch dafür Frameworks eingesetzt. Wir werden Restlet, welches auf Klassen des eben genannten Pakets (genauer auf dem Servlet API) basiert, als Implementierungshilfe verwenden (s.d. http://www.restlet.org). Restlet setzt sich aus zwei Komponenten zusammen: API + Noelios Restlet Engine. Erstere enthält die verfügbaren Klassen, die Engine ist die zugehörige Referenz-Implementierung.
Eine REST-Anwendung besteht, soviel wurde mittlerweile herausgearbeitet, aus Komponenten, Konnektoren (Kopplung) und Ressourcen. Zwecks Demonstration der wesentlichen REST-Prinzipien wenden wir uns nun wieder unserer CD-BOX zu. Wir werden erneut eine Erweiterung vornehmen, wir fügen die Möglichkeit der Betrachtung von Exposees für die angebotenen Medien hinzu. Die Erweiterung wird in der Abb.6.32 noch einmal verdeutlicht.

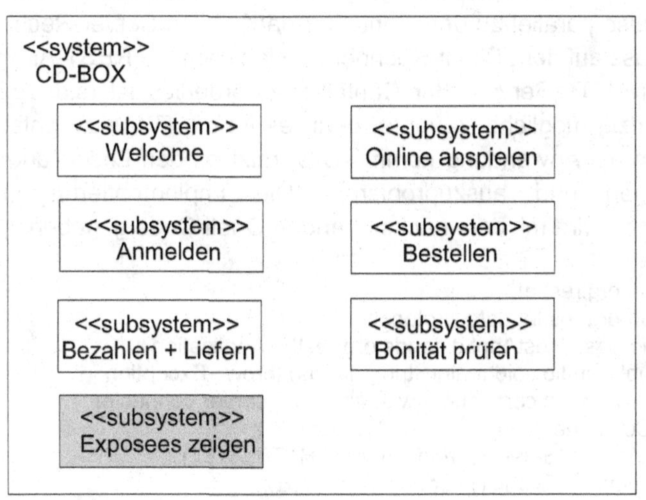

Abb.6.32 Funktionsausbau CD-BOX

Ressourcen
Wir stellen eine Menge von (statischen) Web-Seiten bereit, die Erläuterungen zum aktuellen Angebot geben.

Komponenten
- Server mit HTTP als Protokoll und dem Port 8182.
- Client mit FILE als Protokoll.
- Application mit den angeführten Komponenten.

Konnektoren
s. Komponenten-Protokolle und Port-Angabe.

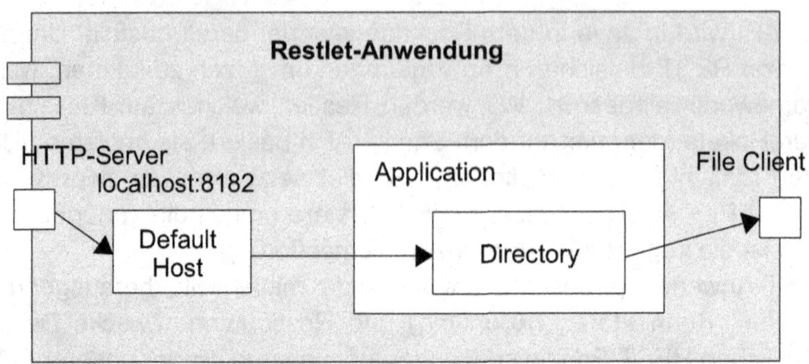

Abb.6.33 Architektur Restlet-Anwendung

Unsere Rest-Anwendung wird als Teil-Projekt gewissermaßen neben die bisher ausgearbeitete Web-Applikation gestellt. Sie wird auf dem Client-Rechner ausgeführt, läuft also parallel zu den Containern auf einem Server-Rechner. Zu beachten ist dabei, dass auf dem Client-Rechner nun lediglich die REST-Anwendung und kein zusätzlicher HTTP-Server oder Container erforderlich ist (s.d. Abb.6.33). Dies ist nicht die einzig mögliche Variante, denn es ist die Frage zu entscheiden, wie der Benutzer an die Anwendung kommt. U.U. reizt es den Leser, andere Verteilungen zu überlegen und auszuprobieren. Die Implementierung unserer REST-Demonstration wird mit dem nachstehenden Quell-Code gegeben.

```
import org.restlet.*;
import org.restlet.data.Protocol;
public class RestAppl extends org.restlet.Application
{  public static void main(String[ ] args) throws Exception
   { // Create a component with an HTTP server connector
    Component comp = new Component();
    comp.getServers().add(Protocol.HTTP, 8182);
    comp.getClients().add(Protocol.FILE);
     // Create an application
    Application application = new Application(comp.getContext())
          { @Override
           public Restlet createRoot()
                { Directory directory = new Directory(getContext(),
                  "file:///F:/exposees/");
                  directory.setListingAllowed(true);
                  directory.setDeeplyAccessible(true);
                  return directory;
                }
          };
          // Attach the application to the component and start it
          comp.getDefaultHost().attach("", application);
          comp.start( );
        }
        public Restlet createRoot( )
        { return new Component( ); }
}
```

Die Platzierung der Exposees als HTML-Seiten ist nun fest vorgegeben (file:///F:/exposees/) und gegebenenfalls natürlich entsprechend anzupassen. Zusätzlich müssen für die Ausführung die JAR-Files von Restlet erreichbar sein (CLASSPATH). Zum Anzeigen der Exposees wird die HTTP-Methode 'GET' benötigt. Mit den anderen Methoden 'PUT' (aufnehmen), 'POST' (ändern) und 'DELETE' (löschen) lassen sich komplette Anwendungen zur Verwaltung von Ressourcen-Sammlungen aufbauen. Deshalb wird in diesem Zusammenhang HTTP als API gesehen und das Merkmal 'CRUD' (Creative, Retrieve, Update und Delete) vergeben.

6.6 Service Component Architecture – SCA

Mit SCA ist die Vorstellung verbunden, den Fokus von den Services zur Architektur einer Anwendung zu verschieben. Gemeint ist mit SCA die Komposition von Service-Netzen. Hierbei baut man demzufolge auf das Vorhandensein implementierter Services und will deren Verknüpfung auf eine Entwicklungs-Ebene heben, die Kenntnisse zur Service-Codierung nicht voraussetzt. Die Eckpunkte werden für SCA so gesehen:

- SCA ist ein vereinheitlichtes deklaratives Modell zur Kombination von Services mit
  - der Auflösung von Abhängigkeiten und Konfiguration
  - deklarativem Ansatz für Infrastruktur-Services wie Sicherheit, Transaction, Nachrichten-Austausch.
- SCA ist ein Modell zur Realisierung von Services auf dem Niveau der Geschäfts-Prozesse mit
  - Services als Komponenten plus Service-Interfaces
  - Abstraktion von technologischen APIs wie JDBC, JMS, ..
- SCA ist ein Bindungs-Modell für unterschiedliche Zugriffs-Methoden mit
  - WSDL, SOAP über HTTP
  - JMS, RMI, Java IIOP
  - Java-Interfaces als WSDL-Porttyen.

Der konstituierende Baustein in einer SCA-Anwendung ist ein sogenanntes Composite, das nach dem Schema in Abb.6.33 aufgebaut ist. Die 'Atome' in den Composites sind Components. Hierbei handelt es sich um konfigurierte Instanzen von Diensten, also implementierten Elementen von Geschäfts-Prozessen. Die Implementierungssprache ist relativ frei wählbar – Java, BPEL , C++, PHP ... Auf die enthaltenen sowie auf die benötigten Dienste wird mittels Java Interface oder WSDL Port Type verwiesen. Solche Verweise sind lokaler Art oder auch 'remote', wenn auf einen Service in einem anderen Adressraum Bezug genommen wird. Konfiguration bedeutet das Einstellen bestimmter Parameter einer Implementierung mittels externer Werte (Properties). Ein 'wire' verbindet Komponenten innerhalb eines Composite. Composites können selbst zu Elementen innerhalb von Composites auf höherer Funktionsstufe werden.

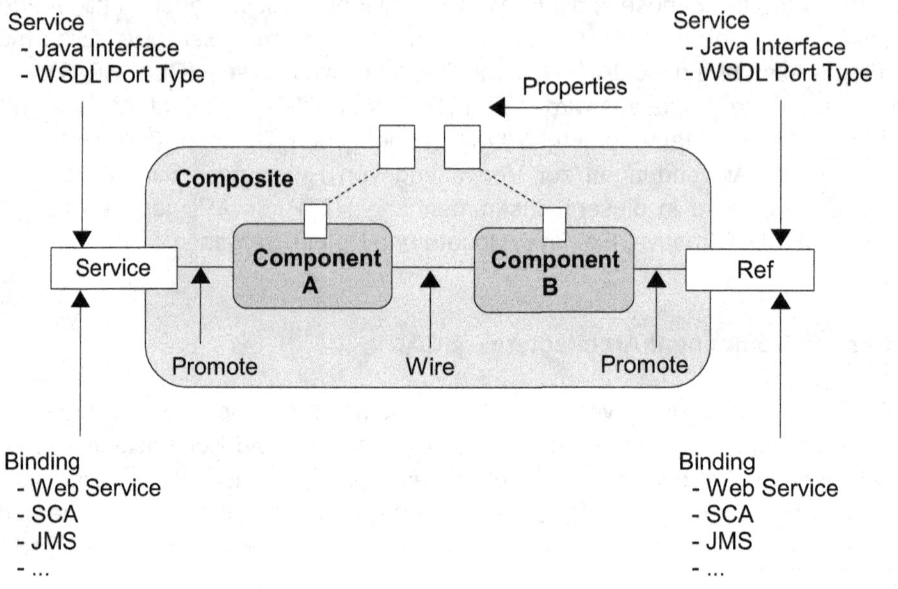

Abb. 6.34 SCA Composite Diagram

Ein zentrales Konzept in SCA ist SDO – das Service Data Object. Folgende Charakteristika werden damit verbunden.

- SDO ermöglicht einen einheitlichen und konsistenten Zugriff auf Daten unterschiedlicher Quellformate.
  Es ist ein einfaches Programmier-Modell und eine gute Basis zum Datenaustausch verschiedenartiger Werkzeuge.
- SDO bietet ein einzelnes Modell für alle Daten eines Unternehmens.
- SDO (als Konzept) liefert flexible Strukturen zur Organisation von Daten als Graphen von Objekten (die sogenannten Daten-Objekte), die sich aus Merkmalen zusammensetzen.
  Solche Merkmale können einzelne bzw. mehrere Werte oder selbst Daten-Objekte sein.
- Ein Daten-Objekt kann die Zusammenfassung von Veränderungen an sich selbst verwalten, um zur Aktualisierung von Daten-Ressourcen verwendet zu werden.
- SDO ermöglicht Zugriffs-Muster auf (unverbundene) Daten mit einem optimistischen 'concurrency control model'.
- SDO bietet einen vorteilhaften Weg der Arbeit mit XML-Dokumenten. Implementationen von SDO liefern Hilfen beim Erstellen von Graphen sowohl aus XML als auch aus Datenbasen sowie beim Lesen von SDO-Meta-Daten aus Schema Definitionen (XSD). Daten-Objekte können in XML und Meta-Daten in XSD überführt werden.
- Daten-Objekte können bezüglich der enthaltenenen Typen, Beziehungen und Constraints inspiziert werden.

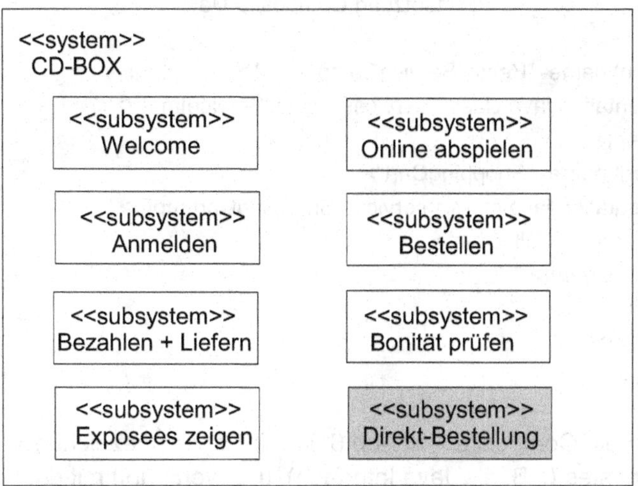

Abb.6.35 Erweiterung CD-BOX in SCA

SCA wird hier eingesetzt, um unsere 'CD-BOX' mit dem Funktions-Komplex 'Direkt-Bestellung' zu erweitern. Wir stellen uns dabei einen gedruckten Katalog vor, mit dessen Hilfe ein Benutzer Medien auswählen, die Artikelnummer aufsuchen und darüber eine Bestellung auslösen kann.
Leiten wir aus der Abbildung 6.34 Arbeitsschritte zur Entwicklung von SCA-Anwendungen ab, so ist zunächst einmal anzugeben, welche Komponenten die Funktionalität eines Composite übernehmen sollen. Diese Spezifikation ist in einer Datei *<name>.composite* vorzunehmen. In dieser Datei wird einmal festgelegt, welche Komponenten involviert und weiter wird darauf verwiesen, wo diese zu finden sind.

```
<?xml version="1.0" encoding="UTF-8"?>
<composite xmlns="http://www.osoa.org/xmlns/sca/1.0"
                  xmlns:t="http://tuscany.apache.org/xmlns/sca/1.0"
                  targetNamespace="http://CDS-EPR-SCA"
                  name="CatalogServiceComposite">
 <service name="CatalogService" promote="CatalogServiceComponent"/>

 <component name="CatalogServiceComponent">
  <implementation.java class="services.CatalogServiceImpl"/>
  <reference name="loginService" target="LoginServiceComponent"></reference>
  <reference name="bestellService" target="BestellServiceComponent"></reference>
 </component>
 <component name="LoginServiceComponent">
  <implementation.java class="services.LoginServiceImpl"/>
 </component>
```

- Fortsetzung Composite-Datei -

```
<component name="BestellServiceComponent">
  <implementation.java class="services.BestellServiceImpl"/>
</component>
<component name="ShoppingCart">
  <implementation.java class="services.ShoppingCartImpl"/>
  <service name="Collection">
    <t:binding.atom/>
  </service>
</component>
</composite>
```

Der 'Einstieg' in ein Composite – in Abb.6.34 mit Service bezeichnet – ist die Deklaration eines Dienstes (z.B. als Java Interface), u.U. verknüpft mit der Angabe zur Art der Einbindung, dem sogenannten wiring (z.B. SCA). Unser XML-Code weist auf drei Komponenten (Dienste) innerhalb des 'CatalogServiceComposite' hin:

- Katalog-Service
- Login-Service
  Überprüfung der Wertekombination 'Name | | Password'
  aus dem Anmeldeformular.
  (Im Moment ist 'gast' und 'password' fest eingestellt.)
- Profile-Service
  Übernahme der Anmeldedaten.
- Bestell-Service
  Übernahme der Bestelldaten.

Mit dem Java-Interface CatalogService erfolgt der Zugang zu diesem Composite.

```
package services;
import org.osoa.sca.annotations.Remotable;
@Remotable
public interface CatalogService
{                                        }
```

Durch die Annotation @Remotable wird ein Interface auch von entfernt laufenden Prozessen, d.h. einem entfernten Client ansteuerbar
Die Implementierung von SCA-Diensten kann in verschiedenen Technologien vorgenommen werden. Das sogenannte Assembly Model wird über folgende Eckpunkte beschrieben:

Vereinheitlichte, Sprach-unabhängige Darstellung von Service-Implementierungen in
- Java, PHP, BPEL. ... .NET.

Technologie-unabhängige Modellierung und Komposition von Dienste-Netzwerken
- Auflösung von Abhängigkeiten zwischen den Diensten mittels 'wiring'.

Möglichkeiten zur dynamischen Service-Konfiguration über
- Properties, Protokolle, Qualities of Services
- Profiles

Konfiguration sowohl zur Entwurfs- als auch zur Deploy-Zeit.

Eingebunden werden können – bei einer Implementierung in Java – einfache Klassen (POJOs), EJBs, Web Services ... , d.h. es lassen sich die vorhandenen und auch zukünftig aufkommenden Teil-Technologien verwenden.
Auch unser Servlet, eingesetzt als Listener zur Vermittlung des Bestell-Dienstes, sieht beinahe aus wie gewohnt; eine Besonderheit ist allerdings zu beachten: Die zur Service-Implementierung eingesetzte "normale" Java-Klasse wird jetzt als Instanz in einer SCA-Domäne gestartet und ausgeführt.

```
package listeners;
import java.io.*;
import java.util.*;
import javax.servlet.http.HttpServlet;
import javax.servlet.http.HttpSession;
import javax.servlet.ServletException;
import javax.servlet.http.HttpServletRequest;
import javax.servlet.http.HttpServletResponse;
import services.BestellService;
import org.apache.tuscany.sca.host.embedded.SCADomain;
public class ControllerSCA extends HttpServlet
{ static final long serialVersionUID = 1L;
  public ControllerSCA( ) { super();        }
  public void doPost(HttpServletRequest req, HttpServletResponse resp)
                                        throws ServletException
  { String kd = null;
          HttpSession sess  = req.getSession(true);
    List anmeld = (List) sess.getAttribute("anmeld");
    if (anmeld != null)
          kd = (String) anmeld.get(0);
    else
      {System.out.println("Kunde fehlt");   }
    SCADomain scaDomain = SCADomain.newInstance("catalog.composite");
    BestellService bestellService = scaDomain.getService(BestellService.class,
                                              "BestellServiceComponent");
    bestellService.definePOTypes(kd);
     resp.setContentType("text/html");
    try { PrintWriter out = resp.getWriter( );
            out.println("Bestellung aufgenommen");
       }
    catch (IOException e)
          { throw new ServletException(e);            }
    scaDomain.close( );
  }                                              }
```

Für die Arbeit mit unserem Daten-Modell bedienen wir uns nun des SDO (s.o.). Dabei handelt es sich, soviel wurde bereits aufgezeigt, einerseits um eine abstrakte Architektur für Daten-Strukturen und andererseits um ein API, mit dem entsprechende Operationen implementiert werden können. Mit speziellen SDO-Annotationen lässt sich auch hier die Arbeit effektivieren. SDO arbeitet mit:

- Daten-Typen
- Daten-Objekten
- Daten-Graphen.

Daten-Typen sind die Bausteine, aus denen Daten-Objekte gebildet werden. Sie sind elementar oder komplex; bei letzterem erscheinen sie als Referenzen. Daten-Objekte sind die Modelle der relevanten Realität. Daten-Graphen sind Ansammlungen von Daten-Objekten. Für den Aufbau von Daten-Strukuren in SCA-Anwendungen empfiehlt sich eine Linie wie folgt:

1. Bestimmung der relevanten Daten-Typen
2. Bereitstellung der Deklarationen für die Daten-Typen
3. Aufbau von Daten-Objekten
4. Zugriff auf Daten-Elemente (Properties von Typen)
5. Aufbau von Daten-Graphen.

Das Bestimmen der Typen kann sich auf ein einheitliches Daten-Modell für eine gesamte Organisation erstrecken und, die Orientierung an SDO ist nicht an SCA-Anwendungen gebunden. Liegen die Deklarationen bei der Programm-Entwicklung vor, spricht man von statischen Daten-Typen; ergeben sie sich erst während der Programm-Ausführung, werden sie als dynamisch bezeichnet.
Im Rahmen unserer SCA-Anwendung verwenden wir ein XML-Schema, um die Deklarationen der Daten-Typen für Bestellungen bereitzustellen. Dieses ist im Programm dann einzulesen und aus den Angaben werden Daten-Objekte zur Verwaltung der Kundenaufträge aufgebaut. (Obwohl nun der Eindruck, die Daten-Strukturen werden doch dynamisch angelegt, schwer zurückzudrängen ist, entspricht das nicht der SDO-Terminologie!)

```
<xsd:schema xmlns:xsd="http://www.w3.org/2001/XMLSchema"
        xmlns="http://www.example.com/PO"
        targetNamespace="http://www.example.com/PO">

  <xsd:element name="order" type="OrderType"/>
  <xsd:element name="comment" type="xsd:string"/>

  <xsd:complexType name="OrderType">
    <xsd:sequence>
      <xsd:element name="items"  type="Items"/>
    </xsd:sequence>
    <xsd:attribute name="kunde" type="xsd:string"/>
  </xsd:complexType>
```

- Fortsetzung XML-Schema -

```
    <xsd:complexType name="Items">
      <xsd:sequence>
        <xsd:element name="item" minOccurs="0" maxOccurs="unbounded">
          <xsd:complexType>
            <xsd:sequence>
              <xsd:element name="title" type="xsd:string"/>
              <xsd:element name="quantity" type="xsd:decimal"/>
              <xsd:element name="price"  type="xsd:decimal"/>
            </xsd:sequence>
          </xsd:complexType>
        </xsd:element>
      </xsd:sequence>
    </xsd:complexType>
  </xsd:schema>
```

Die folgende Code-Sequenz skizziert unseren Bestell-Service mit den Beispiel-Sequenzen für Aufbau und Zugriff zu Daten-Objekten.

```
package services;
import java.io.FileOutputStream;
import java.io.FileInputStream;
import java.io.OutputStream;
import commonj.sdo.DataObject;
import commonj.sdo.helper.DataFactory;
import commonj.sdo.helper.XMLHelper;
import commonj.sdo.helper.XSDHelper;
public class BestellServiceImpl
{ private static final String PO_MODEL = "webapps/CDS-EPR-SCA/order/po.xsd";
  private static final String PO_NAMESPACE = "http://www.example.com/PO";
  private static final String PO_XML = "webapps/CDS-EPR-SCA/order/po.xml";
  public void definePOTypes(String kunde) throws Exception
  { FileInputStream fis = new FileInputStream(PO_MODEL);
    XSDHelper.INSTANCE.define(fis, null);
    fis.close();

    DataObject order = DataFactory.INSTANCE.create(PO_NAMESPACE,
                                                   "OrderType");
    order.setString("kunde", kunde);
    DataObject items = order.createDataObject("items");
    DataObject item1 = items.createDataObject("item");
    item1.setString("title", "Vier Jahreszeiten");
    item1.setFloat("quantity", 1f);
    item1.setFloat("price", 9f);
    DataObject item2 = items.createDataObject("item");
    item2.setString("title", "Brandenburgische Konzerte");
    item2.setFloat("quantity", 3f);
    item2.setFloat("price", 27f);

    OutputStream stream = new FileOutputStream(PO_XML);
    XMLHelper.INSTANCE.save(order, PO_NAMESPACE, "order", stream);
  }
}
```

Dem Leser fällt natürlich auf, dass unsere Teil-Anwendung zur Demonstration der SCA-Prinzipien nicht ordentlich in die gesamte Web Application 'CD-BOX' integriert ist. So gibt es z.B. schon einmal eine Möglichkeit für den Benutzer, sich beim System anzumelden. Der jetzt zusätzlich angebotene Profile-Service müsste in einer konsolidierten Anwendung also mit der früher eingeführten Anmeldung in Übereinstimmung gebracht werden. Auch wird nur so getan, als ließe sich eine Bestellung aufgeben; tatsächlich ist diese im Moment noch im Quell-Code festgeschrieben. Die Übernahme der entsprechenden Parameter aus dem Bestell-Formular wird jedoch mittlerweile für den Leser kein Problem mehr sein. Für die Entwicklung und die (eigenständige) Ausführung der SCA-Anwendung haben wir die nachstehend aufgeführten Umgebungen verwendet.

Entwicklungs-Plattform		**Ausführungs-Plattform**	
Produkt	Version	Produkt	Version
Tuscany	1.0	Tuscany	1.0
Eclipse	3.3		
Tomcat	6.0	Tomcat	6.0
JavaSDK SE	1.5	JavaSDK SE	1.5
Firefox	2.0	Firefox	2.0

Das Ergebnis unserer Entwicklung im Bereich SCA wird in der Abb.6.36 umrissen. Die logische Unterteilung in drei Komplexe erinnert natürlich an das n-tier Model und separiert hier recht anschaulich die wesentlichen Bereiche der Anwendung. (Allerdings ist zu beachten, dass die SCA-spezifischen Aspekte zusätzlich ein Composite-Diagramm erfordern.) Die SCA-Domain ist die spezielle Laufzeit-Umgebung und wird von Tuscany mitgebracht. Sie lässt sich u.a. in Tomcat einbetten, was eine für unseren Fall zweckmäßige Kombination ergibt. Nicht verwendet wurde in der SCA-Anwendung die Verkettung von Services; weder lokal noch die Anbindung eines entfernten Dienstes. Auch bezüglich solcher Beziehungen zwischen den Bausteinen bietet SCA eine breite Palette an, die aus SOA bekannte Beziehungs-Typen mit einbezieht.

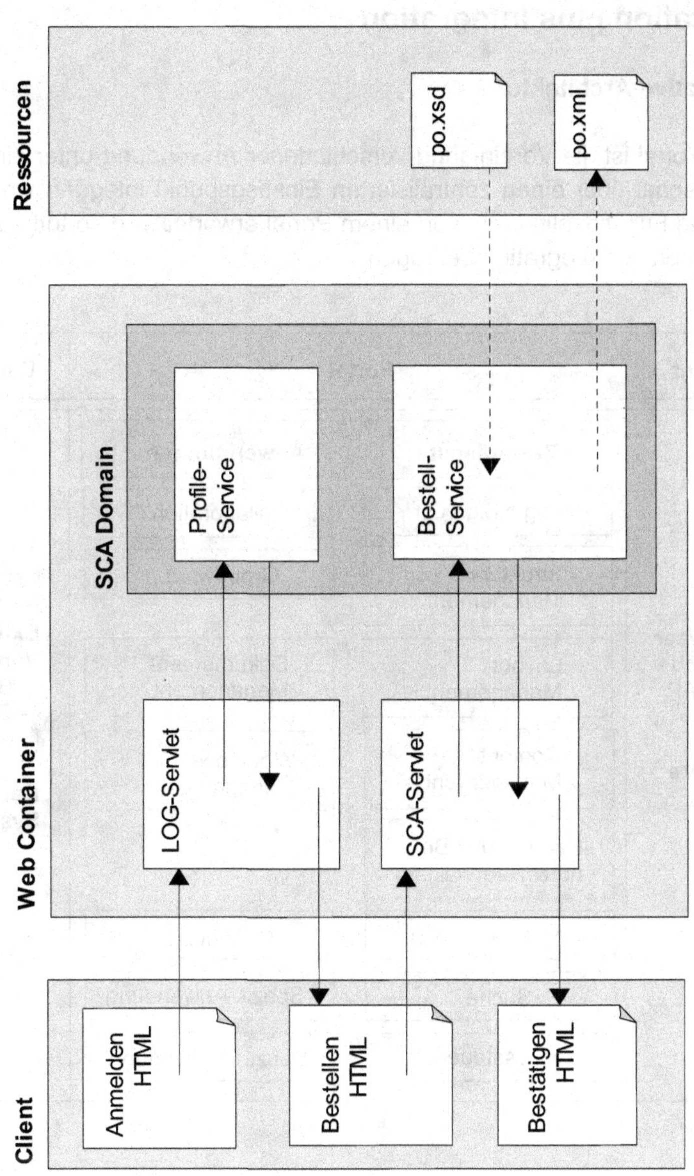

Abb.6.36 Umriss SCA-Anwendung

Kapitel 7

Präsentation plus Integration

7.1 Integrative Architektur

Ein Web-Portal ist die Vereinigung verschiedener Anwendung unter einer Zugangsseite, die somit über einen zentralisierten Einstiegspunkt integriert werden. Schaut man auf die Funktionalität, die von einem Portal erwartet wird so tritt zutage, welche Teilfunktionen zur Integration beitragen:

Client	Portal		Backend
	Basisdienste	**Anwendungen**	
	Single Sign On	Collaboration	
	Struktur-Management	Groupware	
Browser - Web - WAP - ... **Andere**	Layout-Management	Dokumenten-Management	**Externe Verwaltung** - Benutzer - Daten - ... **Backend-System**
	Content-Management	Workflow-Management	
	Rechte- und Benutzer-Verwaltung		
	Personalisierung	Community	
	Suche	Spezif. Anwendung	
	Prozesssteuerung	Spezif. Anwendung	

Abb.7.1 Portal-Funktionen

Nicht allein die Vielfalt der Dienste in einem Portal, sondern auch einzelne Funktionen besitzen integrativen Charakter. So wird u.a. die Verbindung zum Backend über eigens entwickelte Integrationsdienste hergestellt und ermöglicht so die Anbindung unterschiedlichster Ressourcen. Weitere Funktionen sind im Einzelnen:

Entwicklungs-Umgebung

Portale verfügen über eine Entwicklungs-Umgebung die es möglich macht, Content und auch Dienste hinzuzufügen oder zu modifizieren, und das weitestgehend ohne Code schreiben zu müssen. So integriert ein Portal üblicherweise sowohl eine Entwicklungs- als auch eine Laufzeit-Umgebung.

Administration

Eine zentrale Konsole ermöglicht die Übergabe von Aufgaben an einzelne Bereiche bzw. Organisationen, die Verwaltung und Kontrolle von Benutzern, von Inhalten und auch der Dienste eines Portals. Dabei liefert die Admin-Funktion ein spezifisches Interface für die Verwaltung von Rollen und Zugriffsrechten.

Metriken

Logging, tracking und Leistungsparameter geben den Administratoren und Operateuren Informationen zu Benutzungsprofil und Performance und u.U. zu Verbesserungen am Portal.

Authentifizierung

Portale implementieren grundlegende Sicherheits-Funktionen wie Authentifizierung, Autorisierung und Zugangskontrolle, um Benutzer zu identifizieren und den Zugriff auf Daten und Dienste zu steuern. Die Funktion 'Single Sign On' integriert verschiedene Bereiche und unterschiedliche Anwendungen eines Portals für einen Benutzer über das einmalige Anmelden für alle Aktivitäten einer 'Sitzung'. Die entsprechenden Zugangsdaten der Benutzer werden üblicherweise in einem speziellen Bereich hinterlegt.

Content Aggregation and Integration

Ein wesentlicher Funktionskomplex eines Portals ist die Integration von Diensten, Anwendungen und eben Content. Die o.a. Integrations-Dienste führen Daten aus ganz unterschiedlichen Quellen zum gewünschten Content zusammen. Eingebunden werden kann auch nicht-persistente Information. Ein Portal-eigenes API macht den Anschluss von spezifischen Anwendungen möglich.

Content Management

Hier findet sich die Verwaltungs-Funktionalität für den kompletten Content eines Portals. Content Management umfasst den gesamten 'Lebenszyklus' von Informationen, angefangen von der Ausarbeitung in Kooperation mehrerer Autoren bis hin zur Freigabe unter Einsatz von Workflow-Mechanismen sowie einer evtl. Aktualisierung.

Personalisierung und Präsentation

ist die Option, ein Portal nach den Vorstellungen des Benutzers zu konfigurieren. Neben Farb- und Fenstergestaltung ist die Festlegung zum präsentierten Content die wesentliche Größe. Die angegebene Rolle eines Benutzers führt weiter dazu, dass vom Portal eingestellt wird, welche Informationen und Applikationen jeweils verfügbar sind.

Suche und Kategorisierung

Ein Portal integriert im Normalfall eine Suchfunktion, die neben der uns vertrauten Eigenschaft auch Möglichkeiten zur Kategorisierung von gefundenen Dokumenten bietet. Diese organisiert die Treffer in einer durch den Benutzer festlegbaren Weise.

Gemäß unserer Orientierung an den zu lösenden Aufgaben, lassen sich Portale hinsichtlich ihres Einsatzzwecks systematisieren:

E-Governmentportal
Unterstützung von Vorgängen zwischen staatlichen Stellen und Bürgern bzw. Unternehmen.

Geschäftsportal
Unterstützung von zwischenbetrieblichen Prozessen wie z. B. Vertrieb und Service für Geschäftskunden. In diesem Fall wird von B2B (Business-to-Business) gesprochen.

Lieferantenportal
Unterstützung zwischenbetrieblicher Vorgänge mit Lieferanten wie z. B. Bestellung oder Rechnungslegung (Supplier Relationship Management).

Kundenportal
Unterstützung von Prozessen mit Kunden wie z. B. Vertrieb und Service. Solche Prozesse werden auch als B2C (Business-to-Consumer) bezeichnet.

Mitarbeiterportal
Unterstützung der unternehmensinternen Prozesse für die Mitarbeiter.

Für solcherart Portale tritt im Allgemeinen neben die Funktion der Informationsverbreitung zunehmend die Prozessorientierung, d.h. die Ansteuerung komplexer Verarbeitungsaufgaben.

Die Benutzungs-Oberfläche eines Portals wird gebildet aus den sogenannten Portal Pages. Eine solche Seite wird i.d.R. durch mehrere Portlet Windows gebildet. Und ein Portlet Window wiederum wird zusammengesetzt aus Decorators, Controls sowie Markup Fragmenten, die den Inhalt ausmachen.

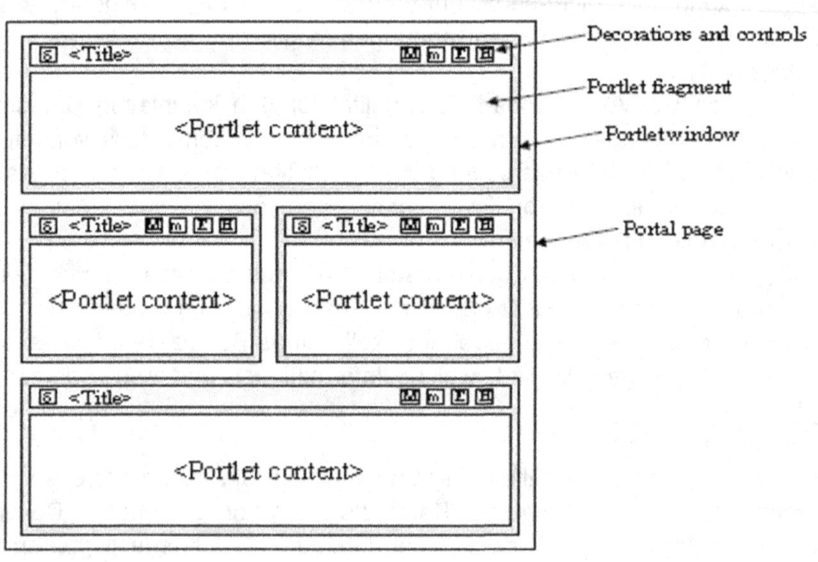

Abb.7.2 Aufbau Portal-Seite (s. JSR 168)

Da bei einem Portal von komplexem Inhalt auszugehen ist, muss bei seinem Entwurf eine gut durchdachte Präsentations-Struktur entwickelt werden. Sullivan [2005] sieht drei zweckmäßige Ansätze zur Gruppierung von Portal-Seiten im jeweiligen Navigationsbereich:

- Seiten-Orientierung
  Auflistung der Sub-Sites
- Inhalts-Orientierung
  Auflistung der untergeordneten Teilthemen
- Aufgaben-Orientierung
  Auflistung der jeweils erreichbaren Aufgaben,
  die ausgeführt werden können.

Als normalerweise zweckmäßigste Organisations-Struktur wird auch hier die Hierarchie von Portal-Seiten angesehen, allerdings häufig mit zusätzlichen Querverbindungen zwischen bestimmten Knoten.

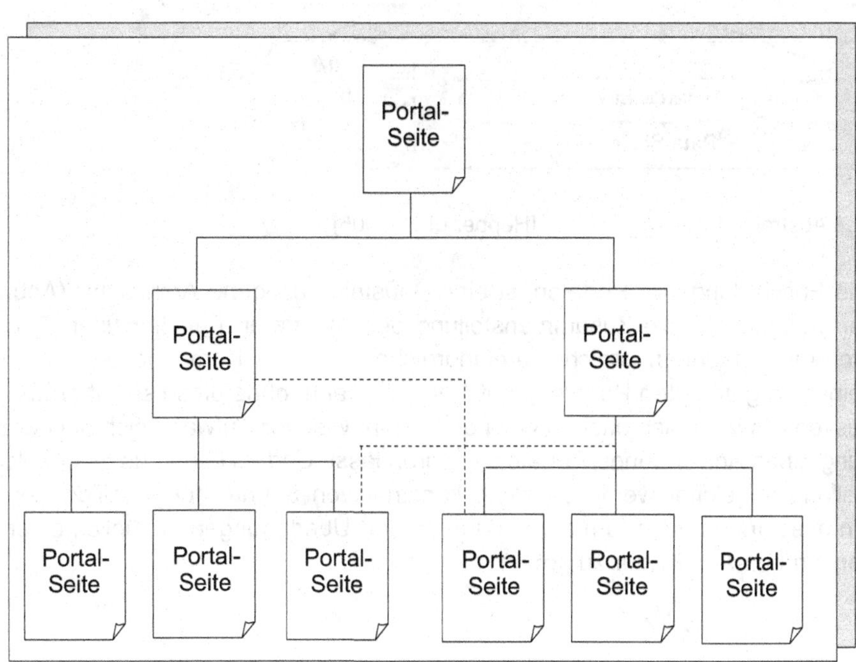

Abb.7.3 Skizze Navigations-Struktur für Portal

Integrative Architektur
bringt die Bearbeitung von Aufgaben verschiedener Art unter einem zentralen Einstiegspunkt zu einem aggregierten Anwendungskomplex zusammen.

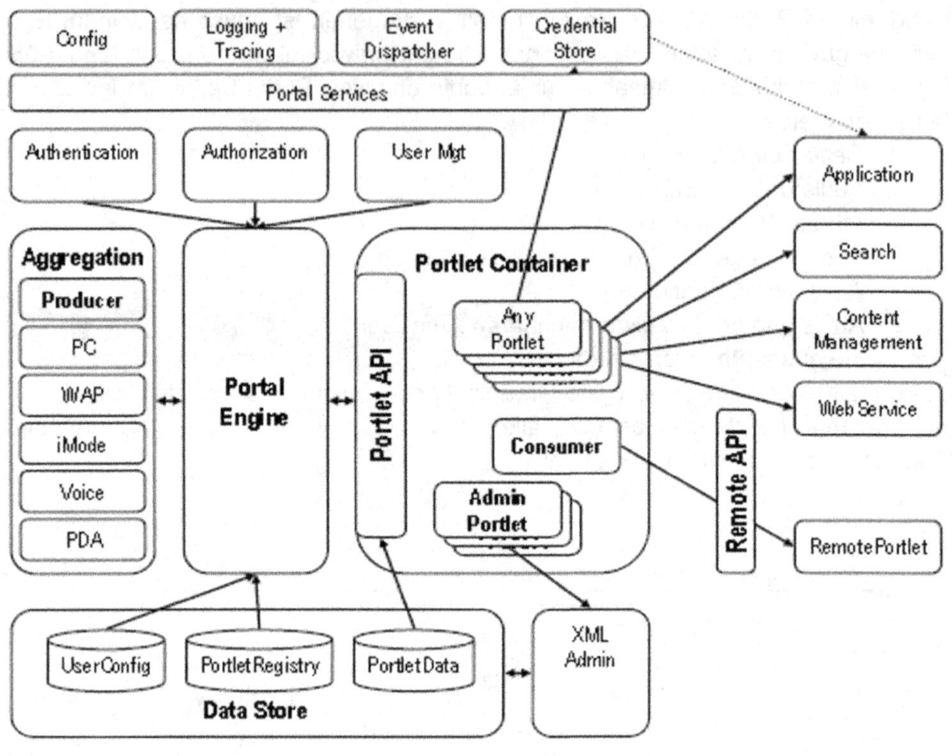

Abb.7.4 Abstrakte Portal-Architektur [Hepper et.al. 2005]

Für die Entwicklung von Portalen ist eine Baustein-bezogene Architektur (Abb.7.4) besser geeignet als die Zusammenstellung der erwarteten Funktionalität. Der Betrachter kann erkennen, welcher umfangreiche Vorrat an Komponenten beim Einsatz eines vorgefertigten Portals genutzt werden kann, ohne diese selbst entwickeln zu müssen. Es lässt sich auch in etwa ermessen, welcher Aufwand sich bei der Entwicklung eines Anwendungs-Portals einsparen lässt. Und es kann aus einer solchen Darstellung abgeleitet werden, welche konstruktiven Schritte für jeweilige Komponenten auszuführen sind, um damit dann zu den Überlegungen bezüglich einer Implementierungs-Architektur zu gehen.

7.2 Portlets

Der standardisierte Baustein-Typ für den Aufbau von Portalen ist das Portlet. Die entsprechenden Festlegungen sind ein Ergebnis des Java Community Process und fixiert in der Portlet API Specification JSR 168.

Gehen wir gedanklich zurück zur Diskussion der Architektur (Kap.3), so drängen sich an dieser Stelle noch einmal die 'Funktions-tragenden Komponenten' auf. Für diese lässt sich ein verallgemeinertes (d.h. abstraktes) Modell angeben, an dem sich dann jeweils Implementierungs-Merkmale herleiten lassen.

Abb.7.5 Abstraktes Baustein-Modell

Abstraktes Baustein-Modell
zeigt in verallgemeinerter Form die Elemente und deren funktionale Beziehungen in Funktions-tragenden Komponenten.

Wir sehen am Modell die Vorstellung, dass erstens ein innerer Zustand vorhanden und zweitens die Funktionalität eines Bausteins durch zwei Kategorien von Operationen gegeben ist:

Teil-Funktionen, die Aufgaben übernehmen, welche ohne Auswirkung auf den inneren Zustand sind.
Übergangs-Funktionen, die zu einem Zustands-Übergang im Baustein führen.

Die Ausgabe ist in diesem (allgemeinen) Fall nicht nur von den Eingabewerten, sondern eben auch vom jeweils aktuellen inneren Zustand bestimmt.
Ein Portlet sollte dem Benutzer eines Portals in unterschiedlichen Modi dargeboten werden können:

- View-Modus
- Edit-Modus
- Help-Modus
- Benutzer-Modus
  (about, config, edit_defaults, preview, print).

Anhand der Bezeichnung ist ersichtlich, welche Funktionalität jeweils mit einem Portlet-Modus verbunden ist. Die Verbindung zum Benutzer erfolgt mittels HTTP-Request/Response.
Ein Portlet ist ein spezielles Servlet für die Ausführung innerhalb eines Portals. Somit handelt es sich um die Komponente einer Web Application, die in einem entsprechenden Container ausgeführt wird.

7.3 Spezifikation einer Portal-Seite

Wir nehmen an dieser Stelle an, Inhalts- und Navigations-Struktur des zu entwickelnden Portals liegen vor. Für die Implementierung dieses Entwurfs wollen wir wie folgt vorgehen:

- Spezifikation von Portal-Seiten
- Implementierung von Portlets
- Zusammenstellung des Portals als WAR-File
- Deployment des Portals als Web Application
- Anwendung des Portals.

Als Plattform verwenden wir das Jetspeed Enterprise Portal, ein Open Source Produkt von Apache. Es ist ausgelegt für reale Anwendungen und verfügt über die Funktionalität, die von einem Portal erwartet wird. Die Dokumentation dazu ist allerdings eher spartanisch, sodass man viel 'trial and error' auf sich nehmen muss. Während es brauchbare Hinweise darauf gibt. WIE bestimmte Schritte auszuführen sind, muss der Portal-Entwickler weitgehend selbst heraus finden, WAS zu tun ist, um seine Ziele zu erreichen,.

Entwicklungs-Plattform		**Anwendungs-Plattform**	
Produkt	Version	Produkt	Version
Eclipse	3.3		
Firefox	2.0	Firefox	2.0
Jetspeed	2.1.3	Jetspeed	2.1.3

Die Aufbau-Organisation von Jetspeed ist vorrangig durch Ordner und Portal-Seiten bestimmt, die der Benutzer jeweils ansteuern kann. Die Gestaltung des Layouts für Portal-Seiten ist nicht Bestandteil des Portlet API. Deshalb wird für diese Aufgabe in Jetspeed die Portal Structure Markup Language (PSML) bereitgestellt. Die Spezifikation für eine Portal-Seite wird in PSML notiert und in einer eigenen Datei abgelegt. Hier das Beispiel für unsere Start-Seite.

```
<?xml version="1.0" encoding="UTF-8"?>
<page id="/_role/user/cdsportal/cds-portal.psml" hidden="false">
  <title>Welcome</title>
  <short-title>Welcome</short-title>
  <defaults skin="tigris"
            layout-decorator="tigris"
            portlet-decorator="blue-gradient"/>
  <fragment id="cdp-1" type="layout"
             name="jetspeed-layouts::VelocityOneColumn">
    <fragment id="cdp-11" type="portlet" name="cds-portal::CDBOXPortlet"/>
  </fragment>
  <security-constraints>
    <security-constraints-ref>users</security-constraints-ref>
  </security-constraints>
</page>
```

Die Dekoration für die gesamte Seite wird aus einem Template bezogen, das als Element von Jetspeed verfügbar ist.
Dieser Beispiel-Code zeigt weiter, dass die einzelnen Bereiche der Seite als Fragmente der Gesamtheit angesehen und bezeichnet werden. In unserem Fall sind die Fragmente vom Typ 'portlet', woraus wir schließen dürfen, dass weitere Möglichkeiten existieren. Für jeden dieser Bereiche ist zunächst die Ausdehnung (OneColumn, TwoColumns, ThreeColumns) anzugeben. Die aufgeführten drei Alternativen bilden den Standardvorrat, der wiederum über Templates realisiert wird.
Das Bereitstellen einer PSML-Datei ist gleichbedeutend mit der Anmeldung einer neuen Portal-Seite, die als Einstieg in eine zugehörige Sub-Site eingesetzt werden kann. Über die 'security-constraints-ref' wird festgelegt, für welchen Benutzerkreis die Seite zugänglich sein wird. Der Wert 'users' macht unsere Start-Seite der gleichnamigen Gruppe nach einem Login als 'user' zugänglich.
Für die Wiedergabe der spezifizierten Inhalte einer Portal-Seite wird normalerweise eine zusätzliche Komponente, die sogenannte Portal Engine, eingesetzt.

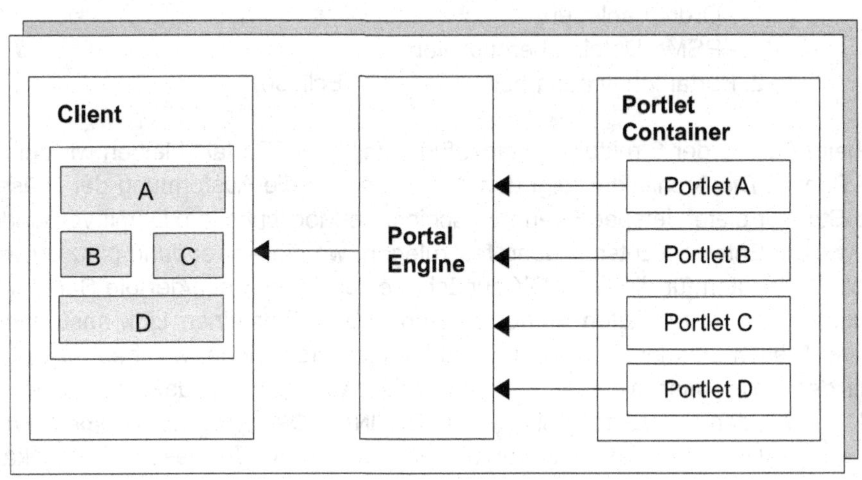

Abb.7.6 Wiedergabe einer Portal-Seite

7.4 CD-BOX im Portal

Nachdem die Entscheidung für Jetspeed getroffen worden ist muss festgelegt werden, welchen Platz unsere Anwendung in diesem Rahmen finden soll. Zwischen folgenden Alternativen ist dabei zu wählen:

- CD-BOX eigenständig
  Jetspeed wird nicht sichtbar, dient lediglich als Background
- CD-BOX neben Jetspeed
  Jetspeed bleibt sichtbar, CD-BOX als 'Nebenportal' auf etwa gleichem Level wie Jetspeed
- CD-BOX integriert
  Jetspeed ist das Hauptportal, CD-BOX wird als eine der Anwendungen eingefügt.

Unsere Entwurfs-Entscheidung lautet: CD-BOX integriert. Für die experimentelle Phase der Entwicklung bringt diese Ausrichtung den Vorteil mit sich, dass die zahlreichen Management-Funktionen mit genutzt werden können. Außerdem wollen wir die bereits installierte Funktion 'Single Sign on' als einen wesentlichen Integrationsfaktor nutzen. Vorhandene Demos nehmen wir – der Übersichlichkeit wegen – heraus. Dazu werden entsprechende WAR-Files beiseite getan und PSML-Dateien aus den Verzeichnissen 'webapps-jetspeed-pages-user' entfernt.
Für die Integration eines Sub-Portals sind zwei Teilprozesse zu unterscheiden:

1. Portal-Struktur einfügen (Jetspeed)
   - Ordner anlegen
   - PSML-Dateien bereitstellen
2. Portal-Inhalt ausarbeiten. (Eclipse)

Auch beim Aufbau der Struktur des einzufügenden (Teil-)Portals bleiben wir bei unserem Prinzip: Die Architektur folgt den Aufgaben. Für die Ausformung der Präsentations-Struktur bietet Jetspeed dann verschiedene Möglichkeiten. Damit verbunden ist als weitere Entwurfs-Entscheidung festzulegen, wo die Anwendung platziert werden soll. Wir richten für die CD-BOX zunächst einen Ordner ein, der die Sammlung der zugehörigen Portal-Seiten aufnehmen und eben über einen Link ansteuerbar sein wird. Diesen LInk lassen wir im Menü 'Ordner' erscheinen, welches für Benutzer mit der Rolle 'user' sichtbar gemacht wird. Wir ergänzen dazu zunächst Jet speed in dem Verzeichnis '%CATALINA_HOME%/webapps/jetspeed/WEB-INF/pages/_role/user/' um das Unterverzeichnis 'cds-portal'. Zu diesem Zweck kann als 'admin' die entsprechende Management-Funktion genutzt werden. In diesen Ordner werden nun die PSML-Dateien eingebracht, die für einzelne Portal-Seiten vorgesehen sind. In unserem Fall jeweils eine Datei für einen Aufgaben-Komplex der CD-BOX. Für jede Portal-Seite wird dann ein Tab auf der Start-Seite dargestellt. Die zugehörige Folder-Datei 'folder.metadata' sieht etwa wie folgt aus:

```
<?xml version="1.0" encoding="UTF-8"?>
<folder hidden="false">
  <title>CDBOX</title>
  <short-title>CDBOX</short-title>
  <defaults layout-decorator="tigris" portlet-decorator="blue-gradient"/>
  <default-page></default-page>
  <document-order>cds-open.psml</document-order>
  <document-order>cds-angebot.psml</document-order>
```

- Fortsetzung folder.metadata -

```
    <document-order>cds-logon.psml</document-order>
    <document-order>cds-order.psml</document-order>
    <document-order>cds-payment.psml</document-order>
</folder>
```

7.5 Portlet-Implementierung

Das abstrakte Baustein-Modell gibt vor, welche Elemente wir in den Portlets zu erwarten bzw. zu implementieren haben. Die Spezifik von Portlets führt zu folgender Umsetzung.

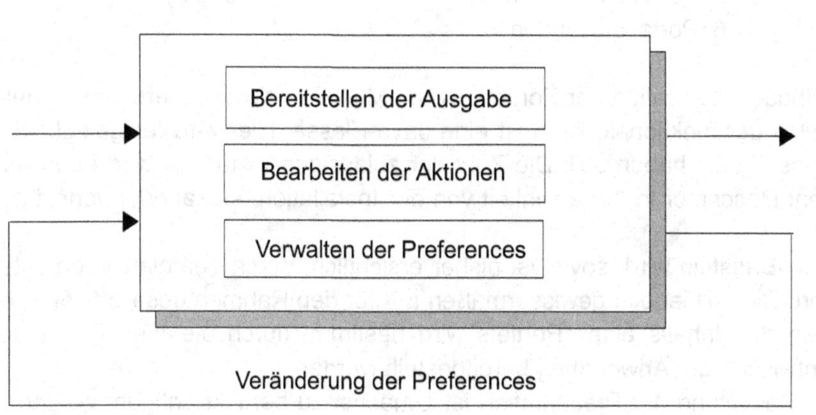

Abb.7.7 Implementierungs-Modell für Portlet-Klassen

Jetspeed als Entwicklungs-Plattform ist mit der Vorstellung verknüpft, den Entwickler von Anwendungs-Portalen weitestgehend durch vorgefertigte Bausteine bzw. Management-Funktionen zu unterstützen. Im Einzelnen sind zu finden:

- Templates zur Gestaltung des Look&Feel
- Portlets zum Einfügen in das zu entwickelnde Portal
- Jetspeed-Funktionen zur Portal-Entwicklung
  - Portal Site Manager
  - Portlet Application Manager
  - Role Management
  - Group Management
  - Permissions
  - ... .

Der Vorrat an Jetspeed-internen Portlets ist recht groß, in vielen Fällen lassen sich damit komplette Portale ohne jedwede Implementierungsarbeit, d.h. also lediglich mit Hilfe der Management-Funktionen, realisieren.

Der Entwicklungs-Prozess ist so gedacht, dass zunächst eine experimentelle Installation eingerichtet und mit dieser dann Schritt für Schritt über partielle Veränderungen das angestrebte Portal abgeleitet wird. Im Fall der CD-BOX entwickeln wir unsere Web-Anwendung auch deshalb innerhalb des Jetspeed (also als Sub-Site), um die Management-Funktionen verfügbar zu haben.
Anwendungs-spezifische Portlets, gemeint sind solche, die nicht Bestandteil der Jetspeed-Bibliotheken sind, werden vom Entwickler ausgearbeitet. Dabei orientieren wir uns an folgenden Eckpunkten:

1. Portlet codieren	Java-Klasse
2. Portlet registrieren	portlet.xml
3. Portal konfigurieren	web.xml
4. Portal assemblieren	WAR-File
5. Portal installieren	deploy
6. Portal anwenden.	

Die Aufbau-Organisation der Portlets ist am MVC-Prinzip orientiert. Der Model-Baustein, also der funktionale Kern ist eine Java-Klasse. Hier wird festgelegt, welchen Inhalt das Portlet haben soll. Die Zahl der zulässigen Instanzen wird über den Deployment Descriptor in Abhängigkeit von der Installation – lokal oder verteilt – geregelt.
Der View-Baustein wird, soviel ist bisher ersichtlich, durch Templates von Jetspeed realisiert. Das gilt jedoch gewissermaßen nur für den Rahmen des Portlets. Die Präsentation des Inhalts eines Portlets wird bestimmt durch die View-Elemente, die vom Entwickler der Anwendung bereitgestellt werden.
Für die Gestaltung der Präsentation ist zunächst zu berücksichtigen, welche View-Elemente von Web-Anwendungen sind mit Portlets verträglich. Gute Abstimmungen gibt es zwischen MVC-Frameworks wie Struts oder JSF mit dem Aufbau von Portlets. Damit wird die Auslegung von Portal-Seiten als JSF ein probates Mittel zur Oberflächen-Gestaltung.
Da wir ja bereits komplett ausgearbeitete Anwendungen zur Hand haben, werden wir bei dieser Gelegenheit aus Gründen der Anschauung einige unserer Implementierungs-Technologien mit Portlets zusammenbringen.
Portlets werden normalerweise abgeleitet von der Klasse 'GenericPortlet'. So ergibt sich für unsere Start-Seite folgender Code:

```
import java.io.IOException;
import javax.portlet.GenericPortlet;
import javax.portlet.RenderRequest;
import javax.portlet.RenderResponse;
import javax.portlet.PortletException;
import javax.portlet.PortletRequestDispatcher;

public class Start extends GenericPortlet
{ public void doView(RenderRequest request,
                              RenderResponse response)
                                     throws PortletException, IOException
```

- Fortsetzung Portlet-Code -

```
        { response.setContentType("text/html");
          PortletRequestDispatcher rd =
          getPortletContext().getRequestDispatcher("/Opening.html");
          rd.include(request,response);
        }
}
```

Beim Content für die Start-Seite unseres Anwendungs-Portals greifen wir demnach zurück auf die so häufig wiederkehrende HTML-Seite 'Opening.html', die für das Zusammenwirken mit dem Portlet leicht modifiziert wurde.

```
<HTML>
<HEAD>
 <TITLE>Open2Yo - CDBOX</TITLE>
 <META name="keywords" content="architecture, web pages, web application">
 <META name="robots" CONTENT="index,follow">
 <META http-equiv="Content-Type" content="text/html; charset=iso-8859-1">
 <LINK href="/cds-portal/templates/Rahmen.css" rel="stylesheet" type="text/css">
</HEAD>
<BODY>
<DIV id="header">
<H1>
  <BR>WELCOME TO CD-BOX
</H1>
</DIV>
<BR>  <APPLET
            CODE = "SAPPL7"
            ARCHIVE = "appl2.jar"
            CODEBASE= "/cds-portal/archives"
            WIDTH= "550" HEIGHT= "350" ALIGN="middle">
      </APPLET>
<DIV id="main"></DIV>
</BODY>
</HTML>
```

Wir können ablesen, dass im Rahmen der Eröffnung unsere (modifizierte) CSS-Datei und auch das immer wieder auftauchende Applet Verwendung finden. Die Bekanntgabe unseres Portlets erfolgt mittels 'portlet.xml'.

```
<?xml version="1.0" encoding="UTF-8"?>
<portlet-app xmlns="http://java.sun.com/xml/ns/portlet/portlet-app_1_0.xsd"
      xmlns:xsi="http://www.w3.org/2001/XMLSchema-instance"      xsi:schema
      Location="http://java.sun.com/xml/ns/portlet/portlet-app_1_0.xsd
      http://java.sun.com/xml/ns/portlet/portlet-app_1_0.xsd" version="1.0">
 <portlet>
  <portlet-name>CDBOXPortlet</portlet-name>
  <display-name>Portlet CD-BOX</display-name>
  <portlet-class>Start</portlet-class>
  <supports>
   <mime-type>text/html</mime-type>
   <portlet-mode>VIEW</portlet-mode>
```

- Fortsetzung portlet.xml -

```
    </supports>
    <supported-locale>en</supported-locale>
    <portlet-info>
      <title>CDS Opening</title>
      <short-title>CD-BOX starting portlet</short-title>
      <keywords>portlet, first, cd-box</keywords>
    </portlet-info>
  </portlet>
</portlet-app>
```

Die 'web.xml' enthält vorerst lediglich den Hinweis, dass eine Web-Anwendung zu installieren ist.

```
<?xml version="1.0" encoding="UTF-8"?>
<!DOCTYPE web-app PUBLIC "-//Sun Microsystems, Inc.//DTD Web Application
                                     2.3//EN"
                                     "http://java.sun.com/dtd/web-app_2_3.dtd">
<web-app>
  <display-name>CDS-Portal</display-name>
  <description>CD-BOX starting portlet</description>
</web-app>
```

Da unser Projekt mit Eclipse umgesetzt wird, haben wir sowohl beim Assemblieren als auch beim Installieren bekannte Arbeitsschritte auszuführen. Neu ist allerdings das Ziel für die aufbereitete war-Datei. Wir platzieren sie nun im Verzeichnis '%CATALINA_HOME%/webapps/jetspeed/WEB-INF/deploy', um auf diesem Wege Jetspeed zu animieren, die Anwendung auszupacken und in das vorhandene Portal korrekt einzufügen. Dazu gehört, dass die 'web.xml' von Jetspeed soweit aktualisiert, dass alle für ein Portal benötigten Angaben ergänzt bzw. modifiziert werden.

```
<?xml version="1.0" encoding="UTF-8"?>
<!DOCTYPE web-app PUBLIC "-//Sun Microsystems, Inc.//DTD Web Application
                                     2.3//EN" "http://java.sun.com/dtd/web-app_2_3.dtd">
<web-app>
  <display-name>CDS-Portal</display-name>
  <description>CD-BOX starting portlet</description>
  <servlet>
    <servlet-name>JetspeedContainer</servlet-name>
    <display-name>Jetspeed Container</display-name>
    <description>MVC Servlet for Jetspeed Portlet Applications</description>
    <servlet-class>
         org.apache.jetspeed.container.JetspeedContainerServlet
   </servlet-class>
    <init-param>
      <param-name>contextName</param-name>
      <param-value>cds-portal</param-value>
    </init-param>
    <load-on-startup>0</load-on-startup>
  </servlet>
  <servlet-mapping>
    <servlet-name>JetspeedContainer</servlet-name>
```

- Fortsetzung web.xml -

```
    <url-pattern>/container/*</url-pattern>
  </servlet-mapping>
  <taglib>
    <taglib-uri>http://java.sun.com/portlet</taglib-uri>
    <taglib-location>/WEB-INF/tld/portlet.tld</taglib-location>
  </taglib>
</web-app>
```

Nach dem Login kommen wir dann über den Link 'CDBOX' zu unserem Anwendungs-Portal (wohlgemerkt, innerhalb von Jetspeed).
Mit den o.a. PSML-Dateien und dem ersten Portlet ist das Gerüst für unsere Portal-Anwendung aufgerichtet. Und wir können folgende Zwischenbilanz ziehen. Das Einfügen eines Sub-Portals ist, nachdem man sich für eine geeignete Stelle entschieden und diese in der vorhandenen Jetspeed-Installation auch gefunden hat, mit wenigen 'Handgriffen' zu erreichen. Eine funktionell einfache Portlet-Klasse zu codieren ist ebenfalls relativ simpel. In den View-Baustein Applets aufzunehmen funktioniert wie gewohnt, auch Bilder o.ä. anzuzeigen geht in vertrauter Weise vor sich. Die Verwendung von CSS-Dateien zwecks Gestaltung der Anzeige erfolgt 'wie üblich'.

7.6 Interaktion mit Portlets

Der Funktions-Komplex 'Online abspielen' soll nun – als Demonstration des Architektur-Typs Interaktive Präsentation – daraufhin untersucht werden, wie sich diese Anforderung in einem Portal erfüllen lässt. Für diesen Fall sollen die bereits ausgearbeiteten Bausteine nach Möglichkeit erneut verwendet werden. Damit wird der Blick für die Architektur zunächst einmal auf die Beziehungen zwischen den Komponenten gerichtet. Die Vermittlung der vom Benutzer gewünschten Aktion, die Präsentation eines Mediums des Angebots, erfolgt gemäß dem MVC-Paradigma über einen Control-Baustein. Dieser war bisher als Servlet ausgelegt. Im Rahmen der Portal-Konstruktion wird diese Aufgabe nun einem Portlet übertragen. So nimmt die Teil-Architektur die in Abb.7.8 gezeigte Gestalt an [s.d. Hepper 2005].
In der Architekturskizze zeigt eine durchgezogene gerichtete Linie einen Steuerfluss (Aufruf) an, die gestrichelte Verbindung weist auf eine Datenverbindung. Der Aufruf des Funktions-Komplexes (durch Anklicken des Reiters 'Angebot') bringt mittels JSP unser Angebot zur Anzeige. Da Ausdrücke der Expression Language (noch) nicht aufgelöst werden, ist diese JSP in den entsprechenden Passagen umgeschrieben worden. Außerdem wurde die Portlet-Taglib in die Entwicklungs-Umgebung eingefügt.

```
<?xml version="1.0" encoding="ISO-8859-1" ?>
<%@ page language="java" contentType="text/html;
      charset=ISO-8859-1"
      session="false"
     pageEncoding="ISO-8859-1"%>
<%@ taglib uri="http://java.sun.com/jsp/jstl/core" prefix="c" %>
<%@ taglib uri="WEB-INF/tld/portlet.tld" prefix='portlet'%>
...
```

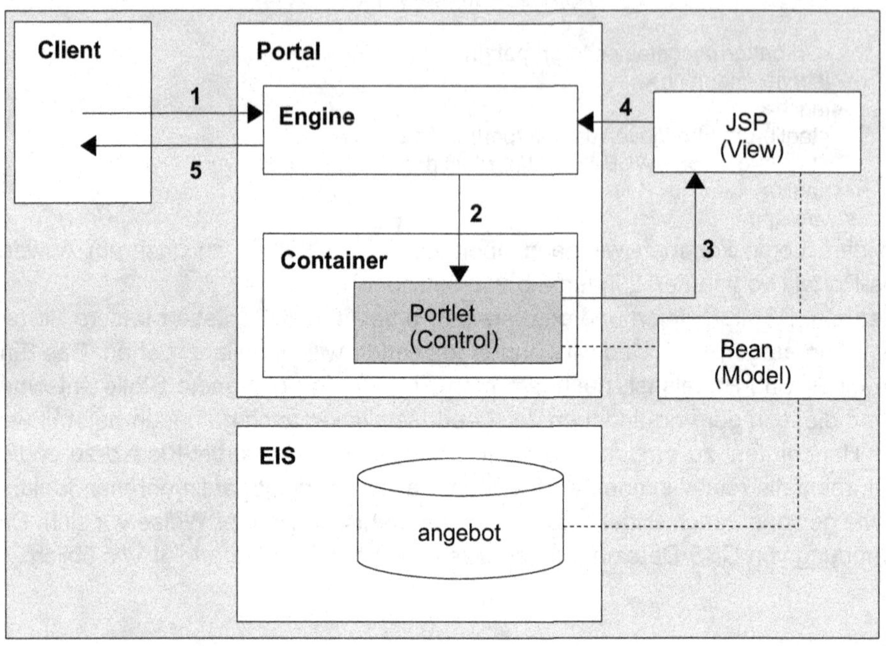

Abb.7.8 Teil-Architektur 'Online abspielen'

```
<portlet:defineObjects />
<portlet:actionURL var="playURL" />
<jsp:useBean id="abean" class="beans.CDDB" scope="request" />
<% abean.getCDs( ); %>
  <% for(int i=1; i<8; i++) {%>
      <tr>
      <% for(int j=1; j<5; j++) {%>
            <td> <%=abean.getCDDetail(i,j) %></td>
      <%} %>
        <td align="center" valign="middle">
        <FORM name="playform" method="POST" action="<%=playURL %>" >
          <BUTTON type="submit" name="pbutton" value="<%=i %>" />
        </FORM>
        </td>
     <% } %>
     </tr>
 </table>
...
```

Über die Daten zum Angebot in userer Datenbank wird wie gehabt eine Tabelle aufgebaut. Zu jeder Zeile mit Titel, Künstler etc. wird ein Button gegeben, der das Abspielen ermöglicht. Eine solche Operation muss im Aktionsteil des zugehörigen Portlets vorbereitet werden. In unserem Fall wird eine URL bereitgestellt, mit der auf die Methode *processAction* des Portlets zugegriffen werden kann (s. doView-Methode).

```
import java.io.IOException;
import javax.portlet.*;

public class Angebot extends GenericPortlet
{ public void doView(RenderRequest request,
                     RenderResponse response)
                     throws PortletException, IOException
  { response.setContentType("text/html");
    String jspName = getPortletConfig().getInitParameter("jspView");
    PortletURL playUrl = response.createActionURL();
    playUrl.setPortletMode(PortletMode.VIEW);
    playUrl.setParameter("play","play");
    request.setAttribute("playUrl", playUrl.toString());
    PortletRequestDispatcher rd =
              getPortletContext().getRequestDispatcher(jspName);
    rd.include(request,response);
  }
  public void processAction (ActionRequest request,
                             ActionResponse actionResponse)
                             throws PortletException, IOException
  { String buttonName = request.getParameter("pbutton");
    if (buttonName!=null)
         { String playparam = request.getParameter("pbutton");
           SPIEL sp = new SPIEL( );
           try { sp.getAdr(playparam);      }
           catch(Exception e)
                 {System.err.println("Got exception "+e); }
         }
  }
}
```

Wird nun innerhalb des dargestellten Angebots ein Play-Button angeklickt, wird über unsere Variable 'playURL' der Aktionsteil des zugehörigen Portlets (das ja jetzt als Controller fungiert) angesteuert. Und hier nehmen wir, wie im Servlet bereits gesehen, als Parameter den Wert der Zeile des Angebots auf, um das Medium in der Datenbank aufzusuchen und dem Benutzer zu präsentieren. Zum Abspielen wird wiederum auf unsere bereits vorhandenen Bausteine zurückgegriffen. Die Interaktion, so können wir an dieser Stelle festhalten, ist somit auch über Portlets gut einzurichten. Das liegt auch daran, dass die Idee 'Servlet' bei der Ausarbeitung des Konzepts 'Portlet' aufgegriffen und um entsprechende Merkmale zur Ausführung in Portalen erweitert worden ist. Und die JSR 168 schafft die Grundlage für einen standardisierten Baustein-Typ.

7.7 Interaktion mit Portlets und JavaServer Faces

Wir wollen nun die bereits erörterten Vorteile der JSF (s. Abschn.5.5.1) mit den Portlets verknüpfen. Das kann eigentlich nur bedeuten, Portlet-Content mittels JSF zur Verfügung zu stellen. Um das Vorgehen dabei systematisch zu gestalten, sollen folgende Entwicklungs-Aufgaben als Orientierung dienen:

1. Einstellen des Portals auf JSF — web.xml
2. Einrichten von Portlets für JSF — portlet.xml
3. Bereitstellen von JSF — WebContent
4. Navigation und Backing Beans — faces-config.xml.

Die Aufgabe 1 erfordert die Ergänzung der web.xml zur Einbettung der benötigten Komponenten für die Arbeit der Web-Anwendung mit JSF.

```
<?xml version="1.0" encoding="UTF-8"?>
<!DOCTYPE web-app PUBLIC "-//Sun Microsystems, Inc.//DTD Web Application
                                    2.3//EN" "http://java.sun.com/dtd/web-app_2_3.dtd">
<web-app>
  <display-name>CDS-Portal</display-name>
  <description>CD-BOX as Jetspeed-Portal</description>

  <context-param>
    <param-name>javax.faces.application.CONFIG_FILES</param-name>
    <param-value>/WEB-INF/faces-config.xml</param-value>
  </context-param>

  <!-- Listener, that does the startup work  -->
  <listener>
    <listener-class>
          org.apache.myfaces.webapp.StartupServletContextListener
   </listener-class>
  </listener>

  <!-- Faces Servlet -->
  <servlet>
    <servlet-name>Faces Servlet</servlet-name>
    <servlet-class>javax.faces.webapp.FacesServlet</servlet-class>
    <load-on-startup>1</load-on-startup>
  </servlet>
 <servlet>
    <servlet-name>JetspeedContainer</servlet-name>
    ...
  </servlet>

  <!-- extension mapping -->
  <servlet-mapping>
    <servlet-name>Faces Servlet</servlet-name>
    <url-pattern>*.jsf</url-pattern>
  </servlet-mapping>
  ...
</web-app>
```

In Aufgabe 2 unserer aktuellen Entwicklungs-Phase soll erreicht werden, dass Portlets mit JSF insofern verbunden werden, dass der präsentierte Inhalt durch die JSF bestimmt wird. Um dieses zu erreichen, wird in aller Regel kein eigenes Portlet geschrieben, sondern auf die Standard-Klasse der sogenannten JSF-Bridge zurück gegriffen. Somit bedarf es an dieser Stelle lediglich der entsprechenden Angaben in der portlet.xml.

```
<?xml version="1.0" encoding="UTF-8"?>
<portlet-app xmlns="http://java.sun.com/xml/ns/portlet/portlet-app_1_0.xsd"
          xmlns:xsi="http://www.w3.org/2001/XMLSchema-instance"
          version="1.0"
      xsi:schemaLocation="http://java.sun.com/xml/ns/portlet/portlet-app_1_0.xsd
          http://java.sun.com/xml/ns/portlet/portlet-app_1_0.xsd">
<portlet>
  <portlet-name>CDBOXPortlet</portlet-name>
  . . .
 </portlet>
 <portlet>
  <portlet-name>CDSAngebotPortlet</portlet-name>
  ...
 </portlet>
 <portlet>
  <portlet-name>KDatenPortlet</portlet-name>
  <display-name>Customer Data</display-name>
        <portlet-class>org.apache.portals.bridges.jsf.FacesPortlet</portlet-class>
  <init-param>
   <name>ViewPage</name>
   <value>/jsfpages/meld.jsp</value>
  </init-param>
  <supports>
   <mime-type>text/html</mime-type>
   <portlet-mode>VIEW</portlet-mode>
   <portlet-mode>EDIT</portlet-mode>
  </supports>
    <supported-locale>en</supported-locale>
  <portlet-info>
   <title>Customers</title>
   <short-title>CD-BOX customer portlet</short-title>
   <keywords>portlet, customer, cd-box</keywords>
  </portlet-info>
 </portlet>
</portlet-app>
```

Für den Schritt 3 erinnern wir uns daran, dass ja auch einige JSF für die CD-BOX schon einmal ausgearbeitet worden sind. Das führt uns zur Wiederverwendung eben dieser vorhandenen Bausteine. Zu verbinden ist dieser Schritt mit dem Auffüllen der /WEB-INF/lib um die für die JSF-Arbeit jeweils erforderlichen JAR-Files. Interaktionspunkte einzufügen bedeutet, wir befinden uns auf vertrautem Gebiet. Nötig ist an einer solchen Stelle ein JSF-Ausdruck der Form

```
<h:commandButton action="#{idHandle.login}" value="Login" />.
```

Der Wert für den Parameter 'action' weist – wie gewohnt – auf eine Methode innerhalb der anzusteuernden Klasse (Bean). Zu beachten ist, dass auch hier ein logischer Klassenname eingesetzt wird. Die Zuordnung zum physischen Namen der Klasse ergibt sich aus der Deklaration einer Bean in der faces-config.xml.

```
<managed-bean>
        <managed-bean-name>idHandle</managed-bean-name>
        <managed-bean-class>beans.KdBean</managed-bean-class>
        <managed-bean-scope>session</managed-bean-scope>
</managed-bean>
```

Die sehr gute Passfähigkeit zwischen Portlets und JSF setzt sich im Schritt 4 fort. Wie Backing Beans in Portlets einzubeziehen sind, hat sich gewissermaßen en passant ergeben, da auch in diesem Fall das bekannte JSF-Verfahren gilt.
Die Navigation läuft weiterhin über die faces-config.xml, die Regeln nach dem Muster

woher	**wohin**
<from-view-id> /jsfpages/meld.jsp </from-view-id>	<navigation-case> <from-outcome>nichtimpl</from-outcome> <to-view-id>/jsfpages/meldfail.jsp </to-view-id> </navigation-case>

enthält. Damit wird beschrieben, unter welcher Bedingung die Steuerung von welcher JSF an welche nachfogende Seite zu übergeben ist. Als Trigger wirkt der Rückgabewert der Bean-Methode wie '*success*', '*failure*' oder vielleicht '*doNote*'. Auch hier also keine neuen Notations-Anforderungen, sondern durchaus vertraute Verfahren.

7.8 Integration

Wir wollen nun Integration in unserem Kontext spezifizieren.

> **Integration**
> ist die Zusammenführung unterschiedlicher Anwendungen
> und deren Verfügbarkeit für verschiedene Benutzer-Gruppen.

Betrachten wir Integration dann genauer, so zeigen sich verschiedene Facetten, die mit solchen Bezeichnern wie Authentifizierung, Identifizierung, Autorisierung, Single Sign on etc. verbunden sind.
Mit Authentifizieren wird eine Funktion benannt, welche die Identidät eines Benutzers überprüft. Mittels z.T. äußerst aufwendiger Systeme zur Verwaltung von Benutzern und ihren Merkmalen lassen sich sehr differenziert einzelne Benutzer, Gruppen und Rollen zu einer Gesamtheit von Anwendern integrieren.
Autorisierung ist die integrative Komponente, die es in Analogie zur Benutzer-Verwaltung möglich macht, den Zugang zu Komponenten und Anwendungen, in aller Regel über mehrere Stufen hinweg, in Abhängigkeit von der Authentifizierung zu organisieren.
Single Sign on integriert insofern, dass unterschiedliche Anwendungen, die ansonsten jeweils eine Anmeldung erforderlich machen, nun mit nur einem Logon erreichbar sind.
Um Integration auch in unserer CD-BOX anklingen zu lassen, werden wir die Anforderungen etwas differenzieren. Und das soll in zwei Stufen vor sich gehen:

Stufe1 - Differenzierung der Benutzer
Es werden zwei Benutzer-Gruppen eingeführt, die entsprechenden Rollen zugeordnet werden.

Rolle1: user
Rolle2: boxmember.
- Differenzierung des Portal-Inhalts
Aus einer gemeinsamen Menge von Portal-Seiten werden in Abhängigkeit von der Rolle unterschiedliche Teil-Mengen angezeigt.

Für die Rolle1 ist vorgesehen, jedem Benutzer des Portals das Angebot zugänglich zu machen. Es enthält neben dem 'Welcome' die Funktion 'Online abspielen'. Der Zugriff auf weitere Funktionen wie 'Bestellen' oder 'Bezahlen' soll Benutzern vorbehalten sein, die explizit als Mitglieder der CD-BOX ausgewiesen sind.
Die Stufe1 wird dann problematisch, wenn verschiedene Funktionen wie z.B. 'Online abspielen' und 'Bestellen' auf einer Seite kombiniert sind. Das ist Anlass für uns, eine zweite Stufe vorzusehen.

Stufe2 - Differenzierung der Benutzer
Es werden zwei Benutzer-Gruppen eingeführt, die entsprechenden Rollen zugeordnet werden.
Rolle1: subsite
Rolle2: boxmember.
- Differenzierung des Portal-Inhalts
Der Inhalt wird verteilt auf zwei unterschiedliche Mengen von Portal-Seiten, die in Abhängigkeit von der Rolle jeweils komplett angezeigt werden.

Die Stufe1 benötigt also einen Selektions-Mechanismus, um die jeweils gültige Teil-Menge auszuwählen. Wir verwenden dazu 'Constraints' auf der Stufe der Portal-Seiten nach folgendem Muster:

```
<security-constraints>
  <security-constraint>
        <roles>member</roles>
        <permissions>view</permissions>
  </security-constraint>
  <security-constraint>
        <roles>manager</roles>
        <permissions>edit</permissions>
  </security-constraint>
</security-constraints>
```

Durch Ergänzung bestimmter PSML-Dateien um solcherart Regeln wird in Jetspeed dafür gesorgt, dass nur bei Erfüllung die Ausgabe der zugehörigen Seite erfolgt.
Eine Gesamtheit solcher Regeln wird in Jetspeed 'Profiling Rules' genannt. Der Entwickler eines Portals kann sowohl auf eine vorgefertigte Regel-Menge zurück greifen als auch eigene Profile ausarbeiten. Die fertigen Regeln kommen dann mittels Bezeichner daher, deren Mnemonik die Jetspeed-Entwickler wohl für ausreichend aussagekräftig halten, um eingesetzt werden zu können. Zu spüren ist jedoch sowohl beim 'out-of-the-box' als auch im Falle des 'do-it-yourself' die gut bekannte

Erfahrung: Ohne verständliche Dokumentation keine korrekte Interpretation. So lässt sich zwar anhand der Bezeichner über die Wirkung ein wenig spekulieren, die Semantik aber nicht tatsächlich dechiffrieren.
Das Use Case Diagram (Abb.7.9) macht die Anforderungen bildlich, die uns zur Stufe2 führen.

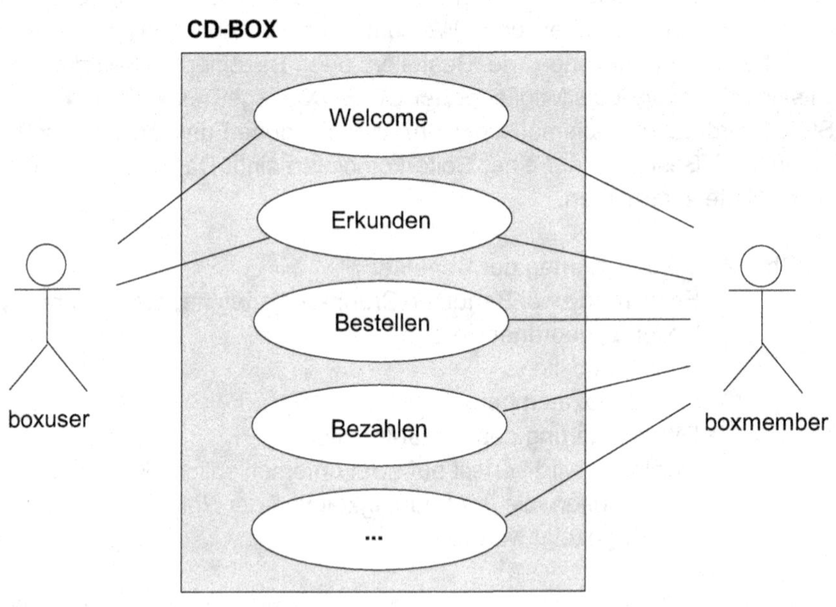

Abb.7.9 Use Case Diagram 'CD-BOX'

Diese Stufe soll nun in folgenden Schritten erreicht werden.

- Differenzieren der Portal-Struktur
  Struktur-Kriterium: Rollen und Benutzer
- Etablieren der Zugangs-Steuerung – Profiling-Rules
  Einrichten der Rollen
  Festlegen von Steuerungs-Regeln
- Separieren des Portal-Inhalts
  Zuordnung von Seiten zu Teil-Portalen.

Um sicher zu stellen, dass Jetspeed unsere Vorstellungen teilt, werden zumindest für die Schritte 1 und 2 die entsprechenden Administrator-Funktionen benutzt. Die neue Portal-Struktur besteht aus zwei Sub-Portalen, jeweils eines für die o.a. Rollen 'subsite' bzw. 'boxmember'. Diese Struktur-Komponenten werden in die SubSite-Root von Jetspeed eingearbeitet (s. Abb.7.10).

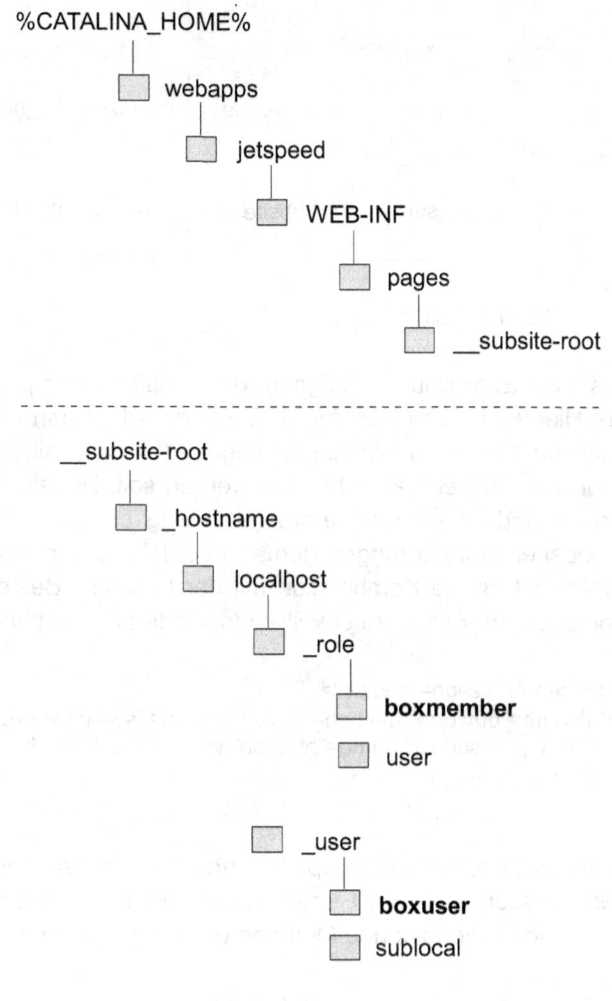

Abb.7.10 Teil-Strukturen der CD-BOX

Im Schritt 2 benötigen wir die Admin-Funktionen 'Role Management', 'User Management' sowie 'Permissions'. Damit wurden für die CD-BOX folgende Einstellungen vorgenommen. Bei den 'Permissions' ist dafür zu sorgen, dass auf Portlets und Folder zugegriffen werden darf. Dies wird durch die Kombination von Pfad-Angabe und der Auswahl 'Wer sieht Was' eingestellt. Diese – u.U. etwas verwirrende, dafür jedoch visuell programmierbare – Kombination von Parametern führt in unserem Fall zu folgendem 'Verhalten': Bei einem Login eines Benutzers, welchem die Rolle 'boxmember' zugeordnet worden ist, wird unmittelbar der Inhalt des Sub-Portals 'boxmember' angesteuert. Meldet sich jemand als 'boxuser' an, wird direkt zum Inhalt in 'boxuser' verzweigt.

Parameter Portal	User	Role	Profiling Rule
boxmember	<name>	boxmember	subsite_by_hostname
boxuser	boxuser	subsite	subsite_by_hostname

Abb.7.11 Parameter und Profiling Rules

Schritt 3 umfasst die Entwicklungs-Aufgabe, den Inhalt für das jeweilige Sub-Portal bereitzustellen. Hier wird vorausgesetzt, dass die erforderlichen PSML-Dateien mittels Admin-Funktion 'Portal Site Manager' angelegt worden sind. Zu ergänzen ist nunmehr, was in welche Seite eingebunden werden soll. Die einzelnen inhaltlichen Bausteine werden wiederum aus unserer Anwendung 'cds-portal' bezogen, die nun den fortgeschriebenen Anforderungen gemäß ebenfalls anzupassen ist. Der View-Baustein 'Angebot' ist für die Kombination mit der Funktion 'Bestellen' um den bereits einmal vorhandenen Button zu erweitern (s. Code angebotplus.jsp).

```
<td align="center" valign="middle">
 <FORM name="buyform" method="POST" action="<%=playURL %>" >
  <BUTTON type="submit" name="bbutton" value="<%=i %>" />
 </FORM>
</td>
```

Das Anklicken eines Button in dieser Spalte führt wieder zur Ansteuerung des zugehörigen Portlets, dessen Code jetzt unter 'AngebotPlus' bereit steht. Zur Bearbeitung einer Bestellung ist die folgende Methode eingefügt worden.

```
String bName = request.getParameter("bbutton");
if (bName!=null)
        { String buyparam = request.getParameter("bbutton");
          // Bestellung fuer Titel Nr. <buyparam>
        }
```

Die jetzt vorliegende Anwendung hat einen Makel: Ein unbefangener Benutzer von Jetspeed bekommt keinen Hinweis auf unsere Sub-Portale. Das bedeutet, ohne Kenntnis des Vorhandenseins derselben ist eine Nutzung doch sehr unwahrscheinlich. Ein Benutzer muss also Informationen dazu haben, dass die Komponenten überhaupt da und wie sie zu erreichen sind. Eine 'produktionsreife' Lösung für unsere Portal-Anwendung müsste diesen Mangel beheben; vielleicht findet es der Leser mittlerweile spannend genug, eine geeignete Struktur, inhaltliche Verteilung und Parametermenge zu finden.

In der Abb.7.12 finden wir dann unsere integrative Architektur in weitestgehend ab strakter Form mit wesentlichen d.h. typischen Vertretern der einzelnen Komponenten. Die Interpretation wird jetzt, wie bereits erwähnt, von der Portal Engine übernommen. Für die Kalkulation ist der primäre Baustein vom Typ 'Portlet'. Die integrativen Bausteine bilden die wesentliche Neuerung in dieser Architektur. Es werden, wie leicht zu erkennen ist, keineswegs alle die möglich sind aufgezählt. Stattdessen wird versucht, durch Benennung bestimmter Funktionen Bezug auf unseren Text herzustellen. So sollte sich die Vorstellung von einer integrativen Architektur eingestellt und das Bild zu konstituierenden Komponenten und deren Beziehungen zueinander abgerundet haben.

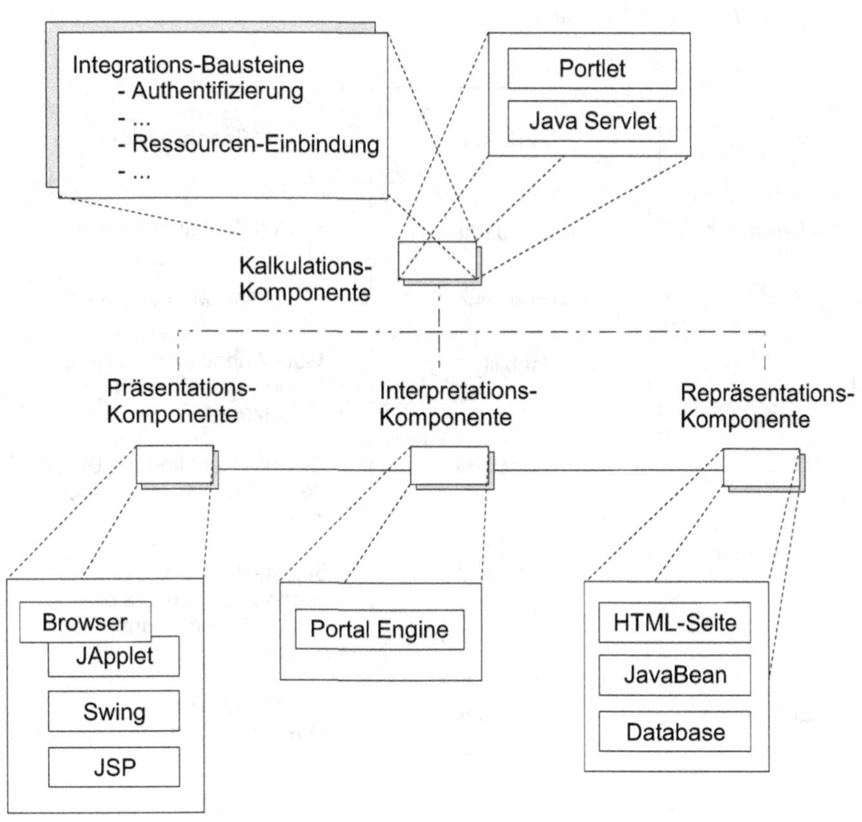

Abb.7.12 Integrative Architektur

Kapitel 8

Qualität und Sicherheit

8.1 Qualität

Ein Benutzer sitzt mit fragwürdigem Erfolg vor einem Software-Produkt; der Entwickler verweist stolz auf die Exzellenz der eingesetzten Mittel – eine Situation, die uns allen zumindest bekannt vorkommt. Hintergrund für solcherart widersprüchliche Bewertung ist die deutlich voneinander abweichende Auffassung zur Qualität. So macht es sich also erforderlich zu klären, woran Qualität gemessen wird. Für einen Benutzer sind Gebrauchsmerkmale ausschlaggebend, für einen Entwickler zählen eher 'innere Werte' des Produkts.

	Merkmal	Beschreibung
Benutzer	Verfügbarkeit	Zugriff stets gegeben
	Zuverlässigkeit	Funktion wie spezifiziert
	Usability	Gute Anpassung an Arbeits-Modell und -Erfahrung des Benutzers
	Robustheit	Sichere Reaktion auf Benutzer-Fehler und Hardware-Ausfälle
	Sicherheit	Selbstschutz des Systems gegen beabsichtigte oder auch zufällige Angriffe von außen
Entwickler	Testbarkeit	Gute Struktur und Dokumentation
	Wartbarkeit	Gute Les- und Modifizierbarkeit
	Wiederverwendbarkeit	Modularität und Vollständigkeit
	Übertragbarkeit	Geringe Plattform-Abhängigkeit
	Lokalisierbarkeit	Anpassbarkeit an nationale und regionale Gegebenheiten

Die hier angegebene Merkmals-Menge ist nicht festgeschrieben, vielmehr hängen Auswahl und auch wechselseitige Beziehungen ein wenig vom Blickwinkel ab. Dennoch werden solche Merkmale einerseits häufig hierarchisch aufgebaut und andererseits operationalisiert, um die Güte quantitativ einstufen zu können. Usability ist sicherlich ein Prototyp für Merkmale dieser Art.

Gebrauchstauglichkeit
Ausmaß, in dem ein Produkt durch bestimmte Benutzer/-innen in einem bestimmten Nutzungskontext genutzt werden kann, um bestimmte Ziele effektiv, effizient und zufriedenstellend zu erreichen.
(s. DIN EN ISO 9241 - Teil 11)

Die unmittelbaren Erfahrungen dazu macht ein Benutzer über die Benutzungs-Oberfläche. Und da finden wir sieben Forderungen zur Dialoggestaltung, die als Verfeinerung der Gebrauchstauglichkeit anzusehen sind (DIN EN ISO 9241 Teil 110).

Aufgabenangemessenheit
Ein Dialog ist aufgabenangemessen, wenn er den Benutzer unterstützt, seine Arbeitsaufgabe effektiv und effizient zu erledigen.
Selbstbeschreibungsfähigkeit
Ein Dialog ist in dem Maße selbstbeschreibungsfähig, indem für Benutzer zu jeder Zeit offensichtlich ist, in welchem Dialog, an welcher Stelle im Dialog sie sich befinden, welche Handlungen unternommen und wie diese ausgeführt werden können.
Steuerbarkeit
Ein Dialog ist steuerbar, wenn der Benutzer in der Lage ist, den Dialogablauf zu starten sowie seine Richtung und Geschwindigkeit zu beeinflussen, bis das Ziel erreicht ist.
Erwartungskonformität
Ein Dialog ist erwartungskonform, wenn er konsistent ist und den Merkmalen des Benutzers entspricht, z.B. seinen Kenntnissen aus dem Arbeitsgebiet, seiner Ausbildung und seiner Erfahrung sowie allgemein anerkannten Konventionen.
Fehlertoleranz
Ein Dialog ist fehlertolerant, wenn das beabsichtigte Arbeitsergebnis trotz erkennbar fehlerhafter Eingaben entweder mit keinem oder mit minimalem Korrekturaufwand seitens des Benutzers erreicht werden kann.
Individualisierbarkeit
Ein Dialog ist individualisierbar, wenn das Dialogsystem Anpassungen an die Erfordernisse der Arbeitsaufgabe sowie an die individuellen Fähigkeiten und Vorlieben des Benutzers zuläßt.
Lernförderlichkeit
Ein Dialog ist lernförderlich, wenn er den Benutzer beim Erlernen des Dialogsystems unterstützt und anleitet.

Qualitäts-Merkmale werden so zu Anforderungen an den Entwickler einerseits und zu Bewertungs-Kriterien fertiger Produkte andererseits. Operationalisierung schafft dann die Möglichkeit, solchen Forderungen bzw. Merkmalen quantitative Werte zuweisen zu können. Dabei erweisen sich Fragebögen, wie sie z.B. von Prümper [Prümper&Anft 1993] vorgeschlagen wurden, als probates Mittel. Hier ein Auszug zu dem Merkmal 'Aufgabenangemessenheit', um das Prinzip zu demonstrieren.

Aufgaben-Angemessenheit								
Die Software ...	---	--	-	-/+	+	++	+++	Die Software ...
ist kompliziert zu bedienen								Ist unkompliziert zu bedienen
bietet nicht alle Funktionen, um ...								bietet alle Funktionen, um ...
bietet schlechte Möglichkeiten, wiederholt auftretende Vorgänge zu automatisieren								bietet gute Möglichkeiten, wiederholt auftretende Vorgänge zu automatisieren
erfordert überflüssige Eingaben								erfordert keine überflüssigen Eingaben
ist schlecht auf die Anforderungen der Arbeitsaufgabe zugeschnitten								ist gut auf die Anforderungen der Arbeitsaufgabe zugeschnitten

Statt der Kombinationen aus Plus- und Minus-Zeichen sind auch Zahlenwerte von 1 bis 7 vorstellbar, mit denen ein bewertetes Produkt dann unmittelbar eine Note erhält.

Spezielle Vertiefung erhält die Usability für Benutzungs-Oberflächen von Web-Anwendungen. Die Teil-Disziplin 'Web Design' kann mit einer Fülle von Vorschlägen, Regeln und Gesetzmäßigkeiten für die Gestaltung von Seiten aufwarten. Solche Regelwerke werden auch Style Guides genannt und sie gibt es als Quasi-Standards oder auch als speziell für z.B. ein Unternehmen entworfene Sammlung. Ein Style Guide stellt ein gleichbleibendes Erscheinungsbild des Unternehmens sicher und bietet Gewähr dafür, dass die jeweiligen Seiten vom Besucher wiedererkannt und in vergleichbarer Art und Weise benutzt werden können. Struktur, Layout und Navigation, Farben, Schriften, Logos und Icons, Positionen, Abmessungen und relative Lagen können dann durchgängig für ein sogenanntes Corporate Design sorgen.

8.2 Qualitäts-Sicherung

Eine Web-Anwendung zu entwickeln und zum Schluss mal eben schauen, ob ein gutes Produkt entstanden ist – ein solches Vorgehen wäre sehr unprofessionell und auf Dauer völlig ungeeignet, brauchbare Software zu liefern. Vielmehr muss Qualität als Entwicklungsziel insgesamt integriert und explizit heraus gestellt werden. Die Möglichkeiten, auf die Qualität Einfluss zu nehmen, sind so zahlreich und voneinander verschieden, dass wir mittels einer Systematik einen Überblick schaffen wollen.

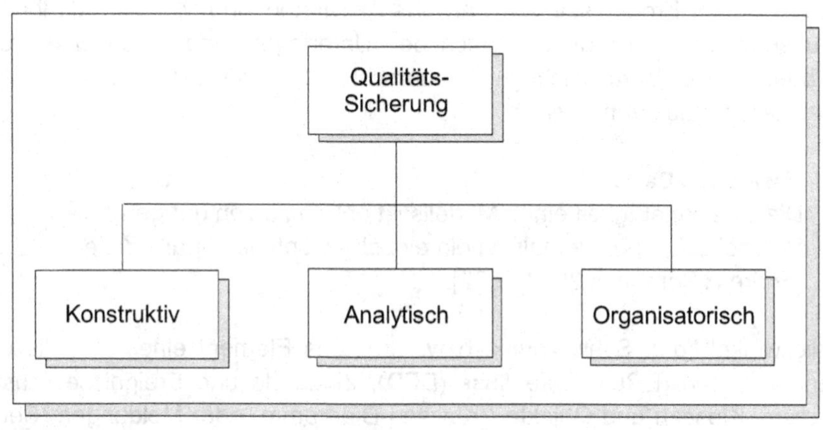

Abb.8.1 Überblick Qualitäts-Sicherung

Konstruktive Qualitäts-Sicherung ist vor allem die Verpflichtung des 'Konstrukteurs', also Software-Architekt, Software-Ingenieur, Codierer. Analytische Maßnahmen zur Qualitäts-Sicherung werden eingesetzt, wenn Produkte bzw. Produkt-Studien auf die erreichte oder auch zu erwartende Güte hin zu untersuchen sind. Organisatorische Qualitäts-Sicherung umfasst all die Aspekte, die den Entwicklungs-Prozess in Beziehung zur Qualität des zu erarbeitenden Produkts bringen.

8.2.1 Konstruktive Qualitäts-Sicherung

Diese Art der Qualitäts-Sicherung muss früher einsetzen, als die Beifügung 'konstruktiv' unter Umständen suggeriert.

Gesetz von Glass
Unzulänglichkeiten in den Anforderungen sind die primäre Quelle für Projekt-Fehlschläge [Endres&Rombach 2003, S.16].

Dabei muss nicht in jedem Fall ein Großprojekt oder ein anderes Vorhaben in seiner Gesamtheit scheitern, sondern gerade die vielfältigen Entäuschungen von Auftraggebern bzw. Benutzern über die Differenz zwischen gehegter Erwartung und vorgefundenem Produkt sind Beleg für die Richtigkeit dieser Beobachtung. Und, die Möglichkeiten zur Verursachung von Mängeln sind damit noch nicht erschöpft.

> **Gesetz von Boehm**
> Entwicklungs-Fehler werden am häufigsten bei Requirement-
> und Design-Aktivitäten gemacht und sind umso teurer ...
> [Endres&Rombach 2003, S.17].

Die wesentlichen Ergebnisse von Entwurfs-Aktivitäten sind Modelle. Mit ihnen wird das zu entwicklende Produkt – gleich den Unterlagen eines Architekten, der ein Haus baut – unter Berücksichtigung unterschiedlicher Aspekte aus verschiedenen 'Blickwinkeln' heraus antizipiert.

> **Gesetz von Davis**
> Die Zweckmäßigkeit eines Modells ist abhängig von der gewählten
> Perspektive, aber niemals ist ein einzelnes optimal für alle Ziele.
> [Endres&Rombach 2003, S.22].

Als 'Blickwinkel', d.h. Schwerpunkt bzw. zentrales Element eines Modells werden verwendet: Daten (ERD), Datenfluss (DFD), Zustände und Ereignisse (Zustands-Diagramm), Klassen und Objekte ((Klassen-Diagramm) oder Meldungen (Sequenz-Diagramm). Und wir erweitern diese Palette um die Perspektive 'Architektur'. Durch die Herausbildung und Anwendung von Quasi-Standards kann dann zur Sicherung der Qualität beigetragen werden.

8.2.2 Analytische Qualitäts-Sicherung

Diese Gruppe von Aktivitäten wird zunächst in zwei grundlegende Ansätze unterteilt: Validation und Verifikation.
Bei der Validation gilt es die Frage zu beantworten: Wird das richtige Produkt entwickelt? Die Verifikation widmet sich dem Problem: Wird (bzw. wurde) das Produkt richtig entwickelt. In IEEE-Terminologie wird dazu wie folgt definiert:

> **Software Validation**
> ist der Bewertungs-Prozess für ein System oder seine Komponenten
> der überprüft, ob die spezifizierten Anforderungen richtig sind.
> **Software Verification**
> ist der Bewertungs-Prozess für ein System oder seine Komponenten
> der überprüft, ob das Produkt den vorgebenen Anforderungen entspricht.

Die jeweils möglichen Überprüfungen sind entweder statischer oder dynamischer

Analytische QS	Validation	Verifikation
statisch	Review/Walkthrough - Projekt-Ziel - ... Inspection - Architektur-Modell - weitere Entwurfs-Dokumente	Test-Planung - System-Test - Intergrations-Test - Baustein-Test Software-Metriken - ...
dynamisch	System-Test - Umgebungs-Test - Funktions-Test - Performanz- bzw Belastungs-Test	Integrations-Test - Klassen-Integration - Baustein-Integration - Schichten-Integration Baustein-Test - ... - Vererbung - Polymorphie

Abb.8.2 Aktivitätsraum der Analytischen Qualitäts-Sicherung

Art. Statisch bedeutet, es werden Reviews und Inspections von Entwicklungs-Dokumenten vorgenommen, um die Qualität bewerten und evtl. Fehler entdecken zu können. Dynamisch verweist darauf, dass zur Bewertung bzw. Sicherung der Qualität die Web-Anwendung in ihrer Gesamtheit oder auch teilweise ausgeführt wird. Somit spannt sich für die analytische Qualitäts-Sicherung der o.a. Aktivitätsraum auf.
Das Testen als wesentliche Maßnahme zur Qualitäts-Sicherung anzusehen, ist noch weit verbreitet. Dabei glit auch für die Software-Entwicklung die simple Tatsache: Fehler vermeiden ist stets besser als sie zu beseitigen. Und es gelten die nicht immer leicht zu akzeptierenden Erkenntnisse von Dijkstra und Weinberg:

Gesetz von Dijkstra
Testen zeigt lediglich die Anwesenheit von Fehlern,
niemals deren Abwesenheit.

Gesetz von Weinberg
Ein Entwickler ist ungeeignet, seine eigenen
Codes zu testen.
[Endres&Rombach 2003, S.131]

Am weitesten verbreitet als Test-Maße sind sicherlich Überdeckungsgrade. Hierbei wird festgelegt, bis zu welchem Grad Anweisungen, Verzweigungen, Datenflüsse, Schleifen und Programm-Pfade in die Tests einzubeziehen (zu überdecken) sind. Für Web-Anwendungen werden aufgrund der Komplexität die Ansprüche an das Testen noch einmal erhöht (s.Abb.8.3).

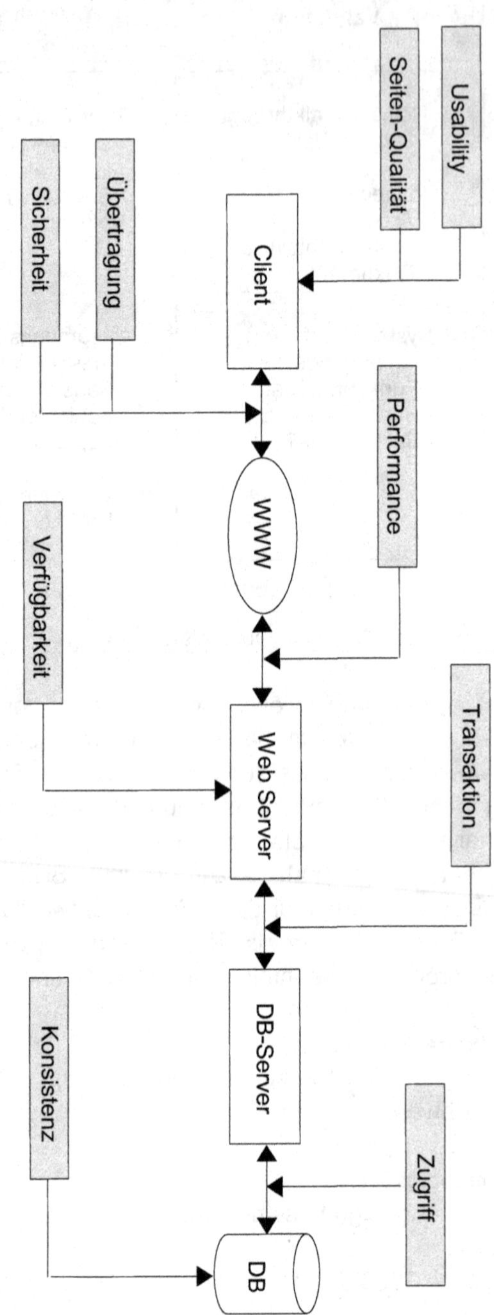

Abb.8.3 Test-Schema für Web-Anwendung

Die Analyse von Web-Anwendungen wird zunehmend durch Werkzeuge stützbar. Eine statische Analyse der HTML-Seiten mit ihren Links wird z.B. vom SMLab der TU Magdeburg angeboten (www.smlab.de). Grundlage ist eine Software-Metrik, die relative Anteile der einzelnen Bausteine wie z.B.

TextRatio = KB_text/KB_total	mit	KB_text	Text in KiloBytes
		KB_total	Gesamtzahl der KiloBytes

ermittelt. Ein Vergleich mit den jeweiligen Normwerten zeigt die erreichte Güte an. Die Analyse einer Anwendung bezüglich der HTML-Seiten und ihrer Verbindungen als Gesamtheit ist mit Werkzeugen wie OpenWebSuite (www.openwebsuite.org) möglich. Wir zeigen hier als Auszug ein Protokoll zur Analyse von CDS-APP in einem bestimmten Entwicklungs-Stadium.

Analyse Übersicht http://localhost:8080/CDS-APP

Erstellt mit WebAnalysis R 29 Release Candidate.

Suchmaschinen

Bewertung der Keywords

Bewertung der Suchwörter im Tag: TITLE

Es sollten 3-6 der Keywords im Titel vorkommen. Auf dieser Seite sind es 0. Optimal wäre es, wenn dies die ersten Keywords wären!

Bewertung der Suchwörter im Tag: BODY

Im Body ihrer Seite kommen nur 0% ihrer Keywords vor! Sie sollten versuchen ...

Bewertung der wichtigsten Tags

Meta-Tag: KEYWORDS

Inhalt: "architecture, web pages, web application"

Die Anzahl der Keywords ist OK. Sie sollten jedoch auch ähnliche Wörter zusätzlich aufnehmen, da nicht alle Nutzer von Suchmaschinen die gleichen Wörter eingeben. Optimal sind Werte zwischen 10-20 Wörtern!

Anti-Spam-Check

Im Internet sollten, wenn möglich, keine eMail-Adressen veröffentlicht werden. Besser ist es, anstelle der eMail-Adresse einen Formmailer-Dienst zu nutzen, der wiederum die eMail-Adresse kennt. So wird vermieden, dass Spam-Robots bei einem Scan einer Domain fündig werden. Keine eMail-Adresse gefunden

Link-Anker-Check

Im Folgenden werden, falls vorhanden, fehlerhaft verlinkte Link-Anker aufgeführt. Keine Anker im Dokument vorhanden

Online-Link-Check

Im Folgenden werden fehlerhafte und problematische Links aufgeführt. Fehlerhafte Links wurden nicht gefunden, während problematische Seiten zwar auf eine gültige Adresse zeigen, der Server aber nicht mit "OK" antwortete.

Die Serverantwort steht in so einem Fall hinter dem Link und kann sich auch ändern.

Fehlerhafter Link: http://localhost:8080/jsfpages/Anmeld.jsf

Fehlerhafter Link: http://localhost:8080/SeiteThree.html

Online Link-Check abgeschlossen.

Durchsetzt mit Farben und Symbolen für gute und schlechte Elemente findet der Entwickler der Web Site klare Hinweise zur Verbesserung.
Dynamische Analyse wird mit Firebug bereits während der Entwicklung der Web-Applikation möglich. Request Headers, Response Headers und auch Zugriffszeiten können während des Test-Betriebes unmittelbar angezeigt und somit Grundlage für Bewertungen wie z.B der Performance werden. Allerdings muss die Web-Anwendung, ähnlich wie ein 'klassisches' Produkt, in allen seinen Zweigen (Pfaden) durchgegangen werden. Leichter lässt sich eine dynamische Analyse dann mit Werkzeugen wie OpenWebSuite ausführen (s.o.).
Die Akzeptanz einer Web Site ist für den Betreiber ein sicherlich nicht unwichtiges Merkmal. Piwik ist ein Open Source Tool (piwik.org) für die Bewertung dieses Aspekts. In den vier Kategorien

Überblick	Besucher
Aktionen	Verweise
(Downloads)	(auf diese Site)

werden Daten gesammelt, ausgewertet und, entsprechend aufbereitet, präsentiert.

8.2.3 Organisatorische Qualitäts-Sicherung

Qualitäts-Sicherung muss organisiert sein. Außer der weithin bekannten ISO 9000 und ihren Spezialisierungen gibt es auch eigens auf IT-Entwicklungen zugeschnittene Prozess-Organisation. Wie weit der Bogen an Aktivitäten zu spannen ist, wird anhand der – neben CMMI (Capability Maturity Model Integration) – dafür wohl wichtigsten Norm, der ISO/IEC 15504 diskutiert. Sie ist auch unter der Bezeichnung 'SPICE' bekannt, da ein Projekt dieses Namens zu der Norm führte. SPICE steht für Software Process Improvement and Capability dEtermination.
Gegenstand von SPICE ist Prozess-Assessment und die damit verbundenen Anforderungen. Die Norm besteht aus fünf Teilen.

Teil 1 Konzepte und Vokabular:
Allgemeine Einführung in die Konzepte von Prozessassessments und ein Glossar für assessmentbezogene Terminologie

Teil 2 Durchführung von Assessments:
Mindestanforderungen zur Durchführung eines Assessments, um konsistente und wiederholbare Bewertungen zu erhalten; Teil 2 ist der (normative) Kern der Norm, die anderen Teile haben mehr interpretativen Charakter

Teil 3 Leitfaden zur Durchführung von Assessments:
Leitfaden zur Interpretation der in Teil 2 definierten Anforderungen bei der Durchführung eines Assessments

Teil 4 Leitfaden zur Nutzung bei Prozessverbesserung und Prozessbewertung:
Leitfaden zur Nutzung von Prozessassessments innerhalb eines Prozessverbesserungsprogramms oder zur Prozessreifegradbestimmung

Teil 5 Ein exemplarisches Prozessassessmentmodell:
Beispiel eines Prozessassessmentmodells zur Durchführung von Assessments nach den Anforderungen von Teil 2

Mit dem Teil 2 wird vorgegeben, WAS durch diese Norm von einem Assessment erwartet wird. Die Abbildung 8.4 stellt die relevanten Elemente zusammen. Zu beachten ist, dass auch für Software die Gestaltung des Arbeitsprozesses ein entscheidender Faktor ist. Und damit kommen auch hier weitere Normen wie die ISO 9000 ff. ins Spiel.

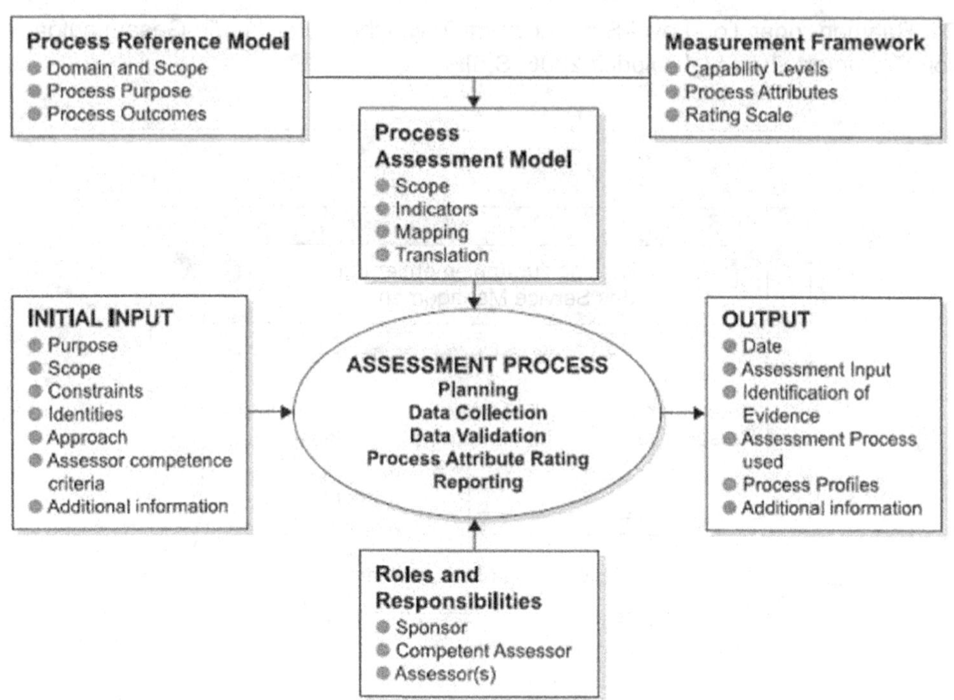

Abb.8.4 Normative Elemente ISO/IEC 15504

Ob ein bestimmter Prozessreifegrad vorliegt, wird dann anhand von Prozessattributen beurteilt. Die Reifegradstufen reichen von 'Unvollständig' über 'Gemanagt' bis hin zu 'Optimierend' und lassen sich durch Prozessattribute recht gut bestimmen.

8.2.4 IT Infrastructure Library – ITIL

ITIL ist eine sehr umfangreiche Sammlung von 'best practices' zur beinahe allumfassenden Organisation von IT-Services. Die Grundlage bildet die Vorstellung, dass IT-Dienste von einem Dienstleister für einen Kunden bereitgestellt werden. Die umfassende Zielsetzung ist dabei, den Anforderungen der Kunden weitestgehend gerecht zu werden. Dazu wird ein IT Service Management aufgebaut, mit dem Ziele folgender Art erreicht werden sollen:

- Verbesserung der Service-Qualität.
- Fokussierung auf ganzheitlichen Nutzen für Kunden und Dienstleister.
- Effektive zielorientierte Auslegung von Prozessen, Rollen und Aufgaben.
- Transparenz der Gesamtheit von Arbeitsabläufen.
- Verbesserung der Kommunikation sowohl nach innen als auch außen.

Die Rahmen- oder Top-Level-Struktur zeigt, in welche Bereiche die Gesamtaufgabe von ITIL unterteilt ist [vgl. Olbrich 2006, S.5].

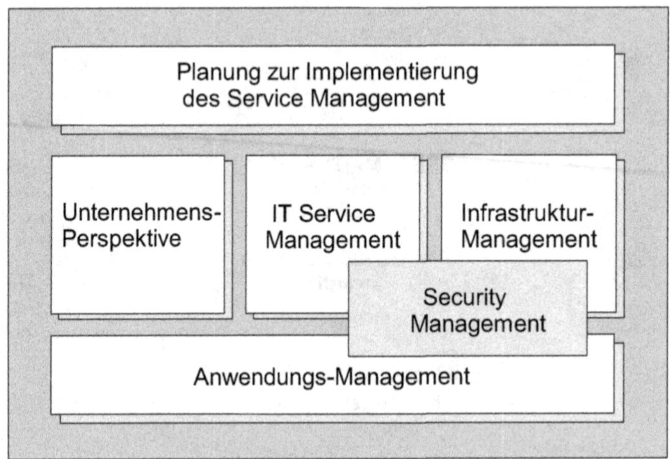

Abb.8.5 Top-Level-Struktur ITIL

Das Service Management wird dann zerlegt in Service Delivery und Service Support, die jeweils wieder für sich in weitere Bereiche unterteilt werden. Damit ergibt sich für Unternehmen die Chance, die zugehörigen best practices schrittweise einzuführen.

8.3 Web Design – Architektur der Seiten

Bausteine, die als Dokumente dem Benutzer zugänglich gemacht werden, bestehen selbst wieder aus Elementen und Beziehungen zwischen diesen. Dieser Typ von Bausteinen wird allgemein als Seite bezeichnet; ihr innerer Aufbau ist demnach als Architektur der Seiten anzusehen.
Web Design ist der Terminus, der verwendet wird, wenn Überlegungen zum Aufbau von Seiten angestellt bzw. propagiert werden. Web Design zerfällt in zwei Teil-Themen:

- Layout von Seiten
- Accessibility von Content,

die z.T. aber auch Punkte gemeinsam haben.
Zum Layout haben wir bereits einige Aspekte diskutiert (s.Kap.2, Navigationsleiste links oder rechts).

Web Content Accessibility
ist die Gesamtheit von 'Mechanismen' zur Unterstützung sowohl des Verständnisses als auch der Navigation von Inhalten einer Web-Anwendung.

Eine umfassende Zusammenstellung von Überlegungen und Vorschlägen dazu sind die Web Content Accessibility Guidelines des W3C [WCAG2.0]. Diese Richtlinien werden geführt von vier grundlgenden Prinzipien. Danach muss Web-Inhalt sein:

Erkennbar
Information und Komponenten der Benutzungs-Oberfläche müssen dem Benutzer so präsentiert werden, dass er sie erkennen kann.

Operabel
Der Benutzer muss über den Komponenten der Oberfläche und der Navigation operieren können.

Verständlich
müssen sowohl Inhalts- als auch Navigations-Elemente für den Benutzer sein.

Robust
Der Inhalt muss 'robust' genug sein, um zuverlässig durch unterschiedliche Benutzungs-Technologien interpretiert werden zu können.

Die Autoren dieser Prinzipien denken dabei auch an Benutzer mit Behinderungen und deren Möglichkeiten, auf Web-Inhalte zugreifen zu können.
Ausgerichtet an diesen vier grundlegenden Orientierungspunkten, werden dann Richtlinien ausgearbeitet, die jeweils für eine Eigenschaft einer Seite sorgen soll. Für das Qualitäts-Merkmal 'Erkennbar' sind das z.B. die folgenden:

Text-Alternativen
Liefere Text-Alternativen für jeden nicht-textuellen Inhalt, sodass die Aus-

gabe an die Möglichkeiten des Benutzers angepasst werden kann.
Sychronisierte Medien
Liefere synchroniserte Alternativen für synchronisierte Medien.
Anpassbar
Liefere Inhalt, der auf verschiedene Art präsentiert werden kann (z.B. Vereinfachung des Layout), ohne dass die Inhalts-Struktur verloren geht.
Unterscheidbar
Mach es leichter für Benutzer, Inhalt zu sehen und zu hören, auch mit der Unterscheidung von Vorder- und Hintergrund.

Zum Merkmal 'Verständlich' gibt es drei Sub-Merkmale mit zunächst recht schlicht anmutenden Richtlinien.

Lesbar
Gestalte Text-Inhalt lesbar und verständlich.
Voraussagbar
Gestalte Web-Seiten und Operationen in erwarteter Art und Weise (predictable).
Eingabe-Unterstützung
Hilf dem Benutzer, Fehler zu vermeiden und zu korrigieren.

Jede dieser Richtlinien wird auf einer nächstniederen Stufe noch einmal verfeinert, um weitere Anhaltspunkte für die Intention zu liefern. Bezüglich der Eigenschaft 'predictable' ergibt sich dann:

On Focus
Wenn ein Element den Focus erhält, wird keine Veränderung seiner Umgebung vorgenommen.
On Input
Eine Veränderung der Werte für ein Element der Benutzungs-Oberfläche bewirkt nicht automatisch auch eine Veränderung seiner Umgebung.
Consistent Navigation ...
Consistent Identification ...
Change on Request ... .

Unter einem jeweiligen Link 'understanding' wird dann relativ ausführlich erläutert, welche Vorstellungen mit dem zugehörigen Merkmal verknüpft werden. So wird 'Consistent Navigation' etwa wie folgt beschrieben.

Sowohl Präsentation als auch Layout sollen konsistent gehalten werden um Benutzer zu unterstützen, die den Inhalt bestimmter Seiten wiederholt nutzen und spezifische Information und Funktionalität verwenden. ... Eine Präsentation von wiederholt aufgesuchtem Inhalt in gleicher Struktur ist wichtig für Benutzer, die ihr räumliches Gedächtnis oder visuelle Hinweise innerhalb einer Site zur Orientierung nutzen. So wird es möglich, bei wiederholten Abläufen die Plätze für bestimmte Informationen vorauszusehen und damit schneller ans Ziel zu kommen. Der Benutzer kann diese

Struktur an seine Arbeitsabläufe anpassen.
Nachdem die Merkmale bis zu dieser Stufe ausgearbeitet und zusätzlich erläutert worden sind, wird im nächsten Schritt operationalisiert, d.h. es werden Empfehlungen dahingehend entwickelt, wie technische Realisierungen erreicht werden können. Als Beispiel zeigen wir hier die 'Technique 61'.

> G61: Presenting repeated components in the same relative order each time they appear.

Nach einer erneuten Beschreibung der verfolgten Absichten werden dann häufig Beispiele für die Umsetzung einer solchen Technik angeführt. In unserem Fall:

- Die einzelnen Seiten einer Web Site haben ein Logo, einen Titel, ein Suchformular und eine Navigationsleiste in immer gleicher Anordnung (Struktur). Fehlt auf einer Seite das Suchformular, sind die übrigen Elemente in gleicher Anordnung wie auf den anderen Seiten.
- Die Seiten einer Web Site haben links eine Navigationsleiste mit Links zu den Sub-Sites. Folgt der Benutzer einem solchen Link, erscheinen auf der neuen Seite die Links zu den Sub-Sites in der gleichen Reihenfolge wie vorher, auch wenn Links hinzukommen oder aufgegeben worden sind.

Wir haben es hier genau genommen mit der Fortsetzung der Verstärkung bzw. Unterstützung der Erwartungskonformität zu tun; der Benutzer stellt sich darauf ein, bestimmte, sich wiederholende Elemente an relativ festen Plätzen auf der Seite wiederzufinden. Mit vorgefertigten Templates lassen sich Anforderungen gut realisieren. Die WCAG2.0-Autoren demonstrieren in ihren Dokumenten derartige Prinzipien sehr anschaulich, ein kurzes Beispiel für ein Template haben wir mit dem nachstehenden Text übernommen.

```
<!DOCTYPE    html PUBLIC "-//W3C//DTD XHTML 1.0 Transitional//EN"
             "http://www.w3.org/TR/xhtml1/DTD/xhtml1-transitional.dtd">
<html xmlns="http://www.w3.org/1999/xhtml">
<style type="text/css">
        #navigation {padding: 3px 0 0; margin: 0; padding-bottom: .5em; border-bottom: 2px
                    solid #778; float: left; width: 100%; margin-bottom: .25em;}
        #navigation li {list-style: none; margin: 0; display: inline; font-size: 0.75em; float: left;}
        #navigation li a {padding: 3px 0.5em; margin-left: 3px; border: 1px solid #778;
                    background: #dde; text-decoration: none; float: left}
        #navigation li a:link {color: #404040}
        #navigation li a:visited {color: #404040}
        #navigation li a:hover, #navigation li a:focus, #navigation li a:active {color: #000;
                    background: #aae; border-color: #227; float: left}
        /* page contents */
        .navtoc {float:right; margin: 1.25em 0 1em 1em; border: 1px  solid #aab}
```

- Fortsetzung Beispiel-Template -

```
        div.navtoc p {color: #005a9c; font-size: 0.75em; padding: 0.25em; margin: 0; font-
                    weight: bold}
        /* page contents highlighting and border effects */
        #navbar {padding: 0; margin: 0; font-weight: bold; background: #fff}
        #navbar li {list-style: none; margin: 0; padding: 0; font-size: 0.6875em}
        #navbar li a {display: block; margin: 0; padding: 0.25em; border-left: 1em solid #aab;
                    text-decoration: none; width: 100%; color: #000; border-top: solid #ccc
                    1px; width: 12em}
        #navbar li a:hover, #navbar li a:focus, #navbar li a:active {border-color: #66c; color:
                    #000; background: #eee}
</style>
<head>
 <title></title>
</head>
<body>
<!-- TOP NAVIGATION BAR -->
        <ul id="navigation">
                <li><strong>
                   <a title="Table of Contents" href="">Contents</a></strong></li>
                <li><strong><a title="Introduction" href="">
                        <abbr title="Introduction">Intro</abbr></a></strong></li>
                <li><a title="G60: " href=""><strong>Previous: </strong>
                Technique G60</a></li>
                <li><a title="G62: " href="">
                   <strong>Next: </strong>Technique G62</a>
                </li></ul>
        <div class="navtoc">
        <p>On this page:</p>
        <ul id="navbar">
                <li><a href="#G61-applicability">Applicability</a></li>
                <li><a href="#G61-description">Description</a></li>
                <li><a href="#G61-examples">Examples</a></li>
                <li><a href="#G61-resources">Resources</a></li>
                <li><a href="#G61-related-techs">Related Techniques</a></li>
                <li><a href="#G61-tests">Tests</a></li>
        </ul></div>
</body>
</html>
```

Die WCA liefern also, ausgehend von grundlegenden Anforderungen über eine schrittweise Verfeinerung detaillierte Hinweise darauf, wie die Benutzungs-Oberflächen von Web-Anwendungen, sprich die entsprechenden Elemente der Sites und auch der einzelnen Seiten zu gestalten sind.

8.4 Sicherheit

Bedrohung im Internet ist in gefährlicher Vielfalt und enormer Anzahl vorhanden. Sicherungs-Maßnahmen sind erforderlich, um Angriffe unterschiedlichster Art auf die Anwendungen abwehren zu können. Für die systematische Analyse potenzieller Bedrohungen sind verschiedene Ansätze möglich:

- Architektur der Web-Anwendung einschließlich der Plattform
- Spezifikation der Sicherheits-Anforderungen einer Web-Anwendung
- Bedrohungs-Übersichten
- … .

Für den Ausgangspunkt 'Sicherheits-Anforderungen an eine Web-Anwendung' gibt Sommerville folgendes Beispiel [2007, S.206]:

Identifizierungs-Anforderung
legt fest, ob eine Anwendung die Identifizierung eines Benutzers verlangt.
Authentifizierungs-Anforderung
gibt an, wie Benutzer zu identifizieren sind.
Autorisierungs-Anforderung
spezifiziert Privilegien und Zugriffsrechte für identifizierte Benutzer.
Immunitäts-Anforderung
schreibt vor, wie eine Anwendung selbst Angriffe abwehren soll.
Integritäts-Anforderung
definiert Maßnahmen zur Sicherung der Integrität von Daten.
Anforderung zu Intrusion Detection
legt fest, welche Mechanismen zum Entdecken von Angriffen die Anwendung haben soll.
Anforderung zur Nicht-Verweigerung
schreibt vor, dass Transaktionen von angesprochenen Komponenten nicht verweigert werden dürfen.
Anforderung zur Privat-Sphäre
legt fest, wie private Daten zu verwalten sind.
Anforderung zur System-Überwachung
spezifiziert, wie die Benutzung verfolgt und geprüft werden soll.
Anforderung zum Sicherheits-Management
gibt an, wie die Anwendung gegen fehlerhafte Veränderungen in den Sicherungs-Mechanismen zu schützen ist.

Eine solche Liste ist schon beeindruckend, vielleicht aber auch beängstigend, denn ein Entwickler ahnt bereits beim Lesen, welcher Aufwand da u.U. erforderlich ist, da sich hier die entsprechenden konstruktiven Maßnahmen ableiten lassen. Und, die Plattform ist noch nicht mit berücksichtigt.

Gegenwärtig ist eine der ersten Adressen für Sicherheitsfragen sicherlich das Bundesamt für Sicherheit in der Informationstechnik (BSI). Einen ersten Überblick zu den Vorstellungen dort vermittelt der 'Leitfaden IT-Sicherheit' [BSI 2006_1]. Vom BSI wird vorgeschlagen, den sogenannten IT-Grundschutz als einen eigenständigen Aspekt zu modellieren. Dazu wird zunächst für die Gesamtheit ein Schichten-Modell entwickelt, um den einzelnen Ebenen und Bausteinen entsprechende Sicherungsmaßnahmen zuordnen zu können.

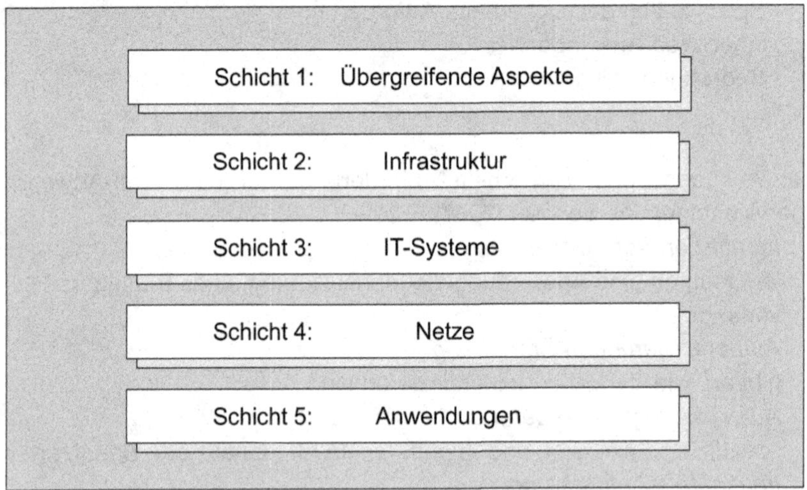

Abb.8.6 IT-Grundschutz-Modell des BSI

In der Schicht 5 sind für die Anwendungen dann die Sicherheits-relevanten Funktionen bzw. Bausteine zu identifizieren. Das BSI sieht hier:

- Sicherheit von Datenübertragung und Authentisierungsmechanismen
- Sicherheit der Inhalte und Anwendungen auf dem Webserver
- Technische Sicherheit des Servers.

Dazu wird im nächsten Schritt eine Gefährdungslage ermittelt. Hierbei ergibt sich zunächst die folgende Zusammenstellung.

- Organisatorische Mängel
- Menschliche Fehlhandlungen
- Technisches Versagen
- Vorsätzliche Handlungen.

Für jeden Anstrich wird eine weitere Verfeinerung angegeben und erläutert, wodurch die jeweilige Gefährdung entstehen bzw. wie ihr also begegnet werden kann (Beispiel: Vorsätzliche Handlungen --- Missbrauch von Benutzerrechten).

8.4.1 Sicherheits-Aspekte in Web Applications

Eine Sicherheits-revelante Betrachtung von Web-Anwendungen direkt erfolgt also in der Schicht 5 im Grundschutz-Modell (Abb.8.6). Die (mögliche) Komplexität solcher Anwendungen erfordert auch hier, sie nicht als Black-Box zu betrachten, sondern Bausteine und Beziehungen detailliert in Augenschein zu nehmen. Die Vielfalt zu ordnen hilft eine Tabelle nachstehender Art [vgl. BSI 2006_2, S.11].

Ebene	Verantwortlich	Entwicklungsstufe	Fachkenntnis
Semantik	Zentrale	Plan	Corporate Identity Unternehmens-Kommunikation
Logik	Fachstelle		Kenntnis der Geschäfts-Prozesse
Implementierung	Entwickler	Build	Software Engineering
Technologie	Fachstelle Entwickler Betrieb		IT-Sicherheit
System	Betrieb	Run	Netzwerk- und System-administration
Netz & Host			

Die einzelnen Ebenen werden mit folgenden Vorstellungen assoziiert:

Semantik	Schutz vor Täuschung und Betrug
Logik	Absicherung von Prozessen und Workflows
Implementierung	Vermeidung von Programmierfehlern
Technologie	Wahl der richtigen Technologie
System	Absicherung von Plattform und Anwendung
Netz & Host	Absicherung von Host und Netzwerk.

Ist die abstrakte Architektur einer Web-Anwendung ausgearbeitet, lässt sich bezüglich der Sicherheit eine erste Risiko-Analyse durchführen. So kann aufgezeigt werden,

- WELCHE Bausteine (assets) sind kritisch,
- WELCHE Absicherung ist erforderlich.

Dafür wird von Sommerville [2007] folgendes Prozedere vorgeschlagen.

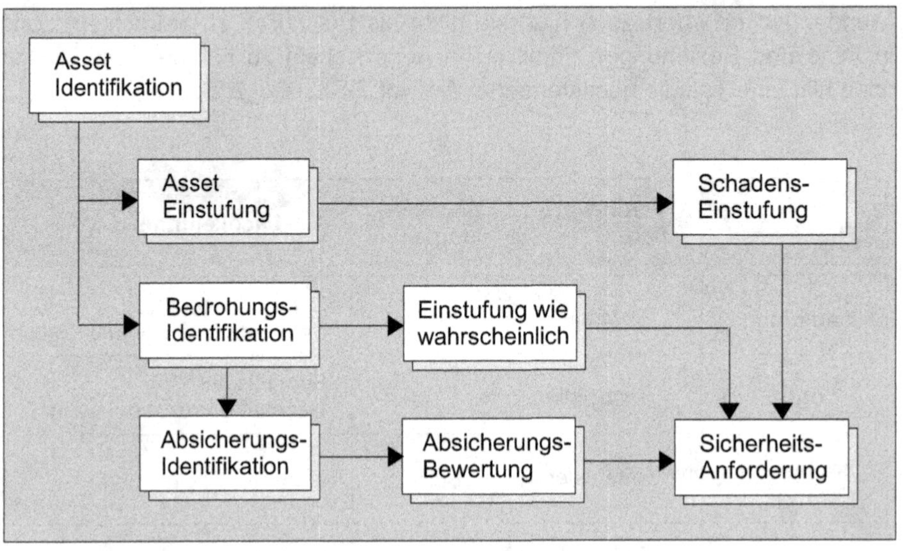

Abb.8.7 Erste Risiko-Analyse (nach Sommerville)

Das bedeutet also, wir haben die gesamte abstrakte Architektur dahingehend zu analysieren, für welche Bausteine Bedrohungen überhaupt möglich sind. Verknüpft mit den Vorstellungen, wie wahrscheinlich eine entsprechende Attacke ist und welcher Schaden dann eintreten könnte, wird für jede einzelne Komponente aufgezeigt, welcher Art die Absicherung sein soll und dies als Sicherheits-Anforderung spezifiziert. So ist z.B. ein Stammsatz in einem Personalsystem ein hoch-kritischer Baustein, dessen unbefugte Benutzung, Diebstahl oder Zerstörung unbedingt zu verhindern ist. Mittels 'Absicherungs-Identifikation' wird festgelegt, wie dies erfolgen kann. Summiert über alle Assets erhalten wir dann logischerweise einen ersten Katalog für konstruktive Maßnahmen zur Entwicklung einer sicheren Anwendung.

8.4.2 Sichere Implementierungs-Architektur

Die Implementierungs-Architektur macht dann deutlich, welche Bausteine (Funktionen, Daten-Strukturen) mit welchen Technologien realisiert und wie sie miteinander verknüpft werden sollen. Die unterschiedlichen Perspektiven (Diagramm-Typen) lassen erkennen, welche Verbindungen sich zur Laufzeit einstellen können. Somit ergibt sich für den Entwickler nun die Möglichkeit, eine zweite Analyse hinsichtlich der Verwundbarkeit der Web-Anwendung vorzunehmen. Derartige Schwachstellen werden, wie in der ersten Risiko-Analyse auch, identifiziert, eingestuft und es werden

Absicherungs-Maßnahmen entwickelt. Für die Konstruktion einer sicheren Implementierungs-Architektur schlägt Sommerville [2007, S.732] Richtlinien folgender Art vor:

- Grundlegende Sicherheits-Entscheidungen sind auf der Basis einer expliziten Sicherheits-Strategie zu treffen.
- Das Versagen einer Komponente darf nicht zm Ausfall der gesamten Anwendung führen.
- Sicherungsmaßnahmen gegen mögliche Fehler vorsehen.
- Balance zwischen Sicherheit und Benutzbarkeit einhalten.
- Einsatz von Redundanz und Verschiedenheit, um Risiken zu reduzieren.
- Überprüfung aller Eingaben.
- Gruppierungen bzw. Einstufungen der Assets.
- Entwurf.für das Deployment der Anwendung.
- Entwurf zur Wiederherstellung der Anwendung.

Eine Sicherheits-Strategie hat zu erklären, was für die Absicherung einer Web-Anwendung getan werden soll. Die Auswirkungen des Versagens einer einzelnen Komponente sollen aufgefangen werden und das System insgesamt davor geschützt werden können. So ist die Aufzeichnung von Änderungen an Daten ein geeignetes Mittel, um bei Ausfällen rückwirkend korrigieren zu können. Mögliche Fehler zu antizipieren und die Anwendung dagegen zu wappnen ist eine generelle Forderung, die hier noch einmal den Umständen der Client-Server-Kooperation entsprechend erneuert wird. Ziele der Usability und der Sicherheit sind mitunter entgegengesetzter Natur. Wer hat sich als Benutzer nicht schon aufgerieben an ständiger Frage nach Identifikation und Passwort und der damit einhergehenden Verpflichtung, die Passwörter immer wieder neu zu erfinden. Die damit verbundenen Sicherheits-Regeln machen es dem Benutzer mitunter unmöglich, sich seine Passwörter merken zu können. Redundanz ist uns vertraut aus der Entwicklung der Daten-Strukturen und der so häufig auferlegten Regel, sie zu vermeiden. Die Kopie von Stamm-Daten auf einem Client für die Dauer einer Sitzung kann aber durchaus eine Sicherheits-Maßnahme sein. Diversity von gleichen Assets auf unterschiedlichen Betriebssystemen (Client - Server) kann auch zur Absicherung gegen die Folgen von Angriffen beitragen. Zu den am weitesten verbreiteten Attacken zählt die absichtliche Bereitstellung falscher Eingaben. Daraus resultiert die Entwurfs-Regel, die Eingaben möglichst umfassend zu kontrollieren. Jede einzelne Überprüfung muss ihrer Art und ihrer Wirkung nach in der Implementierungs-Architektur Platz finden. Die stufenweise und darin wiederum gruppenweise Ordnung von Stamm-Daten z.B. macht es relativ leicht, Zugriffsrechte für Benutzer-Gruppen abzuleiten und zugehörige Absicherungen zu implementieren. Schäden durch Angriffe werden so häufig auf einzelne Asset-Gruppen beschränkt. Die richtige Konfiguration der Anwendung auf dem Server stellt sich nicht von selbst ein, sollte deshalb explizit ausgearbeitet werden. Ein Verlust von Passwörtern soll durch ein geeignetes Recovery der Anwendung verhindern, dass Missbrauch dann weiter möglich ist.

8.4.3 Best Practices

Bestimmte neuralgische Punkte stellen sich in den Implementierungs-Architekturen unterschiedlicher Anwendungen zwangsläufig stets wieder ein. Die Akkumulation von Kenntnissen zu deren 'Heilung' führt letztlich zu den sogenannten Best Practices, also wiederholt überprüften und allgemein akzeptierten wirkungsvollen Maßnahmen zur Absicherung solcher Stellen.
Einer der wichtigsten Punkte einer Anwendung in Bezug auf Sicherheit ist die Schnittstelle zur Umgebung. Sämtliche Eingaben und auch bestimmte Ausgaben für bzw. von einer Web-Applikation sind potenziell Träger von Daten, die Schäden anrichten können. Deshalb gilt als eine der wesentlichen Best Practices die 'Data Validation'.

> **Data Validation**
> "Alle Daten, die von außen in die Anwendung gelangen, sind zu validieren und zu filtern. Neben den offensichtlichen Eingabedaten in Form-Variablen existieren eine Reihe weiterer Quellen. Ebenso sind Ausgaben an den Browser zu filtern, wenn dies nicht bereits durch die Inputfilterung mit abgedeckt ist."[BSI 2006_2, S.20]

Wenn Eingabedaten Zeichen bzw. Zeichenketten enthalten können, die zwar für die Verarbeitung nötig, für die Anwendung jedoch bedrohlich sind, ist eine Filterung vorzusehen. Als Beispiel wird häufig auf die Folge '*<script>*' verwiesen, die natürlich Quellcode mitbringen, in einer Diskussion zu JavaScript aber wohl nicht untersagt werden kann. Von den Web-Servern werden übergebene Daten zwar dekodiert (*get-Parameter( )*), Prüfungen auf Bedrohungen durch deren Inhalt müssen allerdings von den Anwendungen durchgeführt werden. Für das Filtern werden zwei Verfahren unterschieden:

blacklisting	Erkennen von potenziell bedrohlichen Zeichen
whitelisting	Erkennen aller erlaubter Zeichen.

Die allgemeine Empfehlung lautet, wenn möglich, dann whitelisting einzusetzen. Dabei soll zunächst von einer kleinen Startmenge an Zeichen ausgegangen werden, die dann schrittweise erweitert werden kann. Zum Filtern sollen möglichst einfache Mechanismen benutzt und u.U. sequenziell gekoppelt werden. Die Kombination von bedrohten Punkten und gefährlichen Zeichen bringt die Forderung nach einer Vielzahl von Überprüfungen mit sich. Deren Zusammenfassung in einem Baustein wird auch als WebShield bezeichnet und bringt eine sogenannte 'Second Line of Defense' (nach Firewall o.ä.) hervor.

> **WebShield**
> ist eine Web Application Firewall, die vor allem das Filtern der Datenströme zwischen Browser und Anwendung übernimmt.

Die McAfee Scan Engine ist dabei einer der populärsten vorgefertigten Bausteine.

Wesentlich für die Sicherheit einer Web-Anwendung ist die Regelung, WER denn überhaupt WAS an Operationalität ausführen darf. Damit betreten wir den Bereich 'Identifizierung und Autorisierung'. Die zugeordnete Funktionalität in Web-Anwendungen wird bevorzugt als 'Identity and Access Management' bezeichnet. Im Komplex Identifizierung werden gegenwärtig vier Teil-Bereiche gesehen:

Provisioning
ist das Einrichten und Überwachen von Zugriffsrechten und Privilegien zur Benutzung von Resourcen einer Web-Anwendung und Sicherung der Privatsphäre eines Benutzers..

Single-Sign-On
ist das einmalige Anmelden eines Benutzers bei einer komplexen Web-Anwendung und das damit verbundene Einrichten von Zugriffsrechten auf unterschiedliche Teil-Anwendungen.

Rollen-Management
ist das Einrichten sowie Verwalten von Rollen, die als Abstraktion von Benutzergruppen anzusehen sind, und das Zuordnen von Zugriffsrechten und Privilegien.

Governance, Risk Management, Compliance
ist die Zusammenfassung von Regelungen zur Geschäftsprozess- und Gesetz-konformen Steuerung der IT.

In komplexeren Anwendungs-Landschaften kann allein für das Identity and Access Management ein erheblicher Aufwand entstehen. Deshalb wird mehr und mehr versucht, die damit verbundenen Aufgaben zu automatisieren. Voraussetzung ist, die Benutzer-Daten unterschiedlicher Anwendungen zusammenzuführen, zu konsolidieren und für die automatische Verwaltung aufzubereiten. Die Bausteine für derartige Funktionen werden zunehmend als Services ausgelegt, die Architektur der Anwendung wird dahingehend verändert, dass weniger monolithisch und stärker modular entworfen und implementiert wird.
Eine Session ist ein (dynamisch erzeugter) Baustein zur Verwaltung von Daten mehrerer zusammengehörender Anfragen an eine Web-Anwendung. Ein bekanntes Beispiel ist der Warenkorb, der Bestellungen und Preise enthält. Das sind sensible Daten, für die somit Bedrohungen existieren.
Eine Session kann auf der Client-Seite zwischengespeichert werden; mit einer nachfolgenden Anfrage werden die Daten an die Web-Anwendung übergeben. Ob die Session-Daten (z.B. die Preise) mittlerweile manipuliert worden sind, muss erkannt und verhindert werden.
Das Ablegen der Session auf dem Server macht ihre Manipulation deutlich schwieriger, unmöglich aber auch nicht. Die wichtigsten Angriffe sind:

Session ID Guessing
ist das 'Erraten' einer fremden Session-Identifikation und deren unerlaubte

Verwendung .
Kryptografisch generierte Session-IDs sind hier eine gute Absicherung.

Session Riding
ist das unerlaubte und unbemerkte Verwenden einer vorhandenen Session.

Session Hijacking
ist das betrügerische Ausspionieren von Session-IDs.
Durch Mitlesen des Netzverkehrs z.B. lassen sich solche Daten ausspionieren. Der Einsatz von SSL ist hier die Mindest-Absicherung.

Session Fixation
ist das Unterschieben einer nicht zum Benutzer gehörenden Session-ID.
Die Web-Anwendung muss gegen die Verwendung nicht selbst erzeugter IDs abgesichert werden.

Das ständige Ausbaldowern neuer Angriffsmöglichkeiten ist eine stete Herausforderung für das Ersinnen von wirksamen Absicherungen. Mitunter kann man den Eindruck haben, dass die Piraten im World Wide Web die Oberhand gewinnen. Durch sorgfältig ausgearbeitete Web-Anwendungen können wir das verhindern.

Literaturverzeichnis

Bauer,G.
Softwaremanagement
Spektrum Akademischer Verlag 1995

Bundesamt für Sicherheit in der Informationstechnik
Leitfaden IT-Sicherheit
IT-Grundschutz kompakt
2006_1

Sicherheit von Webanwendungen
Maßnahmenkatalog und Best Practices
2006_2

Carl,D.
RSS-Reader mit AJAX
Web 2.0 selbst gemacht
PHP Magazin 3(2006)S.44-48

Dumke,R. Lother,M. Wille,C. Zborg,F.
Web Engineering
Pearson Studium 2003

Endres,A. Rombach,D.
A Handbook of Software and Systems Engineering
Pearson Education Limited 2003

Falkenberg,E. D. u.a.
FRISCO – A Framework of Information System Concepts
IFIP 1998

Fielding,T.
Architectural Styles and the Design of Network-based
Software Architecture
Diss. University of California, Irvine 2000

Foegen,M. Battenfeld,J.
Die Rolle der Architektur in der Anwendungsentwicklung
Informatik Spektrum 24(2001)S.290-301

Garret,J.
AJAX: A New Approach to Web Applications
http://www.adaptivepath.com/publications/essays/000385.php

Gröne,B. Knöpfel,A. Kugel,R. Schmidt,O.
The Apache Modeling Project
http://apache.hpi.uni-potsdam.de

Hasselbring,W.
Software-Architektur
Informatik Spektrum 29 (2006) H.1

Hepper,S. et.al.
Portlets and Apache Portals
Manning 2005

Heutschi,R. Legner,Ch. Österle,H.
Serviceorientierte Architekturen:
Vom Konzept zum Einsatz in der Praxis
Institut für Wirtschaftsinformatik der Universität St. Gallen 2006

High,R. Kinder,S. Graham,S.
IBM's SOA Foundation
An Architectural Introduction and Overview
IBM 2005

Hilliard,R.
IEEE-Std-1471-2000
Recommended Practice for Architectural Description of
Software-Intensive Systems

Isakowitz,T. Stohr,E.A. Balasubramanian,P.
RMM: A Methodology for Structured Hypermedia Design
CACM 38(1995)8, S. 34-43

Jacobs,I, Walsh,N.
Architecture of the World Wide Web, Vol. One
W3C Recommendation 2004

Knöpfel,A. Gröne,B. Tabeling,P.
Fundamental Modeling Concepts:
Effective Communication of IT Systems
John Wiley & Sons 2006

Liebhart,D.
SOA goes real
Service-orinetierte Architekturen erfolgreich planen und einführen
Hanser 2007

McDavid,D.W.
A standard for business architecture description
IBM Systems Journal 38(1999),H.1, S.12-31

Müller,B.
JavaServer Faces - Ein Arbeitsbuch für die Praxis
Hanser Verlag 2006

Niedermeier,S.
Cocoon 2 und Tomcat
Galileo Press 2004

OASIS 2006
Reference Model for Service Oriented Architecture 1.0

Olbrich,A.
ITIL kompakt und verständlich
Vieweg 2006

OMG 2006
OMG Final Adopted BPMN-1-0 Specification
2006

Parnas,D.L.
On Criteria To Be Used in Decomposing
Systems into Modules
Comm.ACM 15(1972)12,S.1053 - 1058

Plachy,E.C. Hausler,P.A.
Enterprise Solution Structure
IBM Systems Journal 38(1999),H.1

Prümper,J. Anft,M.
Beurteilung von Software auf der Grundlage der Internationalen
Ergonomie-Norm ISO 9241/10
Berlin 1993

Reussner,R. Hasselbring,W.(Hrsg.)
Handbuch der Software-Architektur
dpunkt.verlag 2006

RSS Tutorial for Content Publishers and Webmasters
http://www.mnot.net/rss/tutorial/

SCA-Spezifikation
CSA_xxx_V100.pdf 2007

Siedersleben,J.
Moderne Softwarearchitektur
dpunkt.verlag 2004

Sommerville,I.
Software Engineering
Addison-Wesley 2007

Sullivan,D.
Proven Portals
Best Practices fpr Planning, Designing and Developing Enterprise Portals
Pearson Education 2005

WCAG2.0
Web Content Accessibilty Guidelines 2.0
W3C Working Draft 11 December 2007

White,S.A.
Introduction to BPMN
IBM Corporation 2004

Zemanek, H.
Das geistige Umfeld der Informationstechnik
Springer-Verlag 1992

Sachwortregister

Grundlagen verstehen und umsetzen

Peter Mandl

Grundkurs Betriebssysteme

Architekturen, Betriebsmittelverwaltung, Synchronisation, Prozesskommunikation

2008. XII, 351 S. mit 169 Abb. und Online-Service. Br. EUR 29,90

ISBN 978-3-8348-0392-4

René Steiner

Grundkurs Relationale Datenbanken

Einführung in die Praxis der Datenbankentwicklung für Ausbildung, Studium und IT-Beruf

6., überarb. u. erw. Aufl. 2006. XI, 237 S. mit 165 Abb. und Online-Service. Br. EUR 22,90 ISBN 978-3-8348-0163-0

Wolfgang Ertel

Grundkurs Künstliche Intelligenz

Eine praxisorientierte Einführung

2008. X, 334 S. mit 123 Abb. und Online-Service (Computational Intelligence) Br. EUR 19,90 ISBN 978-3-528-05924-8

Andreas Solymosi | Ulrich Grude

Grundkurs Algorithmen und Datenstrukturen in JAVA

Eine Einführung in die praktische Informatik

4., akt. Aufl. 2008. XII, 184 S. mit 77 Abb. und Online-Service

Br. EUR 24,90 ISBN 978-3-8348-0350-4

Abraham-Lincoln-Straße 46
65189 Wiesbaden
Fax 0611.7878-400
www.viewegteubner.de

Stand Juli 2008.
Änderungen vorbehalten.
Erhältlich im Buchhandel oder im Verlag.